戦後日本の
産業立地政策

開発思想の変遷と
政策決定のメカニズム

根岸裕孝

九州大学出版会

はしがき

　本著は，2016年度に九州大学に提出した博士論文（『戦後日本の産業立地政策に関する研究——製造業の地方分散を巡るプレイヤー間の関係性を中心に——』）に一部加筆を行ったものである。

　本論文の目的は，戦後日本において実行されてきた産業立地政策のなかで最重要とみなされてきた3つの政策（新産業都市・工業再配置政策・テクノポリス）の背後に存在している理念が何であり，その時々の理念に応じた成果が達成されたのか否かという問題を解明することにある。産業立地政策とは「産業（企業）の望ましい立地を目指す政策」である。その望ましさとは，政策に関わるプレイヤーによって異なり，常に「効率性」と「公正性」という2つの異なる論理の対立により揺れ動いてきた。

　第2章「産業立地政策に関する先行研究と本研究の視点」では，多くの先行研究に見られる体制批判の論理からのアプローチと外在的な批判に終始するという限界を超えるために，分析枠組みとして政策形成・廃止にかかるプレイヤー間の関係性を軸とした「構造－問題－政策」モデルを提示した。

　第3章「基礎素材型産業の基盤整備と立地政策」では，昭和30年代における経済政策上の論争となった通商産業省（通産省）による貿易主義と国土開発行政を担った経済企画庁総合開発局による国内資源開発主義の論争を分析した。その後もインフラ所管官庁（建設省・運輸省），自治省，通産省の間の縦割りの弊害が，産業立地政策や国土政策に影響を与えたことを検証した。

　第4章「工業再配置促進法の制定とその廃止」では，移転促進地域と誘導地域の線引きや移転促進地域の事業所課税（追出税）を巡って通産省と財界，労働界，地方自治体との調整が難航し，同政策の理念は結果として後退したことを明らかにした。同法は，先行諸説が指摘するように大規模工業開発の継続を含んでおり成長政策的側面を持っていたものの，全国的視角から

工業の再配置を通じて地域間の経済的不平等の是正を強く打ち出していることから，従来の評価とは異なる福祉的側面を強く持つ政策であると結論づけた。

第5章「テクノポリス法と地方圏工業振興」では，地方圏における先端技術産業の集積を目指したテクノポリス政策について通産省と中央省庁および地方自治体との対立と協調関係を当時の資料から明らかにした。そして，テクノポリス政策についてすべての地域で成功したとは言えないものの，各地域の独自性を活かした研究開発拠点が形成され，産学住の調和のとれたまちづくりが一部において実現したことを明らかにした。また東北・九州のテクノポリス地域の多くで地方圏の先端技術工業の集積の拠点が形成されたことを示した。

第6章「九州経済の構造変化と産業立地政策」では，筑豊地域の産炭地域振興政策の意義と限界を明らかにした。同地域の炭地域振興政策は，工業団地等の整備と企業誘致を通じて雇用の創出や自動車産業の誘致の実現を図り，産業構造の転換を実現した。しかし，筑豊地域内においても立地条件の違いから企業誘致の成果にも地域格差が生じた。また，北部九州における自動車産業の集積に関する分析とともにその限界について考察した。

第7章では全体としての結論を述べた。戦後日本における1990年代までの産業立地政策は，当初から「公正性」と「効率性」を巡るプレイヤー間の対立と協調の中で展開された。1960年代末まで経済成長優先の「効率性」に基づく政策を主張した通産省は，1972年以降「公正性」を前面に出す工業再配置促進政策を推進した。しかし，他省庁との関係のゆえに，その理念を十分に発揮できたとは言い難い。さらに経済のグローバリゼーションの下で1990年代に「公正性」理念を大きく後退させた。このように，産業立地政策の理念と内実が，時代の状況により，またプレイヤー間の関係性のゆえに，40年近いタイムスパンの中で変化してきたことを明らかにした。

筆者は，1992年11月に恩師矢田俊文先生のご紹介で当時の通商産業省環境立地局所管の財団法人日本立地センターに入所した。1989年3月福島大学経済学部を卒業しその後1年間同大学院の籍をおいた後，研究者の道を志

して九州大学大学院経済学研究科修士課程経済工学専攻に入学した。しかし，入学後にいろいろと悩み考え博士課程には進学せず最終的に実務への道を選ぶこととした。

日本立地センターは，通産省立地公害局所管の外郭団体であり官庁シンクタンクの先駆けともいうべき存在であった。工業再配置政策やテクノポリスなど通産省の産業立地政策に関わる調査研究に積極的に関わり，会議室で行われる各種研究会では研究者や実務家が集まり，政策づくりに向けた議論とそれを裏付ける検証作業が行われていた。

1993年10月に通産省は，第2の日本列島改造論を打ち出す意気込みで新産業立地政策研究会を立ち上げた。日本立地センターは，この研究会に対応する作業チームを編成し，私もそのメンバーとなった。バブルの余韻が冷めぬ当時，東京一極集中是正は大きな政策課題であった。私も連日，通産省立地政策課からの依頼を受け新たな立地政策づくりに向けて連日深夜まで時には徹夜でデータ分析などを行った。しかし，研究会のとりまとめは困難を極めた。1990年代にグローバル化が大きく進展し，製造業の海外立地が進み始め，産業空洞化に対する懸念が高まった。また，経済社会の成熟化は，通産省が得意とした成長産業を特定し育成するターゲティング政策自体を難しくしていた。大都市から地方へ工場を分散させる工業再配置法を基調とする産業立地政策は行き詰まり，研究会作業部隊も答えをどのように出すのか彷徨っていた。こうしたなかでそもそも産業立地政策とは何か？ なぜ研究会は行き詰まっているのか？ 自ら仮説をたてて本気で考えるようになった。

通産省が出した結論は，産業立地政策の転換であった。新産業立地政策研究会報告書（1995年7月）には「国土の均衡ある発展」（公正的基準）という公平性から「国際的にも魅力ある産業立地環境の整備」（効率的基準）への理念の転換が示された。この転換は，大都市圏から地方圏への分配政策の転換に直結することであり，これにより，政策形成を巡るプレイヤー間の新しい対立・協調が生じることとなった。筆者はその関係性の変化に関する出来事を見聞きした。

こうした政策の形成と転換を学術的に分析できないのかと強く感じた。この問題意識について数々の貴重なご助言いただいたのは，加藤和暢先生であ

る。加藤先生の「構造−問題−政策」というフレームに産業立地政策に関するプレイヤー間の協調・対立関係を追加することにより政策形成をめぐる分析の枠組みを形成することができた。

また筆者は，テクノポリス政策の第3期計画における国の開発指針策定のために日本立地センターに設置された研究会の事務局メンバーとなった。研究員としてデータ分析や担当道県担当者ヒアリングを通産省担当者とともに同席することができた。さらに，同開発計画を踏まえて熊本や鹿児島の第3期テクノポリス計画策定にも関わり，その後同政策を総括するための『テクノポリス・頭脳立地構想推進の歩み』をまとめることができた。さらに地域産業集積活性化法にもとづく計画策定業務について各地の基盤技術産業の集積に関する調査を担うことができた。

筆者が実務の世界にありながらも大学との関係性を持ち続けられたのも湯布院で例年開催される九州大学大学院のNY（中楯興先生，矢田俊文先生）ゼミに参加することができたからである。NYゼミで行われる報告や議論は大変刺激的であり，いつしか研究者に戻りたいと心から願うようになったのもNYゼミのおかげである。そして宮崎大学に就職して10年以上経過したときに，矢田俊文先生から博士号の取得を勧められた。社会人として九州大学大学院経済学府博士後期課程に入学し，山本健兒先生のもとで博士論文に取り組むこととなった。

山本健兒先生のご指導がなければ筆者の既往論文を再整理そして大幅に加筆して博士論文としてまとめることはできなかった。筆者の原稿を丁寧に読んでいただき，実務の常識ではなく研究者に徹して考えることの大切さを改めて教えていただいた。心より御礼申し上げる次第である。

また，矢田俊文先生には九州大学大学院入学以来，ご指導・ご助言を賜ってきた。なんとか大学教員の仕事ができているのも矢田先生のご指導あってのことであり感謝の気持ちでいっぱいである。さらに，福島大学時代にたいへんお世話になった山川充夫先生，守友裕一先生にも深く御礼申し上げたい。福島大学は，国立大学の経済学部において地域を対象とする研究教育のトップランナーであった。福島大学での学生時代の経験は，宮崎大学の5番目の学部として設置された地域資源創成学部の構想につながった。また，テ

クノポリスや産業立地政策について日本立地センター在職時から伊東維年先生，山﨑朗先生から様々なご示唆をいただくことができた。

　また日本立地センターの瀬川直樹氏には，筆者が在職中ともに通産省や地方自治体からの調査研究に取り組んだ仲間であり，私が宮崎大学に着任後も資料収集などいろいろと助けていただいた。また本書校正では九州大学出版会永山俊二氏に大変お世話になった。ここに記して感謝したい。

　　　　　　　2018年7月　宮崎学園都市内にある大学の研究室にて
　　　　　　　　　　　　　　　　　　　　　　　　　　根岸　裕孝

付記　本書の刊行にあたり独立行政法人日本学術振興会の平成30年度科学研究費助成事業（科学研究費補助金）研究成果公開促進費〈学術図書〉（課題番号：JP18HP5162）を受けた。

目　次

はしがき……………………………………………………………… i
図・表一覧…………………………………………………………… ix
法律名・法律番号と略称について………………………………… xii

第1章　問題の所在 …………………………………………… 3

第2章　産業立地政策に関する先行研究と本研究の視点 ……… 15
第1節　はじめに …………………………………………………… 15
第2節　産業立地政策の社会的意義に関する諸説 ……………… 16
第3節　「産業立地政策」を巡るプレイヤー間の対立と協調 …… 20
第4節　システムとしての開発主義における産業立地政策 …… 27
第5節　小　括──産業立地政策とプレイヤーおよび経済思想── ……… 32

第3章　基礎素材型産業の基盤整備と立地政策 ……………… 39
　　　　──成長政策との連動と産業基盤供給──
第1節　はじめに …………………………………………………… 39
第2節　基礎素材型産業の立地を巡るプレイヤー間の
　　　　対立・協調と政策形成 …………………………………… 39
第3節　新産業都市・工業整備特別地域の評価 ………………… 56
　　　　──産業基盤整備を軸に──
第4節　小　括──産業基盤供給偏重の立地政策の背景とその実証── … 66

第4章　工業再配置促進法の制定とその廃止 ………………… 69
　　　　──福祉政策としての産業立地政策の意義と限界──
第1節　はじめに …………………………………………………… 69

第2節　工業再配置促進法を巡る諸説とその限界 …………………… 70
第3節　工業再配置促進法の成立・廃止を巡る
　　　　プレイヤー間の対立・協調 ………………………………… 81
第4節　工業再配置促進法の成果と同法廃止による
　　　　大都市工業集積の変貌 …………………………………… 104
第5節　小　括――工業再配置政策の意義と限界―― …………… 117

第5章　テクノポリス法と地方圏工業振興 …………………… 125
――地方自治体主導の産業立地政策の意義と限界――

第1節　はじめに ……………………………………………………… 125
第2節　先行研究の意義と限界 ……………………………………… 126
第3節　テクノポリス政策の形成を巡るプレイヤー間の関係性 …… 132
第4節　テクノポリス政策に関する定性的・定量的評価 …………… 144
第5節　小　括 ………………………………………………………… 170
　　　　――テクノポリス政策が目指した理想と成果および限界――

第6章　九州経済の構造変化と産業立地政策 ………………… 179
――産炭地域振興と自動車産業の誘致――

第1節　はじめに ……………………………………………………… 179
第2節　産炭地域振興と産業立地政策 ……………………………… 181
第3節　北部九州における自動車産業の誘致・育成と地方自治体 … 194
第4節　小　括 ………………………………………………………… 203
　　　　――自動車産業の誘致を通じた北部九州地域経済振興の成果と限界――

第7章　結びに――結論と今後の課題―― ………………………… 207

あとがき ………………………………………………………………… 215
参考文献 ………………………………………………………………… 219
索　引 …………………………………………………………………… 235

図一覧

図2-1　加藤 (2008) による構造・問題・政策 ……………………… 24
図2-2　政策システムとメタ政策 …………………………………… 25
図2-3　構造－問題－政策フレームとプレイヤー ………………… 27
図3-1　1950年代から60年代にかけてのプレイヤー間の対立・協調 ………… 55
図4-1　『日本列島改造論』の全体像と担当省庁および工業再配置構想の
　　　　位置づけ ……………………………………………………… 72
図4-2　工業再配置促進法を巡るプレイヤー間の対立・協調 ……… 82
図4-3　産業立地政策の転換を巡るプレイヤー間の対立・協調 …… 94
図4-4　名目GDPに占める製造業・サービス業のシェアおよび海外現地
　　　　生産比率（製造業）の推移 ………………………………… 95
図4-5　新工業再配置計画における地域区分別出荷額の年平均伸び率
　　　　（1978～2000年） …………………………………………… 110
図4-6　工業集積度（1970年・2000年）および30年間の変化量 … 112
図5-1　テクノポリス政策を巡る通産省と地方自治体との関係性 … 138
図5-2　テクノポリス政策を巡る通産省と他省庁との関係性 ……… 142
図5-3　テクノポリス政策および地域産業振興・科学技術振興政策の展開
　　　　……………………………………………………………… 146-149
図5-4　テクノポリス地域における工業集積度と出荷額の年平均伸び率
　　　　（1980～1998年） …………………………………………… 168
図5-5　技術先端型（8業種）と全業種出荷額の年平均伸び率
　　　　（1980～1998年） …………………………………………… 169
図6-1　九州における完成車メーカー集積と戦略 ………………… 198
図6-2　日産の九州シフト戦略 ……………………………………… 199
図6-3　トヨタ・ダイハツの九州シフト戦略 ……………………… 201

表一覧

表 2-1　日本の産業立地政策とプレイヤー ……………………………… 34-35
表 3-1　先行造成団地の造成・売却状況（事業主体別） ……………………… 57
表 3-2　先行造成団地の造成・売却状況（類型別） ……………………………… 58
表 3-3　先行造成団地の造成・売却状況（新産業都市・工業整備特別地域） …… 59
表 3-4　新産業都市・工業整備特別地域における用地・用水計画量 …………… 61
表 3-5　新産業都市・工業整備特別地域における施設整備費
　　　　（1964 年から 1975 年の累計） ………………………………………… 62
表 3-6　立地企業敷地面積からみる新産・工特の立地件数および敷地面積 …… 63
表 3-7　大規模工業基地の考え方の推移と立地原単位 ……………………… 64-65
表 4-1　戦後から 1980 年頃までの立地および国土に関する政策の展開 ……… 86
表 4-2　1980 年代以降の地域政策を巡る政策システムの変遷 ………………… 97
表 4-3　1990 年代における政策転換 ……………………………………… 100-101
表 4-4　工業再配置計画の概要 …………………………………………… 106-107
表 4-5　工業再配置計画地域別シェアの目標値と実績値 ………………………… 108
表 4-6　新工業再配置計画による地域区分別出荷額の変化 ……………………… 109
表 4-7　中核工業団地の造成と企業立地状況（1994 年時点） …………… 111-112
表 4-8　経済活動別総生産（製造業）の全国計に対する三大都市圏・地方圏・
　　　　各ブロック圏域に占めるシェア（％） ……………………………… 114
表 4-9　工業（場）等制限法の制限区域にかかる主要な工業地区の工業集積
　　　　の変貌 …………………………………………………………………… 115
表 5-1　テクノポリス開発機構の法定事業以外の諸機能 ………………………… 154
表 5-2　各テクノポリス地域におけるテクノポリス区の整備状況 ……… 160-161
表 5-3　テクノポリス地域および全国の先端技術産業の出荷額の動向 ………… 163
表 5-4　テクノポリス（全地域）における集積回路製造業の指標 ……………… 164
表 5-5　テクノポリス地域における集積回路製造業の事業所数 ………………… 165
表 5-6　集積回路製造業事業所数 3 以上のテクノポリス地域の指標
　　　　（1998 年） ……………………………………………………………… 165
表 5-7　集積回路製造業の集積する代表的なテクノポリス地域 ………………… 166
表 6-1　産炭地域振興事業団（地域振興整備公団）による企業誘致・雇用
　　　　創出（1962～1999 年度） ………………………………………………… 182

表 6-2　福岡県における造成済み工業用地の分譲状況 ·································· *187*
表 6-3　田川市の製造業の動向 ··· *190*
表 6-4　筑豊地区における工業出荷額・従業員数上位業種（中分類）の変化
　　　　（1980/2010 年） ··· *192*
表 6-5　九州地域における輸送機械製造業の動向 ··································· *193*

法律名・法律番号と略称について

　法律の名称は，極めて長くなることが多く略称を用いることが一般的である。このリストは本書の中で用いた法律の略称と正式名称を記したもののである。また全国総合開発計画も略称を用いることが一般的であり，略称を記したものである。

法　律　名	法律番号	法律廃止年	略　　称
国土総合開発法	1950年法律第205号	―	国総法
国土形成計画法*	1950年法律第205号	―	国土形成法
首都圏の既成市街地における工業等の制限に関する法律	1959年法律第17号	2002年	首都圏工業等制限法，工業等制限
工場立地の調査等に関する法律	1959年法律第24号	―	工場立地調査法
産炭地域振興臨時措置法	1961年法律第219号	2001年失効	産炭法
新産業都市建設促進法	1962年法律第117号	2001年	新産法，新産都市法
近畿圏の既成都市区域における工場等の制限に関する法律	1964年法律第144号	2002年	近畿圏工場等制限法，工場等制限法
工業整備特別地域整備促進法	1964年法律第146号	2001年	工特法，工特地域法
農村地域工業等導入促進法	1971年法律第112号	―	農工法
工業再配置促進法	1972年法律第473号	2006年	工配法，工業再配置法
高度技術工業集積地域開発促進法	1983年法律第35号	1998年	テクノポリス法
民間事業者の能力活用による特定施設の整備の促進に関する臨時措置法	1986年法律第77号	2006年	民活法
地域産業の高度化に寄与する特定事業の集積の促進に関する法律	1988年法律第32号	1998年	頭脳立地法
地方拠点都市地域の整備及び産業業務施設の再配置の促進に関する法律	1992年法律第76号	―	地方拠点法

中小企業の創造的事業活動の促進に関する臨時措置法	1995 年法律第 47 号	2005 年	中小創造法
特定産業集積の活性化に関する臨時措置法	1997 年法律第 28 号	2007 年	地域産業集積活性化法
新事業創出促進法	1998 年法律第 152 号	2005 年	新事業創出促進法
地方分権の推進を図るための関係法律の整備等に関する法律	1999 年法律第 87 号	—	地方分権一括法
企業立地の促進等による地域における産業集積の形成および活性化に関する法律	2007 年法律第 40 号	—	企業立地促進法

注）法律名称および法律番号は，国立国会図書館　日本法令索引　http://hourei.ndl.go.jp/SearchSys/frame/houritsuan_top.jsp　2016.10.27 閲覧。
　＊国土形成計画法は国土総合開発法の抜本的改正（2005 年）による法律であるため法律番号は同じとなる。

全国総合開発計画の略称について

全国総合開発計画	一全総
新全国総合開発計画	二全総
第三次全国総合開発計画	三全総
第四次全国総合開発計画	四全総
第五次全国総合開発計画	五全総

戦後日本の産業立地政策
――開発思想の変遷と政策決定のメカニズム――

第1章　問題の所在

　本書の目的は，戦後日本において実行されてきた産業立地政策のなかで最重要とみなされてきた3つの政策の背後に存在している理念が何であり，その時々の理念に応じた成果が達成されたのか否かという問題を解明することにある。3つの政策とは，1960年代の「新産業都市建設促進法」（1962年法律第117号　略称「新産法」ないし「新産都市法」）・「工業整備特別地域整備促進法」（1964年法律第144号　略称「工特法」ないし「工特地域法」），1972年制定になる「工業再配置促進法」（1972年法律第473号　略称「工配法」ないし「工業再配置法」），1983年制定になる「高度技術工業集積地域開発促進法」（1983年法律第35号　略称「テクノポリス法」）のことである。他方，理念とは，「公正性」あるいは「効率性」のいずれが重視されたのかという問題である。産業立地政策においてどの理念が重視されたかという問題は，プレイヤー間の利害対立と協調のプロセスを解明することなくして明らかにしえない。プレイヤーによって掲げる理念が異なりうるからである。

　上の問題を扱った先行研究は，管見の限りでない。戦後の我が国の産業立地政策の歴史に関する包括的な研究として通商産業省の正史である2つの『通商産業政策史』すなわち「第一期」（1945～1979年：通商産業調査会発行），「第二期」（1980～2000年：経済産業調査会発行）があることはよく知られている[1]。しかし，政策史と銘打たれているにもかかわらず，上のような問題意識で書かれたものではない。なぜならば，第1に産業立地政策に関わるプレイヤーである企業側からみた産業立地政策の評価がないからである。第2に産業立地政策のプレイヤーである政府のうち，通産省の視点が中心となっているために，他省庁や地方自治体の視点がないからである。第3にアカデミズムからみた評価についてほとんど触れられていないからである。

　他方，アカデミズムの側では，個別の産業立地政策だけを取り上げてその背後にある理念を研究したものはあるが，前述の4つの法律に基づく政策全

体を通覧して，30年以上にわたる我が国産業立地政策の理念と現実を比較分析したものはない。そこで，本書では，冒頭に提示した問題を，埋もれていたプレイヤーたちの発言を掘り起こしたり，政策確定に至るまでの関係文書資料を掘り起こしたりすることによって理念確定に至るプロセスを明らかにするとともに，政策効果に関して各種の資料を用いて解明する。

　上の問題設定の背景をいま少し敷衍して述べよう。我が国の産業立地政策は，1990年代半ばからグローバル化の進展に伴い大きく転換した。1995年7月の通商産業省環境立地局による「新産業立地政策研究会報告書──グローバル経済下での魅力ある産業立地環境の整備へ向けて──」では，「国土の均衡ある発展」（公正的基準）から「国際的にも魅力ある産業立地環境の整備」（効率的基準）への政策の転換を提起した[2]。この報告書以降，国土の均衡ある発展を基調とした産業立地関連諸法は，その多くが廃止されてきた。

　そもそも立地とは，「人間の行為を営む場所，特に産業を営む場所を選択して定めること」（『広辞苑』第6版）と記されている[3]。産業立地政策の意義づけについては研究者によってさまざまであり，その詳細については第2章において考察するが，ここでは「産業（企業）の望ましい立地を目指す政策」とひとまず定義する。その際，「産業の望ましい立地」つまり「産業のあるべき立地の姿」をどのように考えるかが重要である。「望ましい」とするその内容については，立地政策に関わるプレイヤーによって大きく異なりうる。産業立地政策のプレイヤーとは，立地主体である「企業」，主体に対してなんらかの規制を加えたり誘導したりする「政府（国・地方自治体）」，産業立地によっていずれかの企業に雇用される「労働者」，産業立地の場所である土地を所有する「土地所有者（農民等）」等が考えられる。これらプレイヤーは各々，自らの利害関心に基づいて政策主体である政府に働きかけて行動し，政策の形成に影響をもたらす。立地主体である企業は，利潤最大化を念頭に「効率性」の視点から立地を決定する。その効率性を追求した立地の結果が，産業の地域的不均等配置をもたらし雇用の不均等や地域間所得格差を拡大することがある。政府は，企業の効率性を尊重する産業立地政策を遂行する場合もあるが，その産業立地政策と企業の立地行動とによって生

み出されうる雇用や所得に関する地域格差が許容できる範囲を超えた場合に,「公正性」の視点からそれを是正する政策を行う。つまり産業立地政策を形成する上では,この「効率性」と「公正性」という対立軸が生ずる[4]。産業立地政策とは,その対立軸のなかで,課税・補助金・インフラ整備等に関するインセンティブ付与や規制を通じて,政府が公共にとって「産業の望ましい立地」を実現しようとする政策である[5]。

第2次世界大戦後の我が国の産業立地政策の変遷と特徴は,①日本経済の成長・発展そして成熟化に伴い主導産業の成長を図る,産業政策の視点,②産業の適正配置や国土の均衡ある発展などを目指す,国土政策の視点の2つの視点で捉えると理解しやすい,と筆者は考える。

しかるに,1960年代から1970年代の我が国のアカデミズムは,我が国の産業立地政策を福祉政策ではなく成長政策である,と一貫して主張してきた(島,1963;川島,1966a,1966b,1967,1969,1971,1988;宮本,1967,1973)。特に通産省所管の産業立地政策の理念法として位置づけられてきた「工業再配置促進法」は,「日本列島改造論のサブシステム」(日本立地センター,1973,p.1)であり[6],公害をもたらす基礎素材型産業の地方展開を推進する法律として位置づけられてきた(宮本,1973,p.222)。

このような1960年代から1970年代にかけてのアカデミズムによる我が国の産業立地政策に関する見解は,1990年代半ば以降の産業立地政策の転換を経た今日において,再検討する必要がある。なぜならば「工業再配置促進法」に基づく政策までをも成長政策として位置づけたままでは,「国土の均衡ある発展」(公正的基準)から「国際的にも魅力ある産業立地環境の整備」(効率的基準)へという通産省環境立地局の「新産業立地政策研究会」が,1990年代半ばに示した政策転換を十分に理解することができなくなるからである(根岸,2009)[7]。

本書は,前述のとおり産業立地政策に関する従来の評価で見落とされてきた重要な側面,つまり政策形成に関わるプレイヤー間の対立と協調に注目する。その際,産業立地政策と深く関わる国土政策において政府が目指してきた「国土の均衡ある発展」に象徴される「公正性」と,産業(企業)が目指す「効率性」との兼ね合いはうまく図られたのかについても言及する。第3

章以降で明らかにするように，戦後の我が国の産業立地政策は製造業の地方分散を基調として展開されてきたが，1990年代後半からの政策転換を契機として前述の4つの法律が廃止された。つまり，それらの法律が策定された時期までの産業立地政策の産業とは，製造業のことであった。それゆえ，本書は製造業に限定して考察を進める。

「テクノポリス法」が廃止された以降，経済産業省は産業クラスター政策，文部科学省（文部省）は知的クラスター政策に取り組んできた。しかし，これら21世紀に入ってからの政策についてはここでは取り扱わないこととする。その理由は，産業立地政策の理念に関わるプレイヤー間の対立と協調を，この政策の対象であった製造業に限定して描き出すためには，理念の大転換が行われた1990年代までの考察に限定する方がよいからである。産業クラスター政策にせよ知的クラスター政策にせよ，いずれも製造業が関わりうるが，製造業のみを対象としているわけではないし，既存産業立地の変更を意図したものでは必ずしもない。また，第6章における北部九州の事例研究では，産炭地域振興政策の視点で論ずるものとする。その理由は，北部九州における産炭地域振興の柱となった自動車産業の誘致が実現し，このことが北部九州の産業構造に大きなインパクトを与えたからである。

以上述べた本書の目的と課題限定を踏まえ，第2章では，まず産業立地政策の意義を経済地理学分野で古典的とみなされている先行研究の比較検討によって明らかにする。そして政策形成のプレイヤー，およびその相互関係を分析するための筆者なりのフレームワークを提示する[8]。

産業立地政策の先行研究は，川島（1966a，1966b，1967，1969，1971，1988）によるイギリスの研究成果にあるように，その政策主体を国とし，国が全国的観点から企業の立地を適正に誘導することの意義について論じてきた。また，加藤（1990）も国による全国的視点からの国土政策の意義について言及している。しかし，グローバル化が進展し，それとともに産業立地政策の政策主体としての国の役割が後退しつつあるという現実がある。また，下河辺（1994）が指摘したように「全国総合開発計画」策定における中央省庁間の利害関係は，政策とそれがもたらす地域構造に大きな影響を与えるものになる[9]。さらに，産業構造の変化に伴い，立地主体である企業と政府の

関係も，求められる産業基盤やインセンティブのあり方に影響を与える。そもそも産業立地政策とはどのような政策なのか，こうしたプレイヤー間の関係の変化が産業立地政策にどのような影響を与えるのかを明らかにするフレームワークを提示する。

第3章では，高度経済成長期に基礎素材型産業のための基盤整備の役割を担った新産業都市・工業整備特別地域に注目する。第2次世界大戦後の産業立地政策は，1951年の産業合理化審議会における産業基盤整備に関する答申や1952年に成立した「企業合理化促進法」にもとづく産業関連施設整備，そして工業用水事業と大都市部の産業基盤整備から始まったとされている（飯島，1991）[10]。ただし，産業立地政策の本格的展開は，高度経済成長を促した池田内閣による「国民所得倍増計画」（1960年）以降となる。「新産都市法」（1962年）および「工特地域法」（1964年）は，1962年策定の「全国総合開発計画」（略称「一全総」）における拠点開発方式を具現化し，基礎素材型産業の立地を促す政策として展開された。そして，その後の「新全国総合開発計画」（「二全総」）における大規模開発とともに，基礎素材型産業の立地を通じて高度経済成長をリードする開発政策として機能してきた。この時期の産業立地政策および地域開発政策は，産業基盤整備の偏重とそれによる生活関連社会資本整備の遅れ，公害被害の増大等の問題を引き起こし，成長優先主義政策の象徴としてそのあり方が問われた。なぜ，このような成長優先の産業基盤偏重の政策が形成されたのか，当時の経済政策を巡る貿易主義と国内資源開発主義という2つの異なる主張に関連する中央省庁・部局（プレイヤー）間の対立に関する当時の資料等を用いて明らかにする。また，産業基盤供給偏重と批判された高度成長期の産業立地政策の背景と実態について先行研究が十分に明らかにしているわけではない。これについて，当時の政策資料を掘り起こしながら検証する。

第4章では，過疎と過密の同時解消を工業の再配置を通じて実現する「工業再配置促進法」を取り上げる。この工業再配置政策は，首相となる田中角栄の政策ビジョンである『日本列島改造論』のもとで策定された。公害問題が激化し社会的緊張を背景とした当時の論調から同法に対して否定的な評価が強い。

工業再配置政策を所管する通産省は国の産業政策を担っており，高度成長および構造調整期までの地域政策は，「産業政策の一翼を担う地域政策」，「成長政策の地域政策」（川島，1988，p.9）という評価がなされている。しかし，筆者は，以下の理由から川島の指摘した地域政策（産業立地政策）の意義や基本的性格から工業再配置政策はそれまでの地域政策（産業立地政策）とは異なり成長政策の側面を持ちながらも福祉政策の性格が強かったと考える。こうした新しい評価を行うにあたっての同法の成立そして廃止を巡るプレイヤー間の関係性からこれを明らかする。特に法律制定には当時の財界，地方自治体，労働団体等の反対を受けており，その後の計画策定に際してその内容は大きく後退させられた。また，同法の成果そして「首都圏の既成市街地における工業等の制限に関する法律」（1959年法律第17号　略称「首都圏工業等制限法」ないし「工業等制限法」）および「近畿圏の既成都市区域における工場等の制限に関する法律」（1964年法律第144号　略称「近畿圏工場等制限法」ないし「工場等制限法」）の廃止に伴う大都市産業集積の変化について，定量的な側面を中心に検証する。そしてこれらを踏まえて「工業再配置促進法」の再評価を行う。

　第5章では，構想発表当初にテクノポリスフィーバーとも称されるほどの地方自治体からの期待を集めた「テクノポリス法」を取り上げる。テクノポリス政策は，オイルショック後の産業構造の変化のなかで地方圏における先端技術産業の導入・育成を目指し，産学住の調和のとれたまちづくりを通じて先端技術産業の集積を目指す産業立地政策として26ヵ所が指定された。また，1977年に定住圏構想を打ち出した「第三次全国総合開発計画」（「三全総」）における地方都市の産業政策のモデルとしても注目された。

　テクノポリス政策が成功したとの評価を与える見解は少数であり，否定的な見解が多い。伊東（1998），山﨑（1992）の研究では，先端技術産業と言いながらその立地事業所は，労働集約的な分工場が多く，地方圏の期待の高さから言えば不十分との見解が示された。また，国の行政指導等によって各地のテクノポリス建設は画一的なものとなったという見解も示された。

　しかし先行研究によるテクノポリス政策についての見解は，その当初の構想と実際に展開された政策との間に違いがあることに注意が十分に向けられ

ていない点が問題として挙げられる。なぜ実際の構想と展開された政策に違いが生じたのか，通産省と他の中央省庁，地方自治体等の政策形成にかかるプレイヤー間の対立と協調関係について当時の資料等を用いて検討する。さらに，これまで十分になされてこなかったテクノポリス政策の評価に関する定量的・定性的な分析を行い，先端技術産業の集積が実現したのか，そして産学住の調和のとれたまちづくりが実現できたのか等のテクノポリス政策についての再評価を行う。

第6章では北部九州の産炭地域を事例に，産業構造転換に産業立地政策が果たす役割，そこでの地方自治体の行動の意義を明らかにする。九州は，1960年代までは電気機械・自動車等の加工組立業種の集積が少ない地域であった。1970年代以降，日本経済の成長とともに大都市圏への労働力供給の逼迫や自動車・半導体産業の立地条件を兼ね備えていたことから，九州に両産業が集積し，九州は1980年代にシリコンアイランド，ついで1990年代にはカーアイランドとも称されるようになった（九州経済調査協会，2010，pp. 86-112）。

特に北部九州は，我が国における自動車産業の主要生産拠点の一つに成長したが，その中心に位置する筑豊地域は，1950年代後半から始まった我が国のエネルギー消費構造の変化により，炭鉱が閉鎖され，それによる大量の離職者が発生した。そのため「産炭地域振興臨時措置法」（1961年法律第219号　略称「産炭法」）による6条地域（産炭の実績がありとくに疲弊の甚だしい市町村）の全国総数のうち約8割を筑豊地域が占めた。また1966年度には生活保護率の全住民に対する比率が全国平均の8.2倍に達した（能，1969，pp. 20-22）。そのため国および地方自治体は，産炭地域における産業構造の転換に向けて工業団地の造成を始めとするインフラ整備や税制・補助金等を通じて自動車産業の誘致を積極的に進めてきた（九州経済産業局，2001；地域振興整備公団，1991；福岡県，2006）。

こうした筑豊地域の自動車産業誘致の事例にみるように，北部九州では，産業立地政策を通じてその構造の転換を図ることができた。ここには全国的にみて著しく疲弊した筑豊地域が含まれており，この筑豊地域は企業誘致活動を通じて自動車産業の拠点の一つとなることができた。産業構造転換とこ

れに果たす産業立地政策の役割，そこでの地方自治体の行動の意義を第6章で明らかにする。

第7章では，第3章から第5章にかけて行った，1960年代の「新産業都市建設促進法」に基づく政策とその効果に関する再確認，1970年代の工業再配置促進政策とその効果に関する再評価，1980年代のテクノポリス建設政策の再評価，そして第6章で行った産炭地域の中で最も疲弊の激しかった筑豊地域への国と地方自治体による産業立地政策の効果に関する検証を踏まえて，1960年代から1990年代までの我が国産業立地政策全体に関する長期的視点からの再評価を提示する。そのうえで，今後の研究課題を提示する。

[注]

1) 通商産業省による産業政策の正史である『通商産業政策史』は編集主体および発行時期が異なる2つのものが編纂されている。まず戦後の1945年から1979年を対象とした「第一期」は，全体を4期（①戦後復興期（1945～1952年），②自立基盤形成期（1952～1960年），③高度経済成長期（1960～1971年），④多様化時代（1971～1979年））に区分し全17巻で刊行された。編纂委員長は隅谷三喜男（東京大学名誉教授）が務め，1989年から1994年に発刊している。それぞれの時期区分にしたがって政策項目別に整理し，77名の専門家・研究者が執筆している。立地政策に関しては，「第7巻　第Ⅱ期自立基盤整備期（3）」の産業基盤行政にて飯島（1991），「第11巻　第Ⅲ期高度成長期（4）」の産業立地政策にて飯島（1993），「第15巻　第Ⅳ期多様化時代（4）」の工業再配置政策と「地方の時代」にて西岡（1991）を参照。一方，1980年から2000年の「第二期」は，編纂委員長に尾高煌之助（一橋大学名誉教授）が就任し政策分野別に全12巻が2011～2013年の間に発刊された。「第一期」と「第二期」の名称は独立行政法人経済産業研究所ホームページ http://www.rieti.go.jp/jp/publications/hjtip/（2016.10.24閲覧）による『通商産業政策史』の紹介によるものである。

「第二期」の立地政策に関しては，「第5巻　立地・環境・保安政策」として武田（2011）が執筆している。武田（2011, p.79）には「8. テクノポリス政策の成果と問題点」とした項目がある。そこでは日本立地センター（1999a）を用いてテクノポリス建設の取組みが述べられており，これをもとに「こうしてテクノポリス地域が，各地域の独自の取組を進めるなど地域の個性化も少しずつ形成されてきたと，評価されている」（同，p.81）とテクノポリス政策についての評価が紹介されている。テクノポリス政策の評価にかかる武田の記載はこの箇所のみである。武田（2011, p.678）には，執筆に際しては経済産業研究所が通商産業研究所時代の

1990 年代後半に研究プロジェクト「通商産業政策史研究」の成果があったことが記されている。「第一部　産業立地政策」は，共同研究者である山崎澄江による研究報告を最大限利用したと記載されており，山崎との共著であると言っても過言ではないと記している。武田（2011）が示した参考文献に山崎（1997）がある。

一方，「第二期」の「第 1 巻　総論」には第 7 章に産業立地政策が設けられ産業立地政策の推移を概観している（尾高，2013，pp. 337-365）。1990 年代半ばの産業立地政策の転換については「この議論は通産省において 1991 年から 1995 年にかけて盛んに議論された」（同，p. 358）と注の中で触れられているのみであり，省内の具体的な議論のプロセスや内容の検証はされていない。また，テクノポリスについては，日本立地センター（1996）所収のデータを用いて工業従業者数，工業出荷額，粗付加価値生産性，平均粗付加価値額労働生産性の 4 指標を使った地域比較を行い，「テクノポリスの企画は，ほぼ半数のケースで期待に見合う成果」（尾高，2013，p. 349）と述べている。しかし，この指標を用いたテクノポリス地域の比較分析は，数値の比較のみで各テクノポリス地域の実情を踏まえた分析にはなっておらず，テクノポリス政策の評価としては不十分である。

2） 報告書では，「21 世紀に向けての産業立地政策の理念」として以下のように提起している。「以上のような産業立地を巡る環境変化や今後の産業展望を踏まえつつ，産業立地政策の新たな課題に対応していくためには，我が国のこれまでの経済発展過程において基本的な理念の一つであった『国土の均衡ある発展』（公正的基準）という考え方を維持しつつも，産業構造の変革と国際的な産業適正配置の流れの中で，特に工業分野において新たに『国際的にも魅力ある産業立地環境の整備』（効率的基準）に重点を置いた各種施策を講じていく必要があるのではないか」（通商産業省環境立地局，1995，p. 12）。

同報告書では「Ⅲ．今後の産業立地政策の展開」（同，pp. 12-20）において①産業立地政策の理念，②わが国全体の産業立地ポテンシャルの向上，③三大都市圏における企業活動の自由度の確保，④地方圏における新産業展開，⑤既存施策の再構築の 5 つの項目について「～ではないか」という表現で理念および政策の見直しや転換を提起している。これは，従来の政策を転換することについてまず問題を提起するという形式をとったと当時の通産省は，産業構造審議会第 1 回産業立地部会（1996 年 4 月 8 日）にて説明している。当時，日本立地センター研究員であった筆者は，同部会を傍聴している。

小田（1999, p. 27）はこの政策転換を「コペルニクス的転換」と評した。同報告書は産業立地政策の大きな転換点であった。

3） わが国の代表的国語辞典『広辞苑』（第 6 版，岩波書店，2008 年）によれば「①植物の生育する一定の場所における環境。農学・生物学などでいう。②人間の行為を営む場所，特に産業を営む場所を選択して定めること」と記されている。本書では，②の意味として扱う。

4） この効率性と公正性について国土計画の思想に関する考察から論じたものが川上（2008）である。つまり全総計画は「効率主義」と「衡平主義」の葛藤のなかで形成されており，各全総では交互にその 2 つが出現したと川上（2008, p. 63）は述

べている。ただし5つの全国総合開発計画の性格についての川上の見解は，1962年の第1次の全国総合開発計画も，1969年の第2次の全国総合開発計画も産業政策に彩られているとした川島（1969）や宮本（1973）の見解，すなわち1960年代から1970年代にかけてのアカデミズムの主張とは異なる。国語辞典『広辞苑』（第6版，岩波書店，2008年）によると「公平」とは「かたよらず，えこひいきのないこと」，「公正」とは，「①公平で邪曲のないこと。②明白で正しいこと」，「衡平」とは「釣合のとれていること。平衡」と書かれている。「公正」は「公平」をさらに強く平等を意識していると思われる。これらの違いから産業立地政策が目指す「公正」とは，「衡平」，「公平」と比して経済合理性を超えて国が地域間の平等を目指すことを強く意識した用語であると考える。

5) 矢田（1990）は，Myrdal（1957），Nurkse（1953），Hirschman（1958）の開発経済論をモデルにして産業立地政策と国土政策の有効性について類型化し，成長・非成長基幹産業の立地誘導・規制と国土政策についてその有効性を論じている。

6) ここで通産省所管の産業立地政策の理念法と述べたのは，筆者が（財）日本立地センター勤務時代に通産省立地公害局（環境立地局）の立地政策担当者たちが，しきりに執務上で「工業再配置促進法」は産業立地政策の理念法であると述べていたとともに以下の理由からである。通商産業省環境立地局（1995，p. 12）には，「産業立地政策にあっては，『国土の均衡ある発展』という理念を踏まえて，各種の施策が講じられたところであり，工業の地方分散の進展等ある程度の効果が見られた」と書かれており，この「工業の地方分散」を全面的に進めてきた政策が通産省の工業再配置政策である。「工業再配置促進法」（1972年）の制定は，これをきっかけに通産省に立地公害局という部局が立ち上がり，その後通産省が同法による工業再配置政策を通じて国土政策に関与するきっかけともなった。

また，「工業再配置促進法」が通産省のみならず広く産業立地政策全般の理念法的な位置づけとして解釈できる根拠として，（財）日本立地センターが1973年に発行した『工業再配置対策詳解——通商産業省立地公害局工業再配置課監修——』に記されている以下のような説明を挙げることができる。「これまでも数多くの地域整備立法や地域開発制度が立案され，実施されている。これらの諸策は，特定の圏域や地域の整備開発について多大な成果をあげているが，日本列島全体を通ずる人と経済の流れを変えるという視点に立って，工業立地の動きを制御し誘導するという総合的なアプローチに欠けるうらみがあったことは否みがたい。……（中略）……工業再配置対策は，この点を補わんとするものであり，その意味できわめて鳥瞰的な性格をもっている。一言に太平洋ベルト地帯以外の地域といっても，そこには自然を保全すべき地域も，農業の振興を図るべき地域も，観光で生きるべき地域も含まれている。新しい工業立地の流れをどこで受けとめ，いかに調節するかという点は，従来の地域整備立法や地域開発制度にバトンタッチされる。その意味で地域からみれば，工業再配置対策はピッチャーであり，従来からの立法や制度はキャッチャーであると言えよう」（日本立地センター，1973，p. 6）。まさに「工業再配置促進法」は，ピッチャー，各地域開発制度に関する法律や制度はキャッチャーという通産省による例えは，この法律が産業立地政策の理念法的位置づけに

あることを示している。この理念法に関する論点についてはさらに第4章で検討する。
7）筆者は，1992年3月に九州大学大学院経済学研究科修士課程経済工学専攻を修了後，同年11月に，（財）日本立地センター研究員として採用された。ここでの業務の多くは，通商産業省立地公害局（のちの環境立地局）立地政策課から委託された産業立地政策に関する調査分析と，同省同局が策定した指針にもとづくテクノポリス等の地方自治体の産業振興計画づくりであった。これらの実務経験を通じて産業立地政策の転換を目の当たりにしながら，国と地方自治体の産業立地政策を巡る関係と地域産業集積の変化について知見を得るとともに，筆者なりの考察を進めてきた。根岸（2009）は，日本立地センター在職時に目の当たりにした産業立地政策の転換をモチーフにしている。また，注1の武田（2011, p.79）にてテクノポリス政策の評価として日本立地センター（1999a, p.81）が挙げられているが，これの筆者は根岸である。
8）この分析フレームワークにおいて重要な意味を持つのが各種のプレイヤー間の対立や協調である。このうち土地所有者（農民等）については，フレームワーク内に位置づけられるものの，本書では十分に検討することができなかった。今後の研究課題としたい。
9）新産都市指定にかかる当時の担当者である下河辺は，もともと「全国総合開発計画」（「一全総」）の拠点開発方式の拠点とは中枢情報管理都市であり，計画論的には都市間のツリーシステム構築を形成することが国土プランナーとしてやりたかったことであると記している。しかし同時に，産業側からの陳情が激しくなり，これを新産業都市で受けるようになり，「一全総」は拠点が産業都市のように言われるようになったと回想する（下河辺, 1994, p.98）。本来的には国土の総合的な利活用を目指す国土政策と，産業立地政策との関係は，産業の適正配置という立地政策が国土政策のなかの大きな柱の一つに位置づけられる，と考えられる。しかし，実際の展開では，産業立地政策と国土政策が分離していったと言える。
10）戦前に産業立地政策がなかったか，と言えばそうではなく，佐藤（1963）は戦前の東北振興策における工業分散政策・農村工業立地政策について検討している。歴史的には，こうした国土全体を通じた産業の適正配置を目指す国土政策の開始時期については，第一次大戦後とくに大恐慌以降とするのが多くの論者の見解である。これについては加藤（1990）が国土政策を巡る諸説を整理し，歴史的背景を明らかにしている。

第2章　産業立地政策に関する先行研究と本研究の視点

第1節　はじめに

　第1章で述べたとおり産業立地政策とは「望ましい産業（企業）の立地を目指す政策」である。立地主体である企業は，利潤最大化を念頭に「効率性」の視点から立地を決定する。その効率性を追求した立地の結果が，産業の地域的不均等配置をもたらし，雇用の不均等や地域間所得格差を拡大させる。政府は，企業の効率性を尊重する産業立地政策を遂行する場合もある。しかし，その産業立地政策と企業の立地行動とによって生み出される雇用や所得に関する地域格差が許容できる範囲を超えた場合に，「公正性」の観点からそれを是正する政策を行う。つまり産業立地政策を形成する上では，この「効率性」と「公正性」という対立軸が生じる。一方，企業立地に伴う公害等の外部性が生じるケース（外部不経済）もある[1]。公害は，住民に健康被害をもたらし自然環境の破壊につながる。そうした外部性は，「市場の失敗」であり，政府による規制や税を通じた資源配分の適正化を図ることが求められる[2]。

　産業立地政策の全体像を把握するためには，個別の経済主体，すなわち中央政府，地方政府，企業の行動とそれらの間の相互関係を考察するだけではなく，マクロな経済構造，すなわち世界や日本といったレベルの経済とその変化も考慮に入れる必要がある。言うまでもなく，マクロ経済の変化を受けて個別経済主体の行動の背景にある経済思想も変化しうると考えられるので，この点も産業立地政策を考察するためには考慮する必要がある。

　そこで第1に，産業立地政策の意義について論じた先行研究を比較検討して整理し，産業立地政策を分析するためのフレームづくりを行う。そして，その転換にどのようなプレイヤー間の相互の関係・利害が見いだされるのか

を明らかにする。第2に，経済成長政策の色彩が強いと評価された我が国の産業立地政策の特性を考察するため，開発経済学で議論されている開発主義の視点を導入し，国土の均衡ある発展という公正性と産業（企業）が求める効率性の対立がどのような関係性を持つのか，政治経済学的視点で検討する。第3に，経済思想と産業立地政策との関わりを明らかにする。

第2節　産業立地政策の社会的意義に関する諸説

産業立地政策とはどのような政策であるのか，代表的な産業立地政策の目的・意義に関する先行研究は，高度経済成長期の1960年代～1970年代初めに集中する。そのなかで村田（1962），佐藤（1963），西岡（1969），川島（1971）の所説を整理すると以下のようになる（下線部は引用者による）。

1．村田（1962）による産業立地政策の目的・意義

村田は，立地政策の必要性について以下のように論じている。まず「工業の過集積が企業の費用支出を高めて生産性を低下させ地域社会に多くの<u>社会的費用</u>を発生」（村田，1962，p. 93）と指摘し，工業の過集積に伴う公害と社会的費用の発生を論じている。その上で「社会資本，煤煙や工業用水の問題を個々的にかんがえるだけではなく，<u>過集積に伴う問題を総合的に検討して，工業を適正に配置することが必要</u>」（同，p. 93）と立地政策の必要性を論じている。つまり立地政策について過集積に伴う問題を総合的に検討し，工業を適正に配置する，という国土全体としての巨視的視点を強調する。

2．佐藤（1963）による産業立地政策の目的・意義

次に佐藤は，工業立地政策について以下のように述べている。

資本主義的体制のもとでの工業立地政策は，<u>工業生産力の発展を期する</u>ため，<u>国家およびその分身としての公共団体</u>が政治権力をもって，いかなる種類の工業がいかなる規模において，どのような<u>地域および地点に位置するのが最適</u>であるかを選定して，その地域あるいはその地点に<u>誘</u>

導勧奨する対策であるとともに，産業関連施設を造成するための公共投資により，工業立地の諸条件を整備し，経済発展の基盤を拡大することをはかる，施政方針である（佐藤，1962, p. 1）。

低開発のための工業導入措置や過大都市発生防止のための工場の新増設の禁止または制限措置が行われる等の工業立地の諸問題の萌芽が政府により明確に意識されたのは1934年以降（同，p. 1）。

国家または公共団体が個々の企業に対し，特定の地域あるいは地点に立地することを命令ないし強制することはできない。しかしながら，他の至上命令，緊急事態が発生するか，あるいは個々の企業の立地選択を自由に放任したならば，地域的経済発展の不均衡を，より一層深刻化するような場合には，特定地域での立地を禁止または制限することも行われる（同，pp. 1-2）。

　要するに佐藤は，①立地政策を，工業生産力の向上のために，政府が産業関連施設の整備を行うことと理解し，②工業立地の諸問題の萌芽した時期と，③特定地域の立地禁止や制限について論及している。

3．西岡（1969）による産業立地政策の目的・意義

　西岡は，立地政策の目的について特に経済政策との関わりから論じている点に特徴がある。
　まず，その目的について「立地政策の究極的な目的を他の経済政策と同じく，国民所得（または地域所得）の増進，安定および公正な配分に求めること」（西岡，1969, p. 69）としている。そして直接的な目標として「生産要素や商品の移動性を高めることにより，立地上の適応過程における摩擦や浪費を少なくすること」「経済の発展と安定，それに国防上の安全に有効であるように，産業と人口の分布を改善すること」（同，p. 69）としている。
　また，個々の地域に関しては「後進地域の経済発展」，「失業多発地域（不況地域）の経済安定」，「過度密集地域における立地諸条件の補強」，「過度密

集地域よりの分散産業および分散人口の受容地域，または新規開発地域における立地諸条件の整備」(同，p.69) とした。さらに「立地政策の根本問題」として「<u>地域構造的政策としての立地政策</u>」の確立(同，p.108) を指摘する。その理由として「国内における一地域は，他の諸地域から孤立して存在するものではなく，実は各地域が相互に関連して形成する全体としての経済空間の一環として成り立つもの」(同，p.107) とする。

　西岡のアプローチの特徴は，①経済政策上の位置づけを重視していること，②地域構造的政策としての立地政策を指摘している点である。つまり産業立地政策は，国民所得の増進，安定および公正な配分という経済政策上の目的のために実施することを強調している。そして地域構造的政策というマクロ的視点と，立地がもたらす地域間の経済的循環を構造的に捉えている点に特徴がある。

4．川島 (1971) の産業立地政策の目的・意義

　川島は，産業立地政策についてイギリスにおける研究成果を踏まえて以下のように論及する。

> 産業立地政策というものを，素朴に産業の合理的な配置のための政策と考え，資本主義経済の下では，私企業の営利性を基準とする産業の合理的配置の助成・促進だと理解すれば，わが国の現状は，しごくあたりまえのことになってしまうかもしれない(川島，1971，p.65)。

> <u>資本主義経済の一定の発展段階において，いわば歴史的必然性をもって登場してくる産業立地政策とは</u>，ほんらいそのようなものではない。こ の政策は<u>資本主義経済の下での企業の自由な立地選定と開発の累積が，さまざまな地域的諸問題をひき起し，その部分的解決や緩和が体制維持の見地からも看過できない状態に立ちいたった段階で，立地の私的選定に国家が介入して行う産業の配置に関する政策</u>である(同，pp.65-66)。

　その(イギリスの立地政策の：引用者注釈)内容もわが国の立地政策など

とは縁遠い，地味で規制的色彩の濃い政策（同，p.66）。

> わが国で産業立地政策とよばれている政策は，ほんらい的な立地政策の名を借りた別個の政策，つまり企業の経済的合理性を極度に尊重しつつ，与えられた条件の下で，その高度成長に必要な最適の立地を助成する産業政策に他ならない（同，p.66）。

川島は，産業立地政策を産業の合理的な配置のための政策としてしまえば，日本の高度成長期の産業立地政策そのままであり，本来とは異なる別個の政策である，と指摘する。そして，本来の産業立地政策は，企業の私的な立地選択がもたらす地域問題が看過できないときに，国家が立地選択に介入する政策である，とする。

5．産業立地政策の意義から導出される4つの視点

これらの先行研究から立地政策の目的・意義について以下の視点が提示される。

外部性

Smith（1776）によって提唱された経済活動の自由放任主義のもとでは，政府が企業の事業活動における立地に関わる規制を行うことは望ましいものではない。しかし，立地企業がもたらす公害等の「外部不経済」の発生により，村田が指摘する社会的費用の内部化を図るために，政府が規制や課税を実施する，ないしは企業が防止費用の負担等を行う等が必要となる。立地政策は，その政府による規制や防止費用の負担に関する政策となる。

国土管理・マクロ的視点

佐藤や川島は，政府が個別地域ではない国土全体の管理に直接的に介入する必要性について言及している。これらは，政府が財政金融政策を用いて有効需要を創出し不況克服を図るKeyens（1936）による総需要管理政策とその基調が通じるものである。

経済的厚生の増大

　西岡は立地政策の意義を，究極的には他の経済政策と同様に国民所得（地域所得）の増進，安定および公正な配分という経済的厚生の増大に求めている。これには，List（1841）に代表される経済学史上の「ドイツ歴史学派」の持つ経済発展段階の視点が組み込まれている。産業立地政策は，必要な国内産業の育成のために複合的な生産力向上策を図る政策でもある。

地域構造の把握

　西岡は，地域構造的政策としての立地政策という視点を提供している。つまり，立地とそれによる他事業所間との取引や労働力の雇用がもたらす地域的経済循環，および経済圏と等質地域の形成という地域構造的な把握の重要性である。地域構造をどうすればよいのか，立地政策の視点として論及している。

第3節　「産業立地政策」を巡るプレイヤー間の対立と協調

1．産業立地政策の意義

　前節を踏まえれば，産業立地政策は以下のように意義づけることができる。

　そもそも「立地」とは「人間の行為を営む場所，特に産業を営む場所として選択して定めること」（『広辞苑』第6版，脚注2参照）である。企業（＝立地主体）は，生産や市場の拡大，費用削減等による原料調達地の変化，輸送費の節約等を動機として立地地点を選定する。企業は，立地条件を具備する個別地域それぞれを相対的に比較し，立地選定を行う。また，企業が必要とする立地条件は，具体的には原材料調達および製品の輸送が容易である港湾，道路，鉄道，空港等の輸送インフラストラクチャーや電力，工業用水等である。インフラストラクチャーは，設備投資額の巨大性や完成までの懐妊期間の長期化等の性格を持つ。そのため電力・鉄道等の規模の拡大に伴って費用が逓減する産業は公共部門ないし政府の規制によるサービス供給が行わ

れることになる。

　また，立地は，立地固有の4つの経済的特性を持つものである。第1に，工場設備や工場建屋等の投資によるストック形成である。第2に，立地主体の事業活動による素材・労働力・資金・情報の循環（フロー）により経済圏が形成される（矢田，1982；田村，2000）。第3に，立地に伴う地理的近接性から発生する他の事業者，住民等に及ぼす外部効果である。第4に，事業者が工場を建設した場合，その規模が大きければ大きいほど，原材料供給地の変更や新たな技術革新により，既存の立地地点を放棄することが困難となる。いわゆる地理的慣性である。鉄鋼・石油化学等の基礎素材型業種がこれに該当する。

　これまでの産業立地政策を巡る先行研究および立地を巡る特性を踏まえ，産業立地政策を定義すると以下のようになる。

　まず，産業立地政策とは第1章で述べたとおり「望ましい産業（企業）の立地を目指す政策」である。そして産業立地政策は，①企業誘致ないし立地誘導，②外部経済効果を目指した集積促進，③外部不経済効果に伴う諸規制つまり都市計画・緑地規制，の3つから成り立っている。①企業誘致ないし立地誘導は，「政府（中央政府・地方政府）が産業（企業）の立地を促進し，その経済の発展と住民の福祉を促進させる政策」である。②と③は外部効果に関わる政策である。①と②は密接である。産業（企業）にとって集積を通じた近接や結合による外部効果は，企業にとってその外部効果を得られる場所に立地しようとするインセンティブになるからである[3]。

　産業立地政策には，プレイヤーというファクターが存在する。プレイヤーは，大きく3つのグループから成り立っている。まず①政策主体として国（中央政府）ないし地方自治体（地方政府）がある。

　次に，②政策客体としては企業（立地主体）があり，間接的には土地所有者が想定される。そして，③政策利害関係者（間接的客体）としての住民（労働者）や土地所有者がある。政策目標として国は，a）産業構造誘導（経済成長），b）地域間不均衡是正，c）雇用創出，d）外部不経済解決がある。一方，地方自治体においてもこの4つの目標を持つという点では同様である。政策手段としては，a）直接的規制（ゾーニング）やb）間接的規制と

しての税，補助金，c) 情報提供，d) インフラ整備がある。

2．産業立地政策の展開・転換
　　——プレイヤー間の対立・協調と制度形成・解体——

　産業立地政策に関する考察を行う上で，中村（2006）は，従来の産業立地政策・国土政策に対する批判のあり方について以下のように述べている。

> 従来の地域政策批判においては，体制的批判の論理からのアプローチが主流であったように思われます。日本の地域政策は，日本の国家独占資本主義の問題として捉えて批判する，あるいは，今日では，資本の多国籍企業化段階やグローバル経済の時代を背景とする「グローバル競争国家」の国土政策として捉えて批判することが科学的で正しいとする体制的アプローチです（同，p. 13）。

中村は，この体制批判アプローチの限界について以下のように指摘する。

> 批判的な立場からの議論で通常見られるスタイルは，体制的アプローチから政策批判をして，そのあとで，運動論的に，住民参加による下からの地域政策が必要であるとする方法です。批判と政策に論理的な連続性・一貫性が欠ける。政策論は運動論的に導出されることになる。典型的には，大資本と国家による外来型開発を批判し，住民と地方自治体による内発的発展の必要を主張するスタイルです。私は，政策分析を体制的アプローチからのみ行えば，外在的な政策批判は行えても，現実の地域問題を解決するための政策論は理論的には出てこないのではないかと危惧しています。私は宮本憲一教授が提起された方法に倣って，素材的アプローチを基礎に体制的アプローチで括るという二重のアプローチ，両者の媒介項としての中間的地域政治経済システムの解明を重視するという方法によってこそ，現実的な政策批判になりうるし，人々が解決を求めている地域問題の解決に提案できる現実的な地域政策を論理必然的に構想する道が拓かれると考えます（同，p. 14　下線部は引用者による）。

中村の主張は，2つの点で注目される。第1に，これまでの地域開発政策論の体制批判アプローチに対して批判とともに限界を明示している。つまり，体制批判だけでは問題を解決するための現実的な政策構想ができないという事実である。第2に，具体的な政策をつくるために，中間的地域政治経済システムの解明の意義を指摘している点である。中村（2004）は，地域経済は，独自の経済システムとしての自律性や能動性，多様性の存在があり，独自の中間システム・サブシステムとして機能すると指摘する。中村の指摘によれば，この独自のシステムの大きな柱が地方自治体になり，かつ地方分権の時代における産業立地政策の主体となる。

　産業立地政策を考察するには，中村が指摘するように体制的アプローチではなく，問題解決のための具体的な政策構想づくりに資する堅固な分析の枠組みが必要である。つまり，政策がどのようなプレイヤー間の対立と協調から構築されるか，そしてその政策が形成され転換されたかを明らかにするツールが必要である。

　そこで本書では，産業立地政策を以下のプレイヤー間の関係性つまり国と地方自治体という政府間の関係性と政府と企業の関係性，ないし企業と住民，土地所有者などの関係性があり，そのプレイヤー間の対立および協調を持ちながら展開・転換するものとして捉える。

　まず産業立地政策の主導権や地方分散のあり方を巡って国vs.地方自治体の対立と協調が見られる。次に企業（経営の論理）が効率性をもとに立地条件を見据えながら立地を検討する。また企業側から効率性の観点から政府に立地条件について働きかけることもある。そして企業と住民，土地所有者では，外部経済・不経済をもたらす主体とその客体の関係として利害関係が生じ，政府にも圧力をかけることになる。また立地による素材・労働力・資金・情報のフロー形成に伴ってこれら三者は雇用者・被雇用者，地代受領者となり，関係性が構築される。

　こうした産業立地政策にかかる政策形成と転換を理解するモデルとして注目できるものが加藤（2008）の「構造−問題−政策」モデルである（図2-1）。加藤のモデルは，経済過程における構造から問題群が生じ，その問題群から問題を選び，解決のための政策が形成され，その政策が構造に影響を及

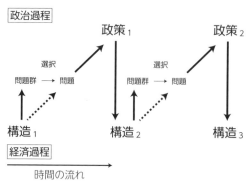

図 2-1　加藤 (2008) による構造・問題・政策

資料) 加藤 (2008), p. 31 所収の図

ぼすことを示している。ここでの構造とは、経済の地域構造であり、問題とは地域問題であり、政策とは地域政策である。

このモデルの特色は、以下のとおりである。第1に、経済過程における（地域）構造から様々な（地域）問題群が生じるが、政策として解決すべき（地域）問題は、（地域）政策形成にかかる主体（プレイヤー）間の利害にかかる親和と反撥を通じて形成されることを示している。

第2に、（地域）政策が（地域）構造に影響を与える点である。まさに（地域）政策を通じた規制やインセンティブが地域構造に影響をもたらし、これら政策の積み重ねから形成される制度が地域構造にも影響をもたらすと考える。中村（2004）は、制度や中間システムに注目した地域的政治経済システムに注目している。そして、経路依存性やロックインに注目した最近の地域経済・地域政策研究もこの政策・制度と大きく関わるものであると言える[4]。

経済過程における時間軸の変遷からみれば、産業構造の転換や新技術の登場に伴い、新たな主導産業化した、ないしは新生産システムに基づく立地主体が登場する。これらは、新立地地点を選定し、新たな労働力・新規の用地を獲得する。これにより、立地主体による労働力と土地所有者の包摂（立地主体との関係化）が図られる。一方、産業構造転換のなかで衰退産業化し

図 2-2 政策システムとメタ政策

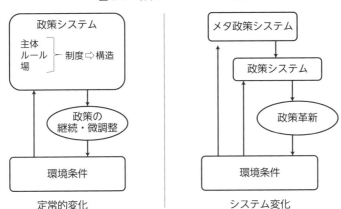

資料）城山・前田（2008）所収の p. 12 および p. 15

た，ないしは旧来の生産システムを抱えた立地主体は，不要化した工場設備の廃棄や労働者の解雇を行う。こうした主導産業・生産システムの変化による新旧の立地変動は，新規のストック・フローの形成やその逆の旧いストック・フローの廃棄・消失と外部効果をもたらすこととなる。こうした主導産業の交代にともなう新旧のストック・フローの形成・消失と外部効果が地域経済循環の新たな構造を形成する。

3．グローバル化時代の政策転換モデル
——「政策システム」と「メタ政策システム」——

グローバル化の進むなかで先進諸国は，従来の政策を見直し，そして転換を数多く図ってきた。「政策システム」概念は，東京大学にて 2003 年から 2007 年にかけて取り組まれた 21 世紀 COE プログラム「先進国における《政策システム》の創出」で示された概念であり，先進諸国の政策革新のメカニズムに関する分析の枠組みとして用いられた。「政策システム」とは，「政策の決定・転換に影響を与える，様々な主体の相互作用のシステム」と定義される（城山・前田，2008，p. 11）。

政策システムは，主体・ルール・場の 3 つの要素から構成され，その要素

から導かれる構造に特徴づけられる。また，構造を枠づける基本的枠組みとして制度が位置づけられる（図2-2参照）。政策は「分化した政府活動の束」であり，政策は政策システムの単位とされる。政策システムは，その構成主体の戦略に従い，環境条件の変化に対応して政策を決定・実施し，また必要に応じて従来の政策の修正を行う。

この政策システムが何らかの理由で腐朽し，環境条件の変化に対応できない場合には，システムの外にある変化のメカニズムが機能し，これまでの政策システムの構造が刷新され，新たな政策システムが創出される。この変化をもたらすものが「メタ政策システム」とされる。メタとは「超越した，高次の，」の意を表す用語である[5]。

メタ政策システムとは，「時に，マクロレベルで様々な政策システム間の統合・調整を担う存在」（城山・前田，2008，p. 14）であり「時に政策システムの内在的論理を無視して暴走し，外部から政策システムの変化を促す存在」（同）とされる。メタ政策システムは複数並存するケースもあるとされ，緩やかに結びついているとされる。

また，メタ政策システムと政策システムの関係は結局「上位と下位の審級関係を設定」（城山・前田，2008，p. 16）することであり，またメタ政策システムの上位の「メタ・メタ政策システム」の存在も当然想定されるとする。

これらを踏まえて加藤（2008）のフレームに加筆したものが図2-3である。この図では，産業立地政策に関わるプレイヤーとともに，政策から地域構造への矢印に「制度による地域構造への影響」，さらに地域構造の下には「立地変動・地域経済循環の形成」を加えている。これは，政策によるインフラ整備，立地企業とそれによる地域経済循環の形成とともに，産業構造の変化特にポスト工業化，知識経済への移行に伴う人的資本を重視した中間システムの構築を含むものである。これらにテクノポリス等の政策が産業立地政策と関わり，テクノポリス地域が，イノベーション創出の単位として変化していくことを含んでいる。

一方，1970年代後半から始まった新自由主義の広まり，1990年代に急速に進展した経済のグローバル化に伴い，新自由主義やグローバル化に見るメタ政策システムの登場は，政府がこれまでの「問題群」から「問題」を選択

図2-3 構造－問題－政策フレームとプレイヤー

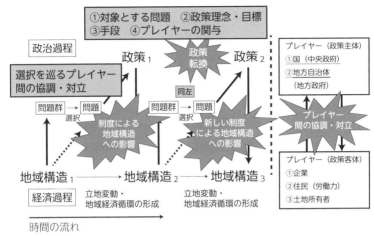

資料）加藤（2008），p.31所収の図をもとに筆者が加筆修正。

し，取り組むべき「問題」の優先順位を大きく変化させてきた。

　このグローバル化の進展に伴い，我が国の産業立地政策は，通商産業省環境立地局（1995）「新産業立地政策研究会報告書」に示されたとおりに転換された。この転換は，その後の構造改革の動きと直結するが，我が国の開発主義システムと呼ばれる政治的にも経済的にも一体となった産業政策のあり方自体に大きな変化を促した。

第4節　システムとしての開発主義における産業立地政策

　日本は敗戦後の混乱を乗り越え国際社会に復帰し，高度経済成長を実現して先進諸国の仲間入りを実現した。1970年代にはアメリカに次ぐGDP大国となり輸出大国として世界経済を牽引するとともに，日本の驚異的な復興・成長を支えたシステムが注目された。

　1980年代末の東西冷戦の終焉とともに世界経済は大きく変化した。1990年代に入りアジア諸国の成長，急速な情報通信システムの発展を契機に経済

のグローバル化が進み，新興国は急速な成長を実現した。その新興国の成長は，外資導入を通じて官民を挙げた輸出産業育成を通じて実現しており，その官民協調は「国家資本主義」とも称されるものであった。

　発展途上国において官民を挙げて一国の産業化を目指す取組みは，「開発主義」と呼ばれる。末廣は，開発主義を「工業化の推進を軸に，個人や家族や地域社会ではなく，国家や民族などの利害を最優先させ，そのために物的人的資源の集中的動員と管理を図ろうとするイデオロギー」（末廣，1998，p. 2）とする。

　先述のとおり我が国の産業立地政策は，産業政策の側面を強く持ち，地域開発の手段であり地域開発政策であるとの評価が主流であった。その評価に基づけば，まさに日本の産業立地政策は開発主義に基づくものと言える。

1．村上（1992）によるシステムとしての開発主義に関する考察

　村上（1992）は，独自の「費用逓減の経済学」を軸に開発主義を論じている。まず開発主義の定義とその政治的経済的体制について以下のように述べている。

> 開発主義とは，私有財産制と市場経済（すなわち資本主義）を基本枠組みとするが，産業化の達成（すなわち一人当たり生産の持続的成長）を目標とし，それに役立つかぎり，市場に対して長期的視点から政府が介入することも容認するような経済システムである……（中略）……開発主義は，明らかに国家（あるいは類似の政治的統合体）を単位として設定される政治経済システムである。……（中略）……開発主義は，ナショナリズムの立場に立つ産業化の理論ないし政策であり，かっての重商主義やドイツ歴史学派の発展形である。そこでは政治と経済の相互作用が中心的な役割を果たしている（同，p. 6）。

　村上の開発主義論は，日本の産業立地政策を考える上で非常に興味深い。なぜならば，産業立地政策は，まさに開発主義のもと日本の高度成長の実現に向けて政経一体となって立地に必要なインフラ整備と企業立地を進めてき

たからである。

　村上の開発主義についての考察の特徴は,「一つの整合的なシステム」としての開発主義を捉えている点である。そのなかで,「産業政策は,『開発主義』のための中心的な政策手段を提供する」(同, p. 88) とし, 産業政策の輪郭をあげている。まず「基本的に必要な政策」として①重点産業の指定, ②産業別指示計画, ③技術進歩の促進, ④価格の過当競争の規制,「場合によっては必要な補助的政策」として⑤保護主義政策, ⑥補助金政策,「基本的には不必要な政策」として⑦投資競争の規制, ⑧金融部門の統制, ⑨参入規制を挙げている。

　村上は, 産業政策について「開発主義の根幹となる政策であるが, 元来は個別産業育成のための経済政策であり, 開発主義という一国の基本戦略の一つの柱に過ぎない」(同, p. 98) とする。そして, 産業政策が経済全体に貢献するためには補完的な政策の必要性を指摘する。つまり, その国の様々な制度・慣行の支えが必要であり, それは文化や価値観までも含まれる。経済, 政治, 文化は, それぞれある程度独立しており, 様々に組み合わされる, と指摘する。それゆえ開発主義の確定的なモデルといったものはなくても, 不可欠な共通の特徴があり, それを「開発主義のプロトタイプ・モデル」(同, pp. 98-125) としている。

　その「開発主義のプロトタイプ・モデル」の内容は, ①私有財産に基づく市場競争を原則とする, ②政府は産業政策を実行する, ③新規有望産業の中には, 輸出指向型の製造業を含める, ④小規模企業の育成を重視する, ⑤分配を平等化して, 大衆消費中心の国内需要を育てる, ⑥分配平等化の一助という意味も含めて, 農地の平等型配分をはかる, ⑦少なくとも中等教育までの教育制度を充実する, ⑧公正で有能な, ネポティズム（縁故主義：引用者注釈）を超えた近代的官僚制を作る, をあげた。村上の8つの制度的要請は①〜④が産業政策, ⑤と⑥が分配政策, ⑦と⑧は無形の社会的インフラに該当する。

　村上の開発主義を一つのシステムとして捉えた手法は, 産業政策とともに分配政策という柱を立てて一体としていることである。村上は, 分配政策の必要性について以下のように述べている。

産業政策に支えられた重点産業の発展は，他産業との間に格差を引き起こし，全経済的な問題（他産業における破産・失業の頻発からひいては政治的不満）を生むだろう。これらの問題は，産業政策が行われなかった場合に比べてより重大化する可能性が高い。したがってこれらの格差を緩和する政策が必要となるが，従来の分類ではこれはほぼ分配政策に当たるだろう。こうして，産業政策は分配なしには恐らく必ず失敗する。二つの政策は一体とみなければならない（同，p. 99）。

　村上はさらに労働力の地域間移動にも言及している。

　労働を賃金の角度だけから考えること自体が資本主義特有の感覚である。それ以前の生活感覚がまだ残る過渡的な社会では，住み慣れた土地，働き慣れた職場を離れることが巨大な負の誘因になって労働移動を妨げる。したがって，賃金の格差は容易に解消されないし，新産業が成長するにつれてかえって格差は拡大する。その結果，政治的統合が危なくなって，開発主義そのものが挫折する（同，pp. 108-109）。

　村上は，そうした労働力構造変化に伴うショックの緩和を図る補完政策は，現代の開発主義では不可欠な柱である，と指摘し，広い意味での分配平等政策とする。
　村上は，その方法は2つあると指摘する。第1に補助金政策，第2に価格や生産量に関連づけられて行われる再分配である。日本では，農業（特に米作）を維持するために食糧管理制度のもと毎年多額の価格支持金が支払われていた。こうした価格調整や生産量調整は新古典派的視点からみれば，農業の競争力という視点で資源配分を歪ませることになるが，農村の政治的安定と大都市への安定的労働力供給システムとして機能したと言える。村上は，こうした反新古典派的分配政策の問題点として「終止符を打つことの難しさ」を指摘する。
　もう1つ注目するのは，経済システムと政治システムを連結させる上での「行政による裁量」であり，それが大きな役割を担う点である。

産業政策と分配政策は一体であるという村上の指摘に倣うならば，日本の産業立地政策が開発主義のもとで経済成長政策の側面を強く持ちながらも福祉政策の側面を持つのは当然ということになる。

まさに村上が指摘した労働力移動の困難性は，地方圏への立地を通じてその困難を回避することが可能になるとともに，地方圏への所得再分配策につながるものである。

このように村上による開発主義をシステムとして捉える視点（以下，この視点を開発主義システムと称することもある）は，我が国の産業立地政策の側面を捉える上で重要な視点を与えるものである。

第4章で明らかにするように，工業再配置政策は，産業政策上これまで取られてきた重要な産業構造の高度化に向けて振興すべき産業を絞り，当該産業について重点支援を行うターゲティング政策をとらず，地方分散を前面に押し出した分配政策を通産省が推進したと理解することができる。同法の評価は，『日本列島改造論』のサブシステムとしての位置づけ（日本立地センター，1973，p. 1）であることから成長政策として見られてきたが，分配政策をより前面に押し出した政策という評価も開発主義をシステムとして捉えれば可能となる。

2．開発主義国家批判からの視点（渡辺・二宮・後藤ほか，2002）

一方，開発主義国家を批判的に考察する後藤（2002）は，開発主義を「国民経済成長を目的とした長期的，系統的，かつ強力な国家介入を備えた資本主義システム」とする（後藤，2002，p. 10）。そして，開発主義の諸段階と国家機構について① 1950年代は開発主義の離陸期であり，開発主義も経済官庁主導であったが，② 1960～1973年頃には，開発主義がシステムとして確立し，「企業支配と企業統合が形成されたこと，それを背景に財界が国家意思形成の環として確立したこと，自民党政治が転換して開発主義を国家目標に掲げ国民を統合する体制をつくったこと，それにともなって，教育や労働を含めた全官僚機構の開発主義への編成替えが行われたこと」（渡辺，2002，p. 26），③ 1970年代後半からは「経済成長が一段落を遂げて，開発主義にともなうさまざまな社会的な諸矛盾が顕在化し，他方，経済成長の恩恵を直接

的には被らないどころかその影の部分になる諸階層の統合からの離脱の危機が発生……（省略）……こうして，開発主義的なかたちを維持しながら国民統合を再編するという要求が出てきて，分配政策と周辺諸階層の統合という政策的比重が増大」（同，p. 27）と指摘する。後藤も開発主義を巡る討論のなかで「日本の70年代型の『開発主義』のなかには，ある種の福祉国家的要素が取り入れられている」（渡辺・輝峻・進藤ほか，2002，p. 49）と指摘する。

3．産業立地政策と政治経済的一体性

こうした開発主義の検討を通じて我が国の産業立地政策は，①インフラ整備等を通じた立地促進による産業政策，②地方圏への雇用創出という分配政策，の2つの側面を併せ持つ性格を持ち，政治的経済的一体性をもって展開されてきたことを示している。

しかし，80年代後半から急速に進んだグローバル化と我が国の経済産業の成熟化はそれまでの分配政策を保障できず，開発主義システムは大きな危機を迎えた。これにより産業立地政策自体も大きな展開に直面し，国の分配政策の後退のなかから地方自治体の自律性が問われる時代へと展開したのである。

第5節　小　括——産業立地政策とプレイヤーおよび経済思想——

我が国の産業立地政策について全体を俯瞰するため，これまでの枠組みを踏まえと大きく3つの時期に区分して整理したものが表2-1である。

まず，①「高度成長（基礎素材型主導期：1950年代～1970年頃）」および②「高度成長－構造調整期（加工組立型主導期：1970年頃～1990年頃）は「開発主義システム」による産業政策と分配政策が一体的に機能した時期である。そして，③「グローバル化・構造改革期（1990年頃～現在）」は，グローバル化が進み，すでに開発主義システムに綻びが生じ，そしてそのシステム自体が崩壊していく時期である。

1. 高度成長（基礎素材型主導期：1950年代〜1970年頃）

　戦後復興に伴い，既存の大都市部では産業基盤の隘路が問題化した。政府は，産業合理化のもと隘路打開に向けた産業基盤投資を促した。さらに1960年に池田内閣は，「国民所得倍増計画」を策定し，その実現のため既存大都市部の外延的な拡張を通じた「太平洋ベルト地帯構想」を打ち出した。産業（企業）側も高い成長率に支えられ投資意欲が高まったことから，基礎素材型産業の産業基盤不足が進んだ。また，雇用の地域間ミスマッチや所得の地域間格差が生じ，地方からも格差是正の声が高まった。これを踏まえて拠点開発方式による産業基盤整備が各地で進められた。

　日本経済は，高度成長の過程を通じて先進諸国の仲間入りを実現した。これに伴い，政府・産業界は，資本自由化への対応が求められた。産業界では大規模な企業合併や製造プラントの巨大化など規模の経済を模索した。これに合わせて基礎素材型業種では大規模工業基地造成が必要となり，全国11ヵ所における大規模工業開発計画が模索された。また，これを推進する高速交通ネットワーク形成と大規模開発を目玉にした「新全国総合開発計画」が策定された。

　まさに経済成長に向けて産業基盤整備の推進を図ることが国・地方自治体をあげて進められた時代であった。産業基盤整備を先行し，経済成長を目指す開発経済の推進が進められた。

2. 高度成長－構造調整期（加工組立型主導期：1970年頃〜1990年頃）

　日本経済は，ドルショック・オイルショックに直面し高度成長の時代の終焉を迎えた。高度成長に伴い，公害問題の深刻化，大都市部の過密，地方圏の過疎が大きな社会問題となった。

　石油危機に伴う資源制約や世界的な経済減速のなかで，日本経済は，減量経営に取り組むとともに輸出競争力の強化を目指した。また，資源制約のもと基礎素材型産業が低迷し，替わって家電・自動車等の加工組立型産業を軸とする産業構造に転換が進んだ。こうした産業構造の転換は，産業立地政策の転換を促すこととなった。

表2-1 日本の産業立地政策とプレイヤー

		①高度成長（基礎素材型主導期）1950年代～1970年頃
Ⅰ．プレイヤーの行動（政策主体） ①国 ②地方自治体		高度経済成長の実現のための基盤供給
	大都市部	公害・過密対策／社会公共サービス供給不足 産業基盤供給
	地方圏	過疎 労働力過剰の解消
Ⅱ．プレイヤーの行動（政策客体） ③企業		生産拠点形成（臨海部）による国内市場確保 基礎素材型産業
④住民 ⑤土地所有者		地元雇用の拡大 農地保有者の次男三男の都市人口移動
Ⅲ．構造問題		大企業・中小企業の構造問題 産業基盤の隘路打開
	大都市圏	公害・過密（地盤沈下・大気・水汚染・騒音等） 慢性的労働力不足
	地方圏	地方の労働力過剰問題→労働力移動円滑化 大都市圏との所得格差拡大
Ⅳ．重視されるメタ政策		国民所得倍増・産業育成
Ⅴ．展開された立地政策（目標・手段・空間スケール）		工場立地法 新産業都市建設法 工業（場）等制限法
	政策理念	大都市→地方分散 産業育成（国）
Ⅵ．影響を与えた経済思想		→ハーシュマン（開発経済学）

②高度成長－構造調整期（加工組立型主導期）1970年頃～1990年頃	③グローバル化・構造改革期 1990年頃～現在
公害・過疎過密対策 均衡ある発展	立地規制誘導の緩和・撤廃
公害・過密対策	産業空洞化対策（都心再回帰）
雇用確保のための本格的企業誘致策の展開	建設・農業不振による雇用確保
輸出を通じた利益拡大 加工組立型産業	グローバル競争の生き残り（国内再編）
地元雇用の拡大 農地保有者の兼業化 長男の工場勤務 コメ過剰調整	地元雇用拡大 農業保護縮小による農地売却
石油危機に伴う資源制約 資本自由化に対応した国際競争力確保	グローバル化に伴う海外生産シフト 国内事業所閉鎖・再編
大気・水質汚染・騒音・住工混在等の過密	大都市部の産業空洞化 東京一極集中（金融・中枢機能等）
コメ過剰による農業所得伸び悩み・農家長男の雇用先不足	農業不振・公共事業拡大から削減へ（雇用問題） 中心市街地空洞化・本格的な人口減少
資本自由化対策／減量経営・輸出競争力向上	経済構造調整政策・構造改革・地方分権
日本列島改造論・工業再配置政策 （公共事業による地方への需要創出／加工組立型） テクノポリス政策	地域産業集積活性化法 企業立地促進法 産業立地諸法廃止
大都市→地方分散……集積 産業育成（国）……地域主体重視	集積 地域主体重視
→ケインズ……フリードマン（新自由主義）	→ポーター 　新自由主義

すでに1970年頃からこうした加工組立型産業の地方分散の受け皿として内陸型工業団地の整備が進展した。さらに内陸立地の促進に必要な都市機能の整備をイメージした25万都市構想や高速交通ネットワークの整備など，地方における企業立地促進に向けた各種の基盤整備が求められていた。こうしたケインズ型公共事業支出は地方圏への分配政策として機能した。これは，開発主義システムに動揺が生じても恒常的に分配面を支える制度として開発主義システム内にビルトインされたものと言える。さらにコメに象徴される農業部門への分配政策も開発主義システムの維持を可能とした。しかし，過疎・過密問題の深刻化やオイルショックは，開発主義システムに動揺をもたらした。こうしたなかで新たな主導産業の創出と分配政策の強化が求められたとも言える。

そこで工業再配置政策を打ち出し，これまでの特定産業をターゲットとする立地政策ではなく，製造業全体を対象とした地方分散策の推進と地方圏への公共事業を通じた分配政策の推進を図った。さらに新産業創出という点では，技術先端型産業の集積形成（テクノポリス）を掲げて地方圏への主導産業の立地を目指した。

一方，先進諸国では不況長期化を機会にFriedman（1980）らによる新自由主義を受け入れた。そして，政府も国鉄民営化を推進し農産物輸入自由化を受け入れるなど従来の地方への分配政策に反する政策の受入れを余儀なくされた。

3．グローバル化・構造改革期（1990年頃～現在）

1980年代末の東西冷戦終焉後に急速に進んだグローバル化は，日本の製造業の競争環境を大きく変化させていった。特に，グローバル競争の激化は，海外生産シフトとともに国内工場の閉鎖・再編を促すとともに，創造性の高い産業の創出が求められた。グローバル化の進展とともに我が国の開発主義システム自体が次第に行き詰まりつつあった。そしてついに，政府が積極的に市場に介入し分配政策とセットにした産業政策を推進する開発主義システムの転換が求められるに至った。政府は，市場におけるルールづくりと監視役に徹するゲートキーパー役へとその役割を後退させていった。ここに

産業立地政策の新たな転換点が訪れたと言える。

　こうした政府の役割の後退は，規制緩和の進展や公共部門の縮小をもたらした。開発主義システムの象徴とも言うべき産業立地関連諸法の廃止が進む一方で，分配政策の後退が進み，建設・農業等の地方経済を支える産業が疲弊した。そうしたなかで大学の知的資源等を活かす等の地域の産業集積が持つ様々なネットワークを活かした新産業創出が求められた。こうした取組みに影響を与えた経済思想は，フリードマンらの新自由主義であり，Porter（1998）の競争戦略論である。

[注]
1）我が国の高度成長期に立地政策を展開するにあたって公害問題を政策担当者がどのように認識していたかは第3章にて言及する。
2）我が国における立地政策の必要性は，公害等の外部性（外部不経済）による「市場の失敗」で説明するのではなく，産業構造の高度化というドイツ歴史学派の流れを組む思想から捉えると考えてよい。詳細は，本章第2節にて言及する。
3）集積のメリットについては柳井（1997）の第5章「企業の集積と都市の発展」において集積概念の分類を踏まえて詳細な検討が行われている。
4）中村は，地域経済および地域経済政策について制度的視点の意義を一貫して強調している（中村，2004，2006）。こうした制度的視点に注目した最近の研究動向については遠藤（2014）を参照。一方，中村は，地域経済研究において素材論的視点を重視し，ポスト工業化社会，知識経済に注目し，知識労働市場の形成を通じた中間システムにも注目している。これらは我が国のテクノポリス政策の評価という視点においても重要と思われる（中村，2004）。一方，進化経済地理学においても地域におけるイノベーション創出・波及等のメカニズムについて進化経済学の成果をふまえた成果がみられている。外枦保（2014）は，この進化経済地理学と地域政策を巡る研究動向について整理している。そこでは，経路依存性と地域政策論として制度や技術にかんするロックインが機能し，地域に及ぼす影響の研究について言及されている。また，外枦保（2011）は，我が国のクラスター形成について経路依存性に着目した研究を行っている。
5）「デジタル大辞泉」によると「メタ（meta）」とは《間に，変化して，後退して，などの意のギリシャ語から》①ベンゼン環の二つの置換基の位置が一位および三位にあること。→オルト→パラ。②酸素酸のうち，水和の程度の低いもの。メタ酸。③他の語の上に付いて複合語を作り，超越した，高次の，の意を表す。「－言語」「－メッセージ」と記されている。

第3章　基礎素材型産業の基盤整備と立地政策
——成長政策との連動と産業基盤供給——

第1節　はじめに

　高度経済成長期における我が国の産業立地政策および地域開発政策に関する先行研究は数多く存在する。その代表的な研究である川島（1969）；宮本（1973）の研究にて示されたように，この時期の産業立地政策および地域開発政策は，基礎素材型産業のための基盤整備偏重とそれによる生活関連社会資本整備の遅れ，公害被害の増大，産業基盤整備に必要な巨額の地方自治体負担による地方財政危機等の諸問題が噴出し社会問題となった。産業立地政策および地域開発政策は，まさに高度経済成長期における成長優先主義政策の象徴としてそのあり方が問われたと言える。

　本章では，以下の2つの点を明らかにする。第1に，なぜ高度経済成長期にこのような「成長政策」および「基盤整備」偏重の政策形成が行われたかである。そのため，産業立地政策に関してプレイヤー間にどのような対立と協調があったかを明らかにする。第2に，基礎素材型産業偏重がどの程度であったのか，定量的に評価する。

　第1の経済成長・基礎素材型産業のための基盤整備偏重にかかる政策形成については，政策担当者が当時記した政策に関する論考や回顧録等を用いて明らかにする。第2の産業基盤整備に関する分析は，日本立地センター資料および通商産業省による先行造成工業団地に関する未公表資料[1]等をもとにその実態を明らかにする。

第2節　基礎素材型産業の立地を巡るプレイヤー間の対立・協調と政策形成

　本節では，基礎素材型産業の基盤整備に傾斜した産業立地政策の政策形成

過程を，我が国の経済政策論争として注目された①「貿易主義」vs.「(国内資源) 開発主義」および②新産業都市建設における「大都市集中」vs.「地方分散」を巡るプレイヤー間の対立を紐解き，その政策形成過程からなぜ産業立地政策が産業基盤偏重主義となったかを明らかにする。

1．産業立地政策をめぐる「貿易主義」と「(国内資源) 開発主義」の対立

川島 (1969) による地域開発政策の性格づけと昭和 30 年代

　戦後我が国の産業立地政策が本格的に展開されるのは，川島 (1969) が「昭和30年代の日本経済の高度成長期は，地域開発ブームの時代」(p. 309) と表現するように1950年代後半 (昭和30年代前半) からである。「日本経済の高度成長を支える支柱の一つ」(同) として展開された地域開発政策について川島は，昭和30年代の前期と後期とは政策指向において，「大きな転換があったことは通説」(同) と指摘する。川島も言及しているように，立地政策は，地域開発政策の重要な一環をなす政策である。川島 (1992, p. 858) によれば地域開発とは以下のとおりである。

> 地域開発を字義どおりさまざまな地域における各種の開発一般と理解すると，その範囲は無限に広くその内容もきわめて雑多になるであろう。しかし，この言葉は，沿革的には比較的新しく，またその範囲もいわゆる地域問題の解決にかかわるものに限られるとみるのが妥当である。……（中略）……いうまでもなく<u>私企業の自由な開発や立地選択を原則とする資本主義経済にあっては，いろいろな地域問題が発生する。産業・人口の地域的偏在と特定地域への巨大な集積・集中，それから派生する経済の地域格差と発展の不均衡，産業の交代に伴う地域の興隆と衰退，巨大都市の出現とその無制限な膨張，公害をはじめとする環境の破壊と荒廃</u>など……（中略）……これらの地域問題は，その深刻化が体制維持の見地から看過できなくなる段階で，必然的に国や公共団体の介入による問題解決のための対策を生みだす。地域政策とよばれるものがそれであり，政策に沿って実施される開発や保全が，本来の意味での地域開発である（下線部は引用者による）。

川島の地域開発の解説では，発生する地域の問題の原因は，この「私企業の自由な開発と立地選択」であるとする。このうち，私企業が行う立地を望ましい姿にする政策が産業立地政策であり，地域開発政策の中心であると言える。企業（産業）の適正な立地・配置がその偏在を是正し，産業の集積・集中，それらがもたらす経済格差と発展の不均衡をはじめ，大都市膨張や公害等の環境問題を防止することにつながる。

そして川島（1969）は，昭和30年代の地域開発について「30年代の地域開発政策は，ふつう二つの時期に区分されている。すなわち30年代の前期と後期とがそれである。そして，この二つの時期の間には政策指向において，大きな転換があったというのが通説である。この二つの時期がそれぞれ『集中整備期』と『地方分散期』，あるいは『産業基盤整備期』と『地域格差是正期』などの表現で呼ばれている」（川島，1969，p. 309）と述べている。そして「右のような一般的見解は，高度成長期における以上二つの時期区分にこれに先立つ二〇年代後半の『資源開発期』を加えて，戦後の地域開発政策の三つの段階区分としている」（同，p. 309）と述べている。

この川島の「資源開発期」は，「国土総合開発法」（1950年法律第205号）の制定とその後の法改正（1952年）による特定地域総合開発を指している。「国土総合開発法」は，「特定地域総合開発計画」（プレ全総）とその後に5回策定された「全国総合開発計画」策定の根拠法である[2]。特定地域開発は，「全国総合開発計画」ではなく，アメリカの恐慌対策であるTVA事業を参考にして河川総合開発計画を「国土総合開発法」の枠組みで実施したものであり，洪水対策や食糧増産，水力発電の3つを河川総合開発として実施し，北上川や只見川等，最終的に21地域がその対象となった。

そして川島（1969, p. 326）は，「昭和30年代前半の地域開発政策が，産業政策的性格をむきだしにした既成工業地域や大都市圏の整備政策であったとして，なおこの時期の地域開発政策の展開には，……（中略）……体系らしい体系，構想らしい構想がほとんど存在していない」と指摘する。

川島（1969）が指摘した我が国の地域開発政策が「徹底した産業政策」であり，その後どのように展開され，何であったのかについては，その後に宮本（1973）をはじめとする数多くの研究がある。

加藤（2000）による問題提起と貿易主義 vs.（国内資源）開発主義に関する論争

　加藤（2000, p.26）は，川島（1969）以降の地域開発研究について「戦後日本の国土政策が『なんであったのか』そしてまた『どのように展開したのか』という点については多数の成果が蓄積され鮮明な像がえがきあげられた反面，『なぜ，そうなったのか』という事情にかんしては，かならずしも明確にされてこなかった」と指摘する。この点は，政策形成にかかるプレイヤー間の協調・対立を見ることによって解明できると筆者は考える。

　なぜ我が国の地域開発政策・産業立地政策が強い産業政策の側面を持つようになったかについて，加藤（2000）は戦後の経済政策上の貿易主義と（国内資源）開発主義との論争から明らかにしようと試みた。その際，（国内資源）開発主義を主張した有沢広巳，都留重人，貿易主義を主張した中山伊知郎の著名な3人のエコノミストによる主張も踏まえながら紐解いている。

　通産省企業局編（1952, pp.2-4）によれば，独立を果たした我が国が「経済自立」つまり合理的な雇用水準の維持，生活水準の向上，国際収支の均衡という3つの条件を実現するためには，「貿易主義」と「開発主義」の2つ立場があるとしている。開発主義は，我が国の経済自立を徹底的な国内資源開発によって達成する，つまり国内の土地，水，地下資源を総合的に保全し，利用し，開発することによって一定の生活水準と合理的な雇用水準，国際収支の均衡を維持するものである。対照的に，貿易主義とは，我が国の人口と資源の問題は，世界市場との関連で解決することであり，膨大な人口を狭隘な領土において貧困な資源だけでは養えないために，輸出入の規模をできるだけ拡大し，高度の加工貿易方式を推進するものである。

　この論争は，最終的には通産省の主張する貿易主義に決着する。加藤は，その背景に「負の遺産」，つまり敗戦後の食料および原材料確保のために，事実上の緊急避難的「自給化」を強いられ，「応急策そのものが生み出した『負の遺産』」（加藤，2000, p.29）が発生したと解説する。そして「応急的方策が復興軌道の明確化にもとづく恒久的方策の立案をまたずに実施され，その結果『コストを無視した生産増強』がいたるところで進行して，『負の遺産』を形成していった」と宇野弘蔵の主張を引用しながら指摘した（同，p.36）。

こうした「コストを無視した生産増強」とそれによる「負の遺産」とは，「国土総合開発法」に基づく特定地域開発である。

加藤は，貿易主義と（国内資源）開発主義という2つの経済政策上の論争からいかに政策が選択されたかを明らかにした。ただし，実際の各省庁がこの論争を通じていかに省庁間の対立・協調を生じさせていったかについて詳細な検討には及んでいない。そこで次項では，省庁間の関係性を軸に貿易主義と（国内資源）開発主義の論争を通じた政策の形成プロセスを検証する。

2．貿易主義と（国内資源）開発主義との論争とプレイヤー間の関係性

戦後の我が国経済は，1949年から50年にかけての自立と安定に向けて強力な財政金融引き締め策として「ドッジライン」と称されるデフレ政策が行われた。これによって日本経済は不況に陥るものの，その後の朝鮮動乱に伴う特需によって景気回復を実現した。

この時期には，アメリカのTVA型の総合開発を倣った河川総合開発について経済安定本部が模索し始めており，河川の総合開発を軸とした特定地域を対象とする地域開発を行うために1952年の「国土総合開発法」の改正が行われた。その前年には，特定地域の指定が行われ，21地域が順次指定された（下河辺，1994，pp. 42-43）。この特定地域開発での指定には，経済安定本部（のちに経済審議庁：1952年～1955年，改称により経済企画庁1955年～2001年）のほかに，河川関係であることから建設省が深く関与している。このことを，長谷川（2004，pp. 43-49）は，当時の資料から考察している。

一方，通産省は，1951年の同省の産業合理化審議会総合部会による「我が国産業の合理化方策について」の「答申」に「二．産業補助施設の整備をはかること」を盛り込み，産業基盤整備の必要性を以下のように主張している。

> わが国産業の合理化が，通信施設，輸送施設等の不十分その他環境の不完全のために少なからず阻害されている現状に鑑み，至急これが整備をはかる必要がある。就中，主要製品の生産費中に少なからぬ部分を占める輸送費を軽減する為，鉄道，道路，港湾等の産業補助施設を早急に拡

充強化することが肝要である（通商産業省産業合理化審議会総合部会，1951，p. 1）。

　この整備の必要性について，通産省は「原価に占める輸送費の割合」の表を示して生産施設の合理化とともに産業関連施設の必要性を説明している（通商産業省企業局企業第一課，1952，p. 32）。同表では，原価に関して，重油100に対して輸送費計61.6，銑鉄100に対して輸送費51.3（うち運賃43.7，場内輸送7.6），石炭100に対して輸送費29.7（運賃19.2，場内輸送8.4，諸経費2.1）などが示されている。また，国が産業関連施設の整備をはじめたのは1948年からであるとしている。さらに，そのための国費からの補助は，従来は主として公共の利益に主眼が置かれていたが，1952年成立の「企業合理化促進法」（1952年法律第5号）の成立により，企業の合理化（製品のコスト引き下げという点）にも重点を置くと述べている（同，p. 33）。

　また飯島（1991）は，通産省の正史である「通商産業政策史」において産業立地政策の始まりとして産業基盤整備から記述を始めている。飯島によれば，援助に依存した経済から自立させ，さらに経済の規模を拡大し，生活水準を向上させていくためには，輸出振興によって国際収支を改善していく必要があり，そのためには産業の国際競争力の向上つまり産業合理化が必要だったと述べている。その産業合理化に企業を取り巻く外部条件の合理化が挙げられ，企業を取り巻く外部条件である輸送，用地，用水，排水等の立地条件が整備されないと，十分に産業合理化の効果を上げることができない（飯島，1991，pp. 302-303）と指摘した。

　飯島の指摘は，通産省が貿易主義に基づく輸出競争力強化のために産業基盤整備に関わってきたことを示すものである。

　この日本経済の自立に向けた経済政策を巡る大きな2つの立場（「貿易主義」vs.「『国内資源』開発主義」）[3]があり，この貿易主義と開発主義の対立は，国土政策上[4]にも大きな影響をもたらすことになった。通産省企業局企業第一課（1952）が指摘するように前者が「企業合理化促進法」による産業関連施設の整備であり，後者が「国土総合開発法」による特定地域開発である[5]。

この2つの対立と政策の方向性の違いは，その後の産業立地政策のあり方にも影響を与えることになる。つまりエネルギー源として国内に豊富に存在した石炭なのか海外からの輸入に依存する石油なのか，それに伴う立地の大きな違いが生じることになる。最終的には貿易主義の主張のとおり，日本経済は石油等の海外資源に依存しながら高度経済成長を実現することになるが，産業立地政策が資源・エネルギー政策ともリンクしながらその成長を支えることになったとも言える。

　この開発主義と貿易主義は，政策を巡る対立関係である。この頃の通産省の貿易主義に立脚したスタンスは年々強まっていき，通産省にて産業基盤整備を担当する企業局の藤岡（1955, pp. 2-3）は，以下のように特定地域開発に対する批判を行っている。

　　最近その経済効果の面から兎角の批判が起こりつゝある国土綜合開発もその発足の当初においては，戦後極度に狭隘を告げている国土を国民経済的観点から有効利用を図り，経済自立の達成を期して，1 資源の開発 2 災害の防除　3 産業の立地振興を三重点目標として花々しく開幕せられた。／然るにその後の経過を見ると十九の特定地域と十八の調査地域は，全国土の殆んど大部分を掩う程度に迄指定せられ，限られた貧弱な国の予算規模をはるかに超越した大規模な理想的計画が続々と閣議せられる状況であつて，開発工事に着手した近々二三年で早くも重大な蹉跌を来している次第である。／この原因としては，各事業官庁が連絡協調に欠けていること，総合開発事業への熱意が不足していること等によつて事業相互間の速度の均衡がとれず，総合的効果を狙つて開始せられた開発事業が，反つて全然綜合性に欠ける施設として取残された点が指摘されている。／しかしながら此等の原因には更に根本的な別の原因が横たわつていて，これはすべての計画に蹉跌を来たした最も根本的な原因となつている。それは前述のように国の予算規模に対する考慮が全然なされなかつたこと，あるいはなされたとしても，全然取り上げなかつたことが第一の原因であつて，これが結果的に事業の進行速度の不均衡や綜合性の欠除になつてあらわれ，あるいは官庁間の連絡が欠ける

が如く見える結果となつた[ママ]のである．これに関連して第二の原因としては開発工事自体の経済性についての考え方に欠けている点が指摘し得よう．しかも開発事業の重点は農業開発や電源開発におかれ，これらに附加して，あるいは単独に，治水事業としてのダム工事が盛大に施工せられたのみで，殆んどすべての計画に産業立地条件を整備して最終的に高率的に経済効果を発揮させようとの意慾[ママ]はみられなかつた．／したがって前述の三重点目標のうち，第一と第二の目標には，根幹事業として相当程度の伸展を見ているが，第三の産業立地振興についての考慮が払われず全然具体的計画もない状況であるから，急速に産業立地振興に対する計画を樹立し，その具体化を図らなければ，国土綜合開発はその根本理念であるべき筈の綜合性を欠くこととなり，現状通り推移すれば，その目的である国民経済への寄与どころか，地方財政圧迫のみを招来する結果ともなりかねない．

　藤岡は，このように特定地域開発計画の行き詰まりを指摘した．その根本原因として国の予算規模に対する考慮なく事業が行われ，開発工事の経済性を考えず，経済効果を発揮させる意欲がみられない，つまり，産業立地振興に対する考慮が払われていないことを挙げている．そして，産業立地振興のためには，飯島（1991, pp. 302-303）が指摘したように工鉱業の立地条件整備が最も適切であることを強調する．つまり，工場・事業場の集中する工鉱業地帯では，企業の合理化が「企業合理化促進法」や財政投融資によりその効果が顕著な実績を示しつつも，輸送，用地用排水等の合理化の遅れが生じている．これらは従来企業家の恣意による，無計画の発達に任せて何らの施策が行われず，主要工鉱業地帯が殆ど全部立地条件の劣悪化に悩まされていると指摘している．
　そして藤岡は以下の２つの注目すべき指摘をしている．

　　（外部条件の悪化について：引用者注釈）「かゝる事態の惹起については，ひとり企業家側にばかり責任を負わせるべきではなく，政府としても，国土綜合開発についてそのお題目には，立派に立地改善について唱道し

ておりながら，何等の具体的施策をなし得なかつたことに，より，大き
な原因がひそんでいることを自覚すべきである（藤岡，1955, p. 4）（下
線部は引用者による）．

　通産省が 1955 年の時点で「国土総合開発法」が産業立地について唱えな
がらも何も具体的な取組みがないことを厳しく指摘している点が注目され
る．この主張は，貿易主義と開発主義との論争で貿易主義に基づく国土開発
に舵を切ろうとする通産省の立場が強調されている．同時に通産省は，以下
のように工鉱業地帯における公害問題について言及しており，その後の産業
立地政策にも影響を与えることを予感させる記述もある．

　　二，三の立地条件においてすぐれているために急速に発達した工鉱業地
　帯においては，前にも述べたように，これを自然に放置するときは，目
　前の利便にとらわれて，工場・事業場の過度集中の結果，地下水の涸
　渇，地盤沈下・煙害等の公害の発生，等の現象を生じ，輸送条件の悪化
　等と共に企業環境の劣悪化を招来し，国土保全・民生の安定を阻害する
　事態にさえ立至つている（藤岡，1955, p. 5）．

　かかる状況から，工鉱業地帯の整備の重要性を指摘しているのだが，この
1955 年 3 月の産業合理化審議会産業関連施設部会は今後の産業立地政策の
方向性に関して「産業立地条件に関する決議及び報告書」を発表し，政策の
方向性を示した（通商産業省企業局編，1960, p. 63）[6]．
　この決議の背景について通商産業省企業局編（1960, p. 63）は，1955 年か
ら 1956 年にかけての工業生産の急速な伸長により，生産活動を支える基盤
となる諸施設の能力不足がはっきりして四大工業地帯のゆきづまり，工業用
水の不足が目立ったと指摘した．政府は経済企画庁に「工鉱業地帯整備協議
会」の設置（1956 年），「工業用水道補助金」制度の計上（1956 年）および
「工業用水法」（1956 年法律第 146 号）の制定を行った．さらに，イギリスの
ロンドンへの産業と人口の過度集中を防止に策定された大ロンドン計画を踏
襲した「首都圏整備法」（1956 年法律第 83 号）を制定した．日本経済が高度

成長に乗り出す時期に三大都市圏を中心に産業基盤の脆弱性が成長を阻害しており，その対策が始まりだしたと言える。

3．新産業都市建設における大都市集中 vs. 地方分散を巡るプレイヤー間の対立・協調

　池田内閣は，1960年に「国民所得倍増計画」を策定し，我が国の高度経済成長を軌道に乗せた。この「国民所得倍増計画」を実現するために産業の立地をどうするかについて，「国民所得倍増計画」を審議した経済審議会の産業立地小委員長を務めた土屋（1981, p. 99）[7]が当時の政府内の状況を以下のように述べている。

>　経済企画庁のなかで所得倍増計画は総合計画局がやっていた。ところが国土開発は全然冷や飯扱いされてまして，総合開発局がやっていた。ここは経済安定本部いらいあまり日のあたらないところなんですよ。それが何かゴソゴソやっていたと思ったら旧全総を発表した。／つまり，一方では太平洋ベルト地帯を具体化しながら，同じ企画庁のなかから，思想の違う旧全総が出てきたわけです。……（中略）……倍増計画のときに，総合開発局が，地域に結びつけて経済成長のために考えたかというとそれは全然ない。ないから，僕らが「いったいどこの地域におろすんだ」ということを取り上げたわけです。開発局の考え方の基礎には，日本の七割を指定しちゃった総合特定地域開発計画があって，それを一生懸命やっている。だからだめなんです。

　このように経済企画庁内部に全く統一性がないこと，そうしたなかで旧全総が策定され，新産業都市（以下，新産都市ないし新産と略することがある）とか工業整備特別地域（以下，工特地域ないし工特と略することがある）の話が出て，これが拠点開発としてその役割を果たしたと土屋は指摘する。
　一方，我が国の国土政策および地域開発政策に一貫して携わった下河辺淳は，以下のように述べている。

五〇年に国土総合開発法が制定されて，僕たちは仕事を始めました。が，この法律に全国計画をつくれと書くには書いてあるが，最大限努力しても国として正式に決定しうるような計画をつくれなくて困り抜いていた。ところが六〇年代になって所得倍増計画が出来て，国土をいかに開発するか，という中心テーマが確定し，五〇年代に一〇年かかって可能でなかったものが，たちまち出来上がってしまったわけです。五〇年代の僕たちの仕事は三つありまして，まず米づくり。日本人がたらふくお米を食べられるように水田を開発し農業用水をひく。次が傾斜生産で始まった電力開発であり，ダムの建設を猛烈に進める。もう一つ，戦争中の乱伐で洪水が絶えなかったので，治山治水対策に着手した。それが僕たちの仕事であったわけですが，地方公共団体は，すでに動き出していましたね。それぞれ工業開発をしなければ食べていけない，という気持ちを早くから抱いて，東京湾，瀬戸内海では埋め立て計画が進み，一部は着工すらしていた。そういう基礎が形成されつつあったところに，倍増計画が登場してきたのです（下河辺，1981, p. 85）。

　この下河辺の回想は，土屋の指摘する総合開発局の意見そのままである。つまり，ベルト地帯への集中か拠点開発方式による地方への分散かは，政府部内でも対立がみられた。下河辺は，「国民所得倍増計画」の閣議決定のとき非常にもめたと回想する。それは「太平洋ベルト地帯で工業開発を実施するが，計画の後期になったら全国の所得格差是正も考える」（同）という「ただし書き」のことと述べている。この「ただし書き」は大きな意味があり，全国計画策定の重要ポイントであったと指摘している。下河辺は，この「ただし書き」を「太平洋ベルト地帯に工業開発が偏るのは適当でない，むしろ全国の所得格差是正の方が重要である，と考えていた。だけれども経済中心の所得倍増計画では，この考えは『ただし書き』（『　』は引用者による）としてしか認められなかった」（同）と回想した。

　土屋は，逆になぜ太平洋ベルト地帯でなければならないのかという問いに以下のように答えている。

第一点は，国民所得倍増計画が一〇カ年計画である，ということです。つまり一〇年間に所得を倍増するという限定条件がある。いまから立地して新規投資をして鉄をひっぱってくるというのでは，間に合わない。となれば，太平洋ベルト地帯という，投資が集積している既成の地域を選ばなければならない。／第二点は，太平洋ベルト地帯構想を打ち出した産業立地小委員会報告にも書いてあることだが，太平洋ベルト地帯への投資集中は，一〇カ年のうち前半五カ年である。つまり，六一年から六五年までの前半は，各地域に投資を分散していくための準備段階ということなんだ。後半五カ年については北陸，東北，九州へ拡散していくような詳細な案をつくってあるんです。つまり太平洋ベルト地帯への投資集中は，各地域に分散していくための準備投資である（土屋，1981，p. 96）。

　この下河辺の言う地方分散論と土屋の言う太平洋ベルト地帯推進論とが政府部内で対立していたことは，上記の引用から鮮明に浮かび上がる。結果的に，「全国総合開発計画」（「一全総」）において太平洋ベルト地帯から地方分散へと舵が切られた。そして，拠点開発方式の具現化としての新産業都市の候補地として，44ヵ所が名乗りを挙げた。最終的には，新産業都市は，道央，八戸，仙台湾，常磐・郡山，新潟，松本・諏訪，富山・高岡，岡山県南，徳島，東予，大分，日向延岡，不知火・有明・大牟田の13ヵ所指定となった。当初10ヵ所指定と想定されたがさらに日本海側の秋田湾，中海が追加され最終的に15ヵ所となった。

　この新産業都市の指定に関する方針として国による「新産業都市の区域の指定に関する当面の運用基本方針」（1962年12月18日地方産業開発審議会了承）がある。その1番目には「工業開発の中心として総合的な都市的機能をもった産業都市が形成されるが，当面，臨海性工業の開発を中心とするものに指定の重点をおくものとする」（経済企画庁総合開発局，1969，p. 11）とされた。経済企画庁総合開発局（1969，pp. 14-16）には，全15地域別の新産業都市における「地区の性格（役割）」と「開発すべき業種」について記載がある。「地区の性格（役割）」において「臨海部」の工業開発の拠点として記

された地域は 11 地区，「開発すべき業種」において鉄鋼ないし化学等の基礎素材型産業が記されている地区は 12 地区であった。これらを見ても，新産業都市が地方圏の臨海部を軸とした基礎素材型産業の誘致を通じた工業開発であることが示されている。

下河辺は，新産業都市があくまで太平洋ベルト地帯を除外して指定を目指していたと，次のように述べている。

> 国土総合開発審議会では，一〇地域ぐらいを，できるだけ太平洋ベルト地帯を除外したい，と宮沢さんが述べて，これが了承されて選考に入った。結果としては，一〇が一三になり，太平洋ベルト地帯は除外するはずが二つ入った。そしてあと山陰の松江（指定名称は中海）と秋田（同秋田湾）の二カ所を追加した。……（中略）……太平洋ベルト地帯側からの巻き返しがあって，これが工業整備特別地域整備法として出てきた。この法案については政府側は，いちおう新産都市的考え方にたっているわけだから，反対の立場であったので議員立法として出てきて，国会から命ぜられて，僕たちはそれを受け取らざるを得ないことになった。／で，工特法の地域は，まさに太平洋ベルト地帯の六カ所なんです。鹿島，東駿河湾，東三河，備後，周南，播磨。ベルトに乗った復活戦。それが行政側ではなく，国会議員から出てきたのです。播磨は新産都市でも問題になった地域で，僕たちがやっとおろしたと思った途端，復活でやられてしまった（下河辺，1981，pp. 88-89）。

経済企画庁総合開発局は，新産業都市の指定について非ベルト地帯を重視したが，それにより太平洋ベルト地帯から反発があったことが挙げられている。他方，土屋は，宮崎県にて生じた土屋が所属する朝日新聞の不買運動の動きにも言及し，土屋が主張した太平洋ベルト地帯重視が地方からいかに反発が強かったかを回想した（土屋，1981，pp. 97-98）。この時期の太平洋ベルト地帯と非ベルト地帯という対立は，プレイヤーとしての国，地方自治体のみならず住民まで巻き込み，政策形成に大きな影響を与えたと言える。

下河辺および土屋の回想は，上記の政府部内の国土政策形成について既存

研究に取り上げられなかった3つの興味深い論点を示唆するとともに，我が国の産業立地政策の問題点を考察する上で重要なヒントを提示している。

　第1の論点が，「効率性」と「公正性」を巡るプレイヤー間の対立である。このプレイヤー間の対立は，経済企画庁という同一の省庁内とその対立構造とつながる他の省庁がある。所得倍増を推進し太平洋ベルト地帯構想を掲げた総合計画局は，効率性の観点から新産業都市を理解している。一方，総合開発局は，公正性の観点から新産業都市を推進しようとした。この効率性という観点では，通産省が産業競争力強化のための立地環境整備を図ろうとしてきた。通産省は，戦後日本の経済自立化を貿易主義で主導し，まさに立地基盤の整備を通じた効率性の司令塔とも言うべき省庁でもあったと言える。他方，経済企画庁総合計画局は，地域間格差の是正に向けて公平性の観点から新産業都市を推進しようとしており，非太平洋ベルト地帯への指定にこだわり続けた。また，総合開発局は，（国内資源）開発主義の実現に向けた特定地域開発の流れを汲む部局でもある。そして，同局は，新産業都市地域の指定数という点では，地方自治体からの圧力のすさまじさから，公平性に配慮した。

　第2の論点は，都市と産業を巡っての対立である。「一全総」および新産業都市の建設においては，通産省は，国際競争力の強化の視点から産業立地基盤の整備を進めようとしていたが，建設省およびその流れを汲む総合開発局は，都市の整備とネットワークを重視していた。その新産業都市が，なぜ通産省の主張する基礎素材型産業の産業基盤投資に傾斜してしまったかである。この点について下河辺（1981，p. 88）は以下の点を指摘している。

> 候補地四四カ所（ママ）がものすごい調査費を使って調査して，計画書をつくってきた。さっきいったみたいに，新聞が水島と大分がモデルだ，と書いてしまったものだから，鉄と油のコンビナート計画にしないと指定してもらえない，といううわさになって，全国数十カ所のコンビナート計画が，陳情書とともにどっと出てきたわけです（下河辺，1981，p. 88）。

　新産業都市がもともと「工業の容れ場所としての性格」としての臨海性工

業地区であったことは，法律施行後に指定の運用基準を作成した経済企画庁総合開発局調査官であった大塩（1962）が認めているところである。ただし，大塩は鉄鋼・石油コンビナートの新規立地について以下のような疑問を呈している。

> 事実，現在の新産業都市の候補と目される殆どの地区は，計画期間中に大規模な工業が立地する可能性は多くない。鉄鋼業については現在既に確定している10カ所中大都市周辺部7カ所であり，石油コンビナートも既設13～14箇所の生産単位の拡大が急務で，今後新規に設立されることは疑問視される（大塩，1962，p. 15）。

　大塩の指摘を踏まえれば，下河辺が主張するように各地方自治体が指定獲得に向けて無理をして計画策定を行ったと言える。
　さらに，新産業都市を考察する上で都市という視点をどう捉えるか，である。佐野（2012，p. 407）は，「一全総」における拠点開発構想に関する研究において，拠点開発構想における拠点について注目した。その構想にあたった担当官の喜多村らの開発官僚らが全国計画の拠点に工業開発だけでなく，都市を組み込むことを目指し，これを計画本文には入れ込めたが，結局都市開発の具現化に至らなかったことを明らかにした。
　下河辺（1994，p. 97）もこの点について，「一全総では，産業基地づくりというのはサブのテーマだった。一番のメインは，中枢管理機能システムを国土の構造にあわせてどうつくるのかというのが，国土計画のインフラを専門にした計画の中心だというふうに見ていたのです」（下河辺，1994，p. 97）と述べ，また「産業側の方から陳情が激しくなったので新産業都市で受けるようになって，一全総というのは拠点が産業都市のように言われてしまったけれども，拠点開発方式といった時の拠点は中枢管理機能都市のことを言っていたはずなのです」（同，p. 98）と指摘する。産業立地政策の推進にあたって都市と産業を巡る中央省庁間の協調が不可欠であり，その後の工業再配置政策，テクノポリス政策においてもその点が重要となってくる。これらは第4章および第5章で明らかにする。

第3の論点は，産業立地政策を巡る国と地方自治体の関係性である。「一全総」の策定の時期に際して，自治省，通産省，建設省が各省ごとに「地方開発基幹都市建設促進」，「工業地帯開発促進」，「広域都市建設」という名称の法案を準備していた（飯島，1993，p.20）。飯島は，これらの3省の構想を踏まえて新産業都市という言葉に至った背景について以下のように述べている。

　　以上の3省の構想はそれぞれ法案化されたが，運輸省，経済企画庁も加わり，各省の主導権争いが続いた。そのため昭和36年9月になって自民党が各省案を調整し，経済企画庁，建設省，自治省，通産省，運輸省の共同所管の形でまとめられたが，農林省，労働省も所管省に加わり，37年5月に新産業都市建設促進法が成立した。大規模の工業地帯づくりで農地が相当規模転用されることから農林省が，雇用安定の対策の必要性から労働省が入ることになったのである。法律の目的は大都市における人口および産業の過度の集中を防止し，並びに地域格差の是正を図るとともに，雇用の安定を図るため，産業の立地条件及び都市施設を整備することにより，その地方の開発，発展の中核となるべき新産業都市の建設を促進し，もって国土の均衡ある開発，発展及び国民経済の発展に資することとなっている。新産業都市という言葉も通産省では工業地帯，建設及び自治省では都市という言葉を使っており，その妥協が新産業都市となった（飯島，1993，p.20）。

　しかし，こうした3省庁の動きに異議を唱えたのが自治省である。新産業都市の建設主体を巡る対立に関して，他省庁の進める公団構想（ここでは新産業都市建設公団法）に自治省が強く反対してきた理由を佐藤（1964，pp.66-68）は2つ挙げている。1つ目は「地域開発は地方自治体みずからの手でやるべきこと」，2つ目は「公団では土地取得に地元の十分な協力がえられない」，である。その後，こうした開発事業が地方開発事業団として法制化されたと指摘している。開発主体は国ではなく地方自治体みずからの手でやるべきこと，という指摘は，地方自治体の主体性を確保する上で重要であ

図 3-1 1950 年代から 60 年代にかけてのプレイヤー間の対立・協調

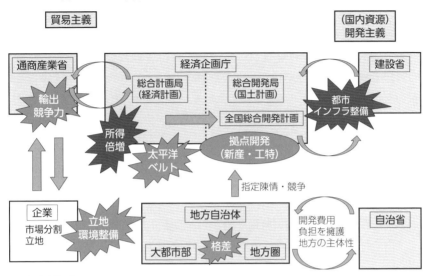

資料）筆者作成。

る。ただし，臨海型工業開発において開発費用の負担で言えば宮本（1973）を始めとする先行研究で明らかになったとおり，大きな負担を負うこととなった。そうした点で自治省は一貫して新産都市建設には他省庁とは異なる視点を持ち続けていると言える。自治省行政局振興課の課長補佐の砂子田は，後進地域開発における行財政上の問題について以下のように述べている。

　一般的に，企業を誘致したことにより産業基盤の整備に地方の行財政が傾斜し本来の地方団体の使命とされる民生福祉関係の施策や生活環境施設整備の施策が等閑となること，企業が誘致されても，その利潤が地域に帰着せず清々労賃が投下されるのみであること，誘致企業により必ずしも地元企業，中小企業が関連企業として発展しないこと，労賃も企業のオートメーション化により地元雇用の増長が望めないこと等を考え合わせるとき，むしろ後進地域の開発政策としては，地域の自然，歴史，

社会，経済の諸条件を勘案した実効ある施策を講ずることが肝要であると思われる（砂子田，1963，p. 51）。

特に臨海型工業団地整備については，自治省行政局振興課長の山本（1962，p. 50）が「地方団体が新財源を獲得するために，工場誘致に異状な関心を示すことも肯かれるところではあるが，最近は，特に工業用地，工業用水，産業道路等産業基盤の造成について地方団体の過剰サービスが目立っている」と指摘し，その問題点を指摘している。

砂子田（1963），山本（1962），宮本（1973）にも示された通り，こうした都市に関わる政策が欠如し，産業基盤整備を軸とした産業立地政策は地方自治体にも多くの課題をもたらした。

以上を踏まえ，産業基盤整備を軸とした産業立地政策に関する各プレイヤー間の対立・協調についてまとめたものが図3-1である。

第3節　新産業都市・工業整備特別地域の評価
　　──産業基盤整備を軸に──

我が国は，1955年からオイルショック前の1970年代初頭にかけて，それまで世界に類例を見なかった高度成長を実現することができた。1955年から1970年の他の先進諸国の年平均名目経済成長率は6～10％であったが，日本のそれは15％に達し，資本主義国中で第2位の経済大国となった。さらに実質GNPでみても，15年間に年率平均約10％成長を実現し経済規模は4.4倍にも達した（三和，2012，p. 185）。この成長は，旺盛な企業設備投資が主導しており，特に機械，鉄鋼，化学，石油等の重化学工業部門を中心とした設備投資が，高度成長の推進力となった（同，pp. 187-188）。

こうした高度経済成長を支えたのは，産業基盤整備である。本節では，高度経済成長を支えた産業基盤整備を定量的な視点を中心に分析するものである。

表3-1，表3-2，表3-3は，1974年の通産省資料として作成された個別の先行造成団地のデータを集計して算出した先行造成工業団地の造成状況であ

表 3-1　先行造成団地の造成・売却状況（事業主体別）

造成開始年次		事業主体別						造成開始期間内全体に占めるシェア（%）
		都道府県・市町村	都道府県・市町村関連団地	工業再配置・産炭地域振興公団	日本住宅公団	その他	合計	
1959年まで		41	6	0	5	3	55	100.0%
	三大都市圏	12	2	0	5	0	19	34.5%
	地方圏	29	4	0	0	3	36	65.5%
1960～1964年		124	104	39	8	7	282	100.0%
	三大都市圏	39	26	0	1	3	69	24.5%
	地方圏	85	78	39	7	4	213	75.5%
1965～1969年		142	84	53	3	1	283	100.0%
	三大都市圏	31	22	0	1	1	55	19.4%
	地方圏	111	62	53	2	0	228	80.6%
1970～1974年		195	134	20	4	3	356	100.0%
	三大都市圏	18	9	0	3	1	31	8.7%
	地方圏	177	125	20	1	2	325	91.3%
分類不明		21	3	0	0	1	25	100.0%
	三大都市圏	3	1	0	0	0	4	16.0%
	地方圏	18	2	0	0	1	21	84.0%
合計		523	331	112	20	15	1,001	100.0%
	三大都市圏	103	60	0	10	5	178	17.8%
	地方圏	420	271	112	10	10	823	82.2%

資料）通商産業省立地公害局『先行造成団地の造成・売却状況』（1974年3月）より各先行造成工業団地のごとに筆者が集計し作成。

注）この先行造成団地は，工業団地を先行的に造成し企業導入を図るものであり，中小企業の集団移転等による団地造成や企業からの団地造成委託によるものではない。また，事業費不明の工業団地は計算から除外してある。また事業開始1975年のものは1970～1974年に含めた。なお当該資料には静岡県の工業団地が記載されていない。個々での工業団地は，通商産業省『工業団地実態調査』（1973年9月30日時点）から作成と記されており，よって1970～74年の造成開始年次は予定も含まれる。三大都市圏は埼玉，千葉，東京，神奈川，愛知，京都，大阪，兵庫の都府県であり，地方圏は三大都市圏以外である。面積は工業用地面積を示し，道路等の関連施設面積は除く。なおこの資料は執務参考用で一般公表になじまないと記されているが作成後30年以上経過しており，集計して本表を作成した。

表 3-2　先行造成団地の造成・売却状況（類型別）

造成開始年次		類型別						
		内陸			臨海			
		団地数 (箇所)	面積 (ha)	対全国シェア (%)	事業費 (億円)	団地数 (箇所)	面積 (ha)	対全国シェア (%)	事業費 (億円)
1959年まで		11	352	100.0%	348	44	10,642	100.0%	3,345
	三大都市圏	5	255	72.5%	288	14	7,618	71.6%	2,447
	地方圏	6	97	27.5%	60	30	3,024	28.4%	898
1960〜1964年		190	5,997	100.0%	914	92	18,045	100.0%	6,687
	三大都市圏	46	1,734	28.9%	383	23	8,504	47.1%	4,190
	地方圏	144	4,262	71.1%	531	69	9,541	52.9%	2,498
1965〜1969年		217	6,929	100.0%	2,403	66	7,572	100.0%	6,353
	三大都市圏	44	1,820	26.3%	1,153	11	3,120	41.2%	3,226
	地方圏	173	5,108	73.7%	1,250	55	4,453	58.8%	3,127
1970〜1974年		289	7,728	100.0%	3,988	67	10,125	100.0%	10,419
	三大都市圏	31	1,093	14.1%	1,219	0	0	0.0%	0
	地方圏	258	6,635	85.9%	2,769	67	10,125	100.0%	10,419
分類不明		8	289	100.0%	171	17	832	100.0%	10,419
	三大都市圏	3	106	36.8%	1	1	18	2.1%	26
	地方圏	5	182	63.2%	170	16	814	97.9%	10,393
合計		715	21,294	100.0%	7,823	286	47,216	100.0%	37,223
	三大都市圏	129	5,010	23.5%	3,044	49	19,259	40.8%	9,888
	地方圏	586	16,285	76.5%	4,779	237	27,957	59.2%	27,334

資料）通商産業省立地公害局『先行造成団地の造成・売却状況』（1974年3月）より各先行造成工業団地のごとに筆者が集計し作成。
注）先行造成団地の定義や集計においての留意点については，表3-1の注を参照。

表 3-3 先行造成団地の造成・売却状況（新産業都市・工業整備特別地域）

造成開始年次		新産業都市・工業整備特別地域							
		内 陸				臨 海			
		団地数	面　積		事業費	団地数	面　積		事業費
		(箇所)	(ha)	対全国シェア(%)	(億円)	(箇所)	(ha)	対全国シェア(%)	(億円)
1959年まで		1	19	5.3%	2	14	2,457	23.1%	447
	三大都市圏	0	0	0.0%	0	1	216	2.0%	47
	地方圏	1	19	5.3%	2	13	2,241	21.1%	400
1960～1964年		23	631	10.5%	73	28	9,978	55.3%	3,817
	三大都市圏	0	0	0.0%	0	6	3,167	17.5%	1,994
	地方圏	23	631	10.5%	73	22	6,811	37.8%	1,824
1965～1969年		35	1,207	17.4%	464	21	1,841	24.3%	1,050
	三大都市圏	2	74	1.1%	63	3	506	6.7%	629
	地方圏	33	1,133	16.3%	401	18	1,335	17.6%	421
1970～1974年		40	859	11.1%	563	19	8,211	81.1%	9,051
	三大都市圏	3	64	0.8%	130	0	0	0.0%	0
	地方圏	37	794	10.3%	434	19	8,211	81.1%	9,051
分類不明		1	131	45.3%	168	4	666	80.0%	1,775
	三大都市圏	0	0	0.0%	0	0	0	0.0%	0
	地方圏	1	131	45.3%	168	4	666	80.0%	1,775
合　計		100	2,845	13.4%	1,269	86	23,152	49.0%	16,140
	三大都市圏	5	138	0.6%	192	10	3,889	8.2%	2,670
	地方圏	95	2,707	12.8%	1,077	76	19,263	40.8%	13,470

資料）通商産業省立地公害局『先行造成団地の造成・売却状況』（1974年3月）より各先行造成工業団地のごとに筆者が集計し作成。
注）先行造成団地の定義や集計においての留意点については，表 3-1 の注を参照。

る。先行造成工業団地とは，主に国・地方自治体が独自に用地を造成し分譲を行い，計画的・戦略的に工業立地を図るための団地である。工業団地は用途別に加工組立型業種の導入を図る内陸型，基礎素材型業種の立地条件である港湾を具備しその導入を図る臨海型の2つに分類される。

表3-1より1974年末までに造成された先行造成工業団地数は1,001団地である。造成主体別にみると都道府県・市町村が523団地（52％），その関連団体が331団地（33％）である。また産炭地域振興目的の工業再配置・産炭地域振興公団（後の地域振興整備公団）の団地が112団地（11％），日本住宅公団（後の住宅・都市整備公団）が20団地（2％），その他（民間等）15団地（1％）であり，地方自治体主導の造成が進められたことが分かる。

表3-2より類型別にみると，臨海型が286団地，用地面積47,216 ha，事業費37,223億円，内陸型が715団地，用地面積21,294 ha，事業費7,823億円となる。臨海型対内陸型の比は，団地数で1対2.5，工業用地面積では2.2対1，事業費が4.8対1となる。内陸型は小規模であるのに対して，臨海型は基礎素材型の大規模であることが明白である。

また，地方圏と三大都市圏の比率をみると内陸が23.5：76.5，臨海型では40.8：59.2である。さらに造成開始時期別に三大都市圏シェアの推移をみると内陸では1959年までが72.5％，1960～64年までが28.9％と大幅に減少し，1965～70年が26.3％，1970～74年では14.1％まで減少した。同じく臨海では，1959年までが71.6％と三大都市圏が高かったが，以後47.1％，41.2％と減少し1970～74年までは0％と地方圏で造成が進んだことを示している。内陸・臨海とも1960～64年以降三大都市圏の大幅減少，地方圏の拡大がみられ，「一全総」および新産・工特といった地方圏での産業基盤形成と立地促進政策を反映している。特に臨海型工業団地の造成は，トータルでは三大都市圏で40.8％，新産・工特で49％と概ね三大都市圏と新産・工特地域で進んだ。これを造成開始時期でみると，地方圏が拡大するなかで，新産・工特が1960～64年の55.3％から65～69年の24.3％と減少している（表3-3）。これは，新産・工特指定後，地方圏の地方自治体独自の戦略で産業基盤整備を進め企業導入を図ろうとしたものと読み取れる。

表3-4は，新産・工特の産業基盤整備上の位置づけを新産・工特の計画上

表 3-4　新産業都市・工業整備特別地域における用地・用水計画量

	用　　地（千㎡）							用　水（千トン）			
	計画用地(a)	うち臨海部	売却用地	未売却用地	工事中用地	売却率(％)	誘致面積(b)	(b)/(a)	計画量(c)	供給可能量	使用量(d)	使用率(c)/(d)
新　産	166,035	129,780	78,097	11,978	66,119	47.0	72,196	43.5	8,001	3,829	2,928	36.6
工　特	111,790	89,730	58,665	28,784	29,881	52.5	82,710	74.0	6,601	2,168	2,159	32.7
新産工特計	277,825	219,510	136,762	40,762	96,000	49.2	154,906	55.8	14,602	5,997	5,087	34.8
全　国	550,000	-	-	-	-	-	283,553	-	35,460	17,430	13,965	39.4
新産工特シェア	50.5	-	-	-	-	-	54.6	-	41.2	34.4	36.4	-

資料）経済企画庁総合開発局『新産業都市・工業整備特別地域の現況』1973年9月，自治省『昭和47年度公営企業決算の概況』，運輸省港湾局編『港湾計画資料集』1974年12月より筆者作成．

注）全国の計画は，国民所得倍増計画による．工業用地，用水とも1958年基準値から目標年次の1970年までの新規増分．
　　工業用水の全国計画値は，全国総合開発計画淡水新規需要量予測59,100㎡に全総が予測する約60％の工業用水道からの使用としての計算した．
　　工業用水の全国供給可能量および使用量は，自治省『昭和47年度公営企業決算の概況』による1972年値．
　　全国の誘致面積は，1964年から1967年までが通産省立地指導課『特定工場届出』の9,000㎡以上の新設立地工場の敷地面積および1967年からは工場立地動向10,000㎡以上の敷地面積を合計（新規＋増設）．増設も含むので若干大きい数字になる．ただし増設1件あたりの敷地面積は，6,951㎡（1967〜1972年）なので新規＋増設の値の多くは新規立地分と推察できる．

およびその進捗状況から検証するために，オイルショック前までの新産・工特の進捗状況をまとめたものである．まず新産・工特の工業用地の計画は，新産では166,035千㎡，工特111,790千㎡の用地造成が計画されており，うち臨海部面積は新産129,780千㎡，工特89,730千㎡，臨海部シェアを算出するとそれぞれ78.2％および80.3％となり臨海部面積が極めて高い．これを「全国総合発計画」における1970年（昭和45年）までの新規工業用地見通しである550,000千㎡に占めるシェアでみると，それぞれ30.2％，20.3％と合わせて50％を占めており，工業用水でも新規需要見通しの41.2％を新産・工特が占める．これらのデータから新産・工特は工業用地・用水供給の面で，計画上大きな役割を担っていたと言える．

一方，表3-5は，新産・工特における生産・生活関連施設設備費の動向について全国との比較で整理したものである．全国の生産関連および生活関連行政投資額は自治省『行政投資』による分類であり，あくまで参考値である

表3-5 新産業都市・工業整備特別地域における施設整備費（1964年から1975年の累計）

		① 行政投資額（全国合計値に対するシェア・%）(A)	② 新産業都市	② 工業整備特別地域	② 新産・工特計 (B)	③（参考値：新産・工特計 (B) ／行政投資全国額 (A) (%)）
生産関連（億円）		178,846	39,256	16,336	55,580	31.1
	シェア（%）	32.7	54.7	61.4	56.5	
生活関連（億円）		367,302	32,510	10,270	42,792	11.7
	シェア（%）	67.3	45.3	38.6	43.5	
合計（億円）		546,148	71,766	26,606	98,372	18.0

資料）①自治大臣官房『行政投資実績』各年版，②新産・工特は国土庁地方振興局（1992）より，③は①および②から著者作成．

注）全国は自治大臣官房『行政投資実績』（都道府県別行政投資等実績調査報告）各年版より作成．新産・工特は国土庁地方振興局（1992）より算出．
新産工特の生産関連：工場用地，工業用水，道路・港湾等の輸送施設
新産工特の生活関連：住宅，上・下水道，教育施設，厚生施設等
全国の生産関連：工業用水，国県道，港湾，空港
全国の生活関連：街路，都市計画，住宅，環境衛生，厚生福祉，文教施設，水道および下水道の各投資
全国と新産・工特の比較は項目が一致せず参考値．

が，新産・工特の計画に基づく施設整備費とのシェアを比較すると新産・工特とも生産関連が生活関連を上回っている．特に生産関連の全国値のシェアが31.1%と高く，産業基盤投資への偏重傾向を示している．

基礎素材型の産業基盤投資が計画上および投資実績などの資料から重点的傾向が示されたが，次にこの産業基盤整備に対しての有効性を検討する．表3-6は，オイルショック以前の9,000㎡以上の企業立地件数・敷地面積の動向をみたものである．同表より業種別立地件数について新産・工特が全国に占めるシェアは，化学53.5%，石油・石炭40.6%，鉄鋼35.9%など基礎素材型業種で高い．実際，鉄鋼業では，1966年以降完成した高炉は7ヵ所ある

表3-6 立地企業敷地面積からみる新産・工特の立地件数および敷地面積

		全国			新産業都市			工業整備特別地域			新産工特対全国比 (%)	
		立地件数	面積(千㎡)	1工場平均(千㎡)	誘致件数	面積(千㎡)	1工場平均(千㎡)	誘致件数	面積(千㎡)	1工場平均(千㎡)	件数比	面積比
全業種		5,591	283,553	50.7	1,166	72,196	63.3	611	82,710	135.4	31.8	54.6
重化学工業		2,535	164,996	65.1	472	44,268	93.8	297	64,801	218.2	30.3	66.1
	化学	447	31,602	70.7	139	—	—	100	—	—	53.5	—
	石炭・石油	69	11,162	161.8	20	—	—	8	—	—	40.6	—
	鉄鋼	295	32,334	109.6	63	—	—	43	—	—	35.9	—
	非鉄金属	163	12,744	78.2	35	—	—	15	—	—	30.7	—
	一般機械	603	24,870	41.2	82	—	—	55	—	—	22.7	—
	電気機械	466	17,210	36.9	71	—	—	26	—	—	20.8	—
	輸送機械	410	32,494	79.3	40	—	—	41	—	—	19.8	—
	精密機械	82	2,579	31.5	22	—	—	9	—	—	37.8	—

資料) 注1に基づき筆者作成。

注) 1964年から1972年までの累積値。新産・工特は敷地面積9,000㎡以上の誘致工場の累積値。
全国は、1964年から1966年までが通産省立地指導課「特定工場届出」の9,000㎡以上新規立地工場の敷地面積および1967年からは『工場立地動向調査』10,000㎡以上の敷地面積を合計 (新規+増設)。
増設1件あたりの敷地面積は、6,951㎡ (1967〜1972年) なので新規+増設の値の多くは新規立地分と推察できる。
新産・工特は経済企画庁総合開発局『新産・工業整備特別地域の現況』1973年10月による。

表 3-7 大規模工業基地の考え方の推移と立地原単位

		国民所得倍増計画	全国総合開発計画	新産業都市（新産業都市の区域の指定基準）	新全国総合開発計画	新経済社会発展計画
1.	策定年月	1960年12月（閣議決定）	1962年10月（閣議決定）	1962年12月（地方開発産業審議会了承）	1969年5月（閣議決定）	1970年4月経済審議会答申（産業立地研究委員会）
2.	大規模工業基地関連記述	・太平洋ベルト地帯が所得倍増計画を担う中核	・北海道、東北、中国、九州に大規模工業開発地区	・全総計画にいう過密地域には指定しない	・大規模工業用地としては、用地約1万ha、工業用水100万トン以上、大型タンカー入港可能な1億数千トン貨物取扱港湾を備えた地域に鉄鋼、石油、石油化学、電力等を核とした関連産業の立地。出荷額3〜4兆円を2ヵ所、その1/2〜1/3程度のものを数ヵ所。	・大規模工業基地の立地地点は、国土の体系的利用と公害防除の見地から未開発の遠隔地
		・ベルト地帯の中間地域に中規模の新工業地帯	・京浜、阪神、名古屋地区の外部経済の集積の影響を受ける地域に大規模工業開発地区	・工業用地1,000ha確保が容易。用地に見合う工業用水確保。	・新規立地地点として鉄鋼2〜3ヵ所、大規模石油基地4〜6ヵ所、石油化学4〜6ヵ所	・鉄鋼2〜3ヵ所、石油5〜6ヵ所、石油化学7〜8ヵ所、1985年度をめざして少なくても2〜3ヵ所の基幹資源型の大規模工業基地
3.	産業基盤新規需要見通し	・新規工業用地55,000ha（うち臨海40%）・1日あたり工業用水（淡水）使用量83,000千㎥	・所得倍増計画に同じ	なし	・新規工業用地10万ha（1985年まで）・1日あたり工業用水（淡水）使用量107,000千㎥（1985年）	なし
4.	粗鋼生産見通し	・1970年粗鋼4,500万トン（1958年粗鋼1,277万トン）	なし	なし	鉄鋼業生産：1985年に1965年の4倍（参考：粗鋼生産1965年4,116万トン）	なし
5. 計画上の立地原単位（例・鉄鋼業）	(1) 出典	日本工業立地センター『工場立地原単位調査（第一集）』(1960年通産省実施　日本立地センター発行)			『工業立地原単位調査報告書』日本工業立地センター（1970年）	
	(2) 原単位	○生産規模　鋼材200万トン/年、高炉2,000㎥×2　1,000㎥×1　○従業員　11,500人			○生産規模　粗鋼2,000万トン/年、高炉4,100㎥×5　○従業員　直接10,000人　外部15,000人	

5.計画上の立地原単位（例・鉄鋼業）	(2) 原単位	○必要な産業基盤 　土地：330万㎡ 　工業用水：2億3,000万トン/年（1日あたり63万トン） 　港湾規模：水深−13 m, 2,000 mの岸壁 　最大船型：6万トン	○必要な産業基盤 　土地：1,500万㎡ 　工業用水：1日あたり1,073.3万トン 　港湾規模：水深−27 m, 8,250 mの岸壁 　最大船型：30万DWT
	(3) 類似事業所（高炉規模）	○高炉2,021㎡　東海製鉄名古屋製鉄所（1964年1月火入れ） ○高炉2,047㎡　八幡製鉄堺製鉄所（同上）（1965年6月火入れ）等	○高炉4,158㎡　新日本製鉄大分製鉄所（1972年1月火入れ） ○高炉3,159㎡　住友金属工業鹿島製鉄所（1971年4月火入れ）

資料）「産業構造審議会・産業立地部会検討資料」（所収　日本工業立地センター（1970）『工業立地』9（6）および該当計画，下記資料より筆者作成．
　　　日本工業立地センター（発行年不明）『工業立地原単位調査（第一集）』（1960年通産省実施調査）発行年月不明
　　　日本工業立地センター（1970）『工業立地原単位調査報告書』
　　　戸田弘元（1995）「鉄鋼業」（所収：産業学会編『戦後日本産業史』東洋経済新報社）

が，そのうち日本鋼管−福山，川崎製鉄−水島，住友金属−鹿島，神戸製鋼−加古川，新日本製鐵−大分など5ヵ所が新産・工特地区にある．また，1工場平均の敷地面積を算出すると，重化学工業では全国65.1千㎡，新産93.8千㎡，工特218.2千㎡と特に重化学工業の立地が進展した工特は全国の3倍以上である．新産・工特における重化学工業の全国に占める立地件数比と面積比を比較すると，30.3に対し66.1と面積比がかなり高いなど，用地需要型の立地が進展したことを示している[8]．

　以上のデータ分析から産業基盤の供給という点で，新産・工特はその主導的役割を果たしたと評価できる．また，立地企業に対する産業基盤の供給のみの限定的視点で評価した場合，基礎素材型の低迷を抑え用地の過剰を生むが，同時に，産業基盤供給の役割を新産・工特が担いつつ，需要の拡大基調に伴う生産拡大，技術革新の進展からさらなる大規模工業開発の計画が進展したことが以下の検証から明らかである．

　表3-7は，大規模工業基地の考え方の推移と鉄鋼業（高炉）の設備の大型化の進展について立地原単位の考え方をもとに整理した．「全国総合開発計画」（「一全総」）は1962年に策定され拠点開発方式による具体的展開として新産業都市が建設されたが，その7年後の1969年の「新全国総合開発計画」の策定において大規模工業開発が提示された．表の下半分には鉄鋼業を事例に「所得倍増計画・全国総合開発計画・新産業都市」の時期である1960年

代初頭と「新全国総合開発計画・新経済社会発展計画」の時期である1970年との2つの立地原単位を記している。

　これを見ると，必要な用地が330万m²から1,500万m²と約5倍となる等，各生産施設も約10年間で大きくスケールアップしていることが分かる。一方，計画ベースにおいても新産業都市の指定基準には工業用地1,000 haに対して「新全国総合開発計画」では，大規模工業用地としては約1万haとしており，約10倍の面積を想定している。規模の経済追求や公害反対運動による立地困難等から用地計画拡張や新規の用地確保を目指した開発計画が展開された。具体的には苫小牧東部，むつ小川原など11ヵ所が計画に上がった。

　大規模工業開発計画が登場した時点で，新産業都市は産業基盤供給という視点からみると1ヵ所の開発規模としては小さすぎることとなった。この大規模工業基地開発は，一部がプロジェクトとして展開した。苫小牧東部とむつ小川原の2つがそれであり，双方ともオイルショックを契機とした産業構造の転換のなかで基礎素材型産業の立地による大規模工業開発は結果として実現できなかった。これにより多大な未売却工業用地を残し，その開発を主導した第三セクターは経営破たんを迎えており，新たな事業継承会社が設立された[9]。

第4節　小　括——産業基盤供給偏重の立地政策の背景とその実証——

　以上の考察から4つの結論を導き出すことができる。

　第1に，1950〜60年代の我が国産業立地政策が産業基盤供給偏重となったのは，経済政策を巡る開発主義と貿易主義を巡る論争のなかで，通産省による貿易主義に基づいた産業基盤整備の推進が地域開発政策・国土政策に強力に持ち込まれたからである。

　第2に，こうした産業基盤整備にかかる中央省庁の調整は，困難を極めており，こうした利害関係の調整が産業立地政策の推進に重要である。

　第3に，高度経済成長期の産業立地政策を象徴する新産業都市・工業整備特別地域の建設について，基礎素材型産業のための基盤供給という役割を

担っていたことが，データにより裏付けられた。しかし，需要の拡大基調に伴う生産拡大，技術革新の進展から，1960年代の基礎素材型産業のための基盤整備を大幅に上回る大規模工業開発の計画が進展した。しかし，これは石油危機を契機とする経済変動を受けて頓挫した。

　第4に，貿易主義と（国内資源）開発主義との対立，太平洋ベルト地帯構想と工業整備特別地域と新産業都市指定地域の違いに見られるように産業立地政策のあり方を巡って効率性と公正性が揺り戻しをしながら展開されていることが明らかになった。

[注]

1）未公表資料とは，通商産業省立地公害局『先行造成工業団地の造成・売却状況』（1974年3月）である。この資料は，執務参考用であり一般公表になじまない資料と記載されている。この未公表資料を（財）日本立地センター在職時に同センターの地下倉庫内で筆者が発見した。この資料は，先行造成団地ごとにデータが掲載されており独自に集計作業を行った。この先行工業団地造成とは，工業団地を先行的に造成し企業導入を図るものであり，中小企業の集団移転による団地造成や企業からの団地造成委託によるものではない。なお本資料のコピーを筆者は所有しており必要に応じて公開可能である。

2）「特定地域総合開発計画」をプレ全総として位置づけたのは矢田（2014）による。矢田は，以後の5回の全総とプレ全総について下河辺（1994）をもとに各全総策定の構図を解明しつつ，戦後の国土計画の大局的な流れを把握している。

3）第3章における開発主義は「国内資源」開発主義であり，第4章における開発経済論等で用いられる「開発主義」の定義とは異なるものである。

4）下河辺（1994, p.2）は，人と自然との関わり方をいろいろな角度から論ずる国土論に関して，政策的意図をどのように出すのかが国土政策論であると指摘する。そして，その政府の国土計画が国土政策を裏付けると述べており，その国土計画は国土の構造（東京を頂点としたツリーシステム），国土構成（各地域の活性化），地球環境（人間と自然の関係）の3つの観点があると指摘する。この下河辺に従うならば，産業立地政策は，国土の構造のもとにどのような国土構成が望ましいかを産業の立地の側面から考える政策であり，国土政策上の柱の1つであると言える。

5）通商産業省企業局第一課（1952）では開発主義にかかわる政策として国土総合開発法と書かれているが，正確には国土総合開発法に基づく特定地域総合開発であるためこのように記した。この1950年代の開発主義と貿易主義との論争については，以下の論考に注目したい。加藤（2000）は，戦後日本の国土政策展開の初期的条件として貿易主義と開発主義との論争と通産省の貿易主義への傾斜について論じている。小堀（2014）は資源・エネルギー政策の観点から詳しく論じている。また，こ

の時期に工業開発と資源問題について経済地理学の視点から以下の論及があるのも興味深い。石井（2010）は，戦後の政府の資源委員会勤務の回顧から，GHQ技術顧問であり経済地理学者のエドワード・A. アッカーマンが敗戦により日本が植民地を失い狭い国土に押し込められたとする悲観論への反論として（国内資源）開発主義への期待を述べて，それが大来佐武郎，安芸皎らの若手技術官僚に影響を与えたことが述べられている。アッカーマンの指摘は，国内資源開発主義を主張した都留（1951, p. 4）も言及している。また，国内でもこの国内資源と工業開発および経済地理学について内田（1952）が今後の工業開発に国内資源が軽々に見逃せない点を指摘し，その資源の活用について経済地理学が果たす役割を指摘している点は注目される。

6) 当時通産省企業局立地指導室で通産省の立地行政を担っていた元（財）日本立地センター常務理事の飯島貞一氏に筆者が同センター在職時に当時の状況について以下の話を聞いた。飯島は，生産活動の増大に伴い，それに対応した生産の外部条件の確保が大問題であり，立地政策はこの生産の外部条件をいかに確保するかであった。駅には輸送しきれない荷物が山積みされ，電球を生産しても道路が悪く，輸送途中に電球が切れることもよくあり，この問題を他省庁といかに調整するかが通産省の立地行政の大きな役割であった，と述懐していた。また，工業用水の汲み上げは，鉄鋼，化学の基礎素材系のみならず近畿圏では復興してきた繊維関係の需要も多くなり，大都市圏における汲み上げによる地盤沈下防止と生産力の増加に伴う工業用水を確保することは急務であった，と述べていた。当時の輸送隘路や工業用水の不足の現状は，飯島（1991）参照。また，飯島（1991）は，工業用水としては上水道が地下水に比べて高く，河川を使用するにも急流河川が多く工業用水に使用できる水量が少ないこと，水利権が錯綜し工業用が少なかったことなどから，地盤沈下問題の深刻さと重化学工業の発展による使用用水量の増加から工業用水道の確保が必要であったことを指摘している。

7) 土屋は，土屋（1981）にて太平洋ベルト地帯という名前は，土屋と当時通産省の産業立地課の担当者の平松守彦（のち大分県知事）の2人で名付けたと回想している。

8) 新産・工特の工業集積の変化についての分析は，矢田（2017）を参照。また，新産業都市の個別地域の学術的な分析としたものとして松本諏訪地区を取り上げた村田編（1969）がある。

9) 苫小牧東部開発は，その開発を推進する第三セクター苫小牧東部開発が1998年9月に長期借入金約1,800億円と膨大な未利用工業団地を抱えて事実上経営破たんした（『朝日新聞』朝刊　1998年9月1日「破たんした苫東開発　広すぎてつぶせない？〈列島98〉」）。また，むつ小川原開発も開発を推進する第三セクターむつ小川原開発会社が借入金2,300億円，大型開発用の未利用地を抱えて1999年に事実上経営破たんし，同社をいったん清算した上で新会社へ事業を移行させることとなった（『朝日新聞』朝刊　1999年5月2日「むつ小川原，新会社へ『存続し再建』を転換　政府方針」）。

第4章　工業再配置促進法の制定とその廃止
　　　──福祉政策としての産業立地政策の意義と限界──

第1節　はじめに

　1960年代から1970年代の我が国のアカデミズムは，我が国の産業立地政策を福祉政策ではなく成長政策である，と一貫して批判し続けてきた（川島；1966a，1966b，1967，1969，1971，1988，宮本；1967，1973）。第3章でも明らかにしたとおり，高度経済成長期の産業立地政策は，先行研究が示すように産業基盤偏重であり，成長第一主義が貫かれたからである。1960年代の「一全総」策定に携わった下河辺（1994, pp. 296-297）自身，「所得倍増計画」とは基本的には重厚長大型の経済国家づくりであり，そのための政策の重点化が進んだという趣旨のこと，及びこれにより国民所得は10年間に3倍に引き上げられつつも，公害や過密・過疎問題が大きな社会問題となり，政府でインフラ整備政策を担っていた下河辺はじめ担当者たちは苦杯をなめさせられた，と回顧している[1]（同，p. 78）。

　人口が都市に集中する一方で必要な生活関連社会資本の整備が追いつかず，その結果大都市部には革新自治体が登場し始めた。成長重視を貫いてきた政府の経済政策もその見直しと修正が迫られつつあったと言える。例えば自由民主党は，1968年に『都市政策大綱』をまとめ，その対策を示した。1969年には大規模開発と高速交通ネットワークに象徴される「新全国総合開発計画」が閣議決定された。

　田中角栄による『日本列島改造論』はその「新全国総合開発計画」に連接するものであり，自民党の『都市政策大綱』を下敷きにしながらも工業再配置とそれを支える高速交通ネットワーク整備を通じた過疎・過密の同時解消を目指す政策である。この構想は，年率10％の経済成長の継続をベースにしており，そのためさらなる公害被害拡大への懸念やGNP信仰に対する批

判を多く受けた。

本章で取り上げる「工業再配置促進法」は1972年に制定されたものであり,『日本列島改造論』を支える大きな柱であった。それは,大規模工業開発を包含するものであったことから,公害をもたらす基礎素材型産業の地方展開を推進する法律として批判の対象となった(宮本,1973, p. 222)。

しかし,この「工業再配置促進法」は,国土の均衡ある発展を目指した通産省による産業立地政策の理念法とも言うべき法律であった[2]。そうであるにもかかわらず,この法律は2006年に廃止された。これは我が国の産業立地政策の転換の象徴である。

先に示した1960年代から70年代にかけてのアカデミズムによる我が国産業立地政策に対する批判は,産業立地政策の1990年代後半以降の転換を経た今日において,再検討する必要がある。なぜならば「工業再配置促進法」に基づく政策までをも成長政策として位置づけたままでは,通産省環境立地局の「新産業立地政策研究会」が1990年代半ばに示し,これ以降になされた政策転換を十分に理解することができなくなるからである(根岸,2009)。

そこで本章では,以下の3つを明らかにする。第1に,「工業再配置促進法」に関する諸説についてその意義と限界を明らかにする。第2に,同法が福祉政策の側面を強く持つことを,立地政策にかかるプレイヤー間の協調・対立を紐解きながら論証する。そして,同法をはじめとする産業立地政策の転換がどのように図られたかを政策システム論の枠組みを用いて明らかにする。第3に,同法の成果とともに,同法および「工業(場)等制限法」の廃止に伴う大都市産業集積の変化について検証し,同法の意義と限界を明らかにする。

第2節　工業再配置促進法を巡る諸説とその限界

田中角栄による『日本列島改造論』は,我が国の戦後の歴代内閣による政策ビジョンのなかでもその具体的な内容を持っている点で特筆される。工業再配置政策は,そのビジョンを支える重要なサブシステム(日本立地センター,1973, p. 1)である,と位置づけられており,工業再配置政策に関する

先行研究は『日本列島改造論』に関する研究とも深い関わりを持つはずである。

そこで『日本列島改造論』の背景を踏まえながらこれに関する諸説を踏まえ，その後に工業再配置政策に関する諸説をサーベイし，その意義と限界について明らかにする。

1．田中角栄『日本列島改造論』と工業再配置政策

『日本列島改造論』は，高度経済成長に伴う公害および過疎・過密問題が大きな社会問題となるなかで，その解決策を具体的に示した政策ビジョンである。

工業再配置政策は，この『日本列島改造論』という政策ビジョンが掲げた産業・人口の地域的偏在の解消という目標像の実現に向けた大きな柱の1つである。通産省が関わるのは「工業の再配置――規制と誘導（アメとムチ）――」，「知識集約型工業」および「基礎資源型臨海工業」と「都市空間の高能率化」における「新25万都市構想」の部分である。このうち「基礎資源型臨海工業」はインフラ整備が関わるので，運輸・建設の両省の領域であり，そして「新25万都市構想」は建設省の領域となる（図4-1）。

この実現のために前提とされたのは，高い経済成長率である。田中は，日本経済の未来像として「昭和60年は300兆円経済」（田中，1972，p.65）を示した。その前提は，年率10％の経済成長であり，「新全総」が想定したGDPから換算した成長率7.5％を上回る値である。田中は，「成長によって拡大した経済力を，国民の福祉や国家間の協調などに積極的に活用することを主張し，「成長追求型」から「成長活用型」（田中，1972，p.70）と主張した。つまり「成長活用型」の経済運営とは，インフレ，過密と過疎，農業の停滞等高度成長の歪みを解決するために社会資本の充実，社会保障の大幅な水準引き上げを意味した（田中，1972，p.70）。そのため単年度の収支均衡ではなく，長期的な観点に立った財政均衡の重視を主張している。

こうした積極財政は「社会資本の充実や教育，医療の改善，技術開発の促進につながるだけでなく，経済の高成長をうながす道にもなる。これは単に，公共投資の拡大や所得の再分配によって直接的に需要が増加するという

図 4-1 『日本列島改造論』の全体像と担当省庁および工業再配置構想の位置づけ

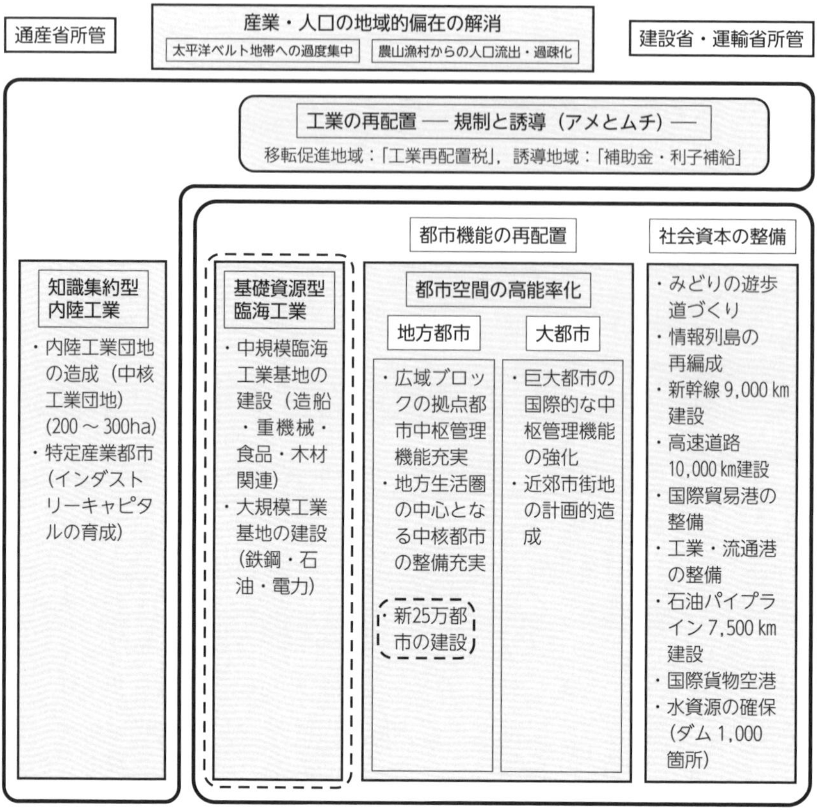

通産省所管	産業・人口の地域的偏在の解消 太平洋ベルト地帯への過度集中 / 農山漁村からの人口流出・過疎化	建設省・運輸省所管

工業の再配置 ── 規制と誘導（アメとムチ）──
移転促進地域：「工業再配置税」，誘導地域：「補助金・利子補給」

都市機能の再配置 / 社会資本の整備

知識集約型内陸工業	基礎資源型臨海工業	都市空間の高能率化		社会資本の整備
		地方都市	大都市	
・内陸工業団地の造成（中核工業団地）(200〜300ha) ・特定産業都市（インダストリーキャピタルの育成）	・中規模臨海工業基地の建設（造船・重機械・食品・木材関連） ・大規模工業基地の建設（鉄鋼・石油・電力）	・広域ブロックの拠点都市中枢管理機能充実 ・地方生活圏の中心となる中核都市の整備充実 ・新25万都市の建設	・巨大都市の国際的な中枢管理機能の強化 ・近郊市街地の計画的造成	・みどりの遊歩道づくり ・情報列島の再編成 ・新幹線9,000km建設 ・高速道路10,000km建設 ・国際貿易港の整備 ・工業・流通港の整備 ・石油パイプライン7,500km建設 ・国際貨物空港 ・水資源の確保（ダム1,000箇所）

資料）日刊工業新聞（1972年10月23日）をもとに筆者が大幅に加筆修正し作成。

だけでなく，それに付随する経済効果が大きいからである」（田中，1972, p. 72）とその効用を述べている。

そして「成長活用型の経済運営は『福祉が成長を生み，成長が福祉を約束する』という好循環をつくることができる」とする。田中は，公共事業等を積極的に行って需要を創出し経済拡大を目指すケインズ型財政政策をフルに展開し，この需要創出を通じて大都市圏から地方圏への分配を推し進めようとしたと言える。

この人口と産業の地方分散による過密・過疎の同時解消の手段の大きな柱が工業再配置である。田中の『日本列島改造論』を扱った主要な考え方をレビューするとともに，続いて工業再配置政策を巡る諸説についてレビューを行う。

2．日本列島改造論を巡る主要な諸説

　『日本列島改造論』は，当時のベストセラーともなり，その反響も大きく，様々な批判が寄せられた。主な論点を挙げると以下のとおりである。
　第1に，高い成長率に対する批判である。吉岡（1972）；宮本（1973）；島（1972）のように研究者からの指摘でも，年率10％成長に関して疑問が出された。さらに経済企画庁の前事務次官である鹿野（1972）からも指摘されたように，『日本列島改造論』は，高度成長の歪みの是正を高度成長によって解消しようとする考え方に批判が寄せられた。鹿野による批判は，その経歴ゆえに特に注目される。これは，『日本列島改造論』が田中個人の著作という形を取っているものの，次節で明らかにするように政府部内でも通産省主導で執筆されたことに関係するものと思われる。また，田中が主張する「成長こそが福祉を約束する」（田中，1972，p. 72）という言明に対して，まず，それまでのような高度成長が実現できるのかということが当然問われてくることになる。
　第2に，成長追求型から成長活用型の経済運営に対する批判である。宮本（1973，pp. 218-219）は，福祉の実現のための経済のパイの拡大は誤りと指摘し，人体に例えて，経済という人体は，GNPという体重ばかりが増えて内蔵に機能障害が出るように福祉が欠如していると述べた。つまり，高度成長達成のために，民間資本蓄積と関連深い交通・通信手段のような生産手段に公共投資を集中し，住宅・生活環境等の社会的消費手段の供給は後回しにされていると批判した。当時の政治状況においても保守と革新が高度経済成長による歪みを巡って厳しく対立しており，遠藤（1972）そして島（1972）はまさに資本主義経済が生み出す問題そのものという政治経済体制的見地から『日本列島改造論』への批判を強めた。当時の高度経済成長がもたらした公害および大都市問題が政府・大企業と労働者を巡る対立を激化させており，

大都市部における革新自治体の台頭に見られるように社会的緊張も高まっていた。遠藤（1972）；島（1972）；宮本（1973）は政治経済体制がもたらす問題として『日本列島改造論』を批判している点が特徴である。

一方，『日本列島改造論』に対して批判的な立場でありながらも，その内容に一定の評価をしていたのが大内（1972）および正村（1972）である。大内（1972, p. 15）は，当時の日本の経済的・社会的矛盾をはっきりと過密・過疎問題に集約し，その同時的解決のための処方箋を描いたことを高く評価している。また，正村（1972, p. 42）も「公害対策，社会保障，さらに地方自治体の権限と財源をもたせるなど，革新側がいろいろ主張していることは大体触れられているといってよい」。さらに「おそらく革新側よりもはるかに精密な計算を用意しているし，非常にわかりやすく，しかも多くの課題を導入している」（同）とも指摘する。

以上をまとめると，『日本列島改造論』が想定した10％成長に対しては，それまでの高度成長の延長上の想定に対する批判的な意見が占めている。また，「成長活用型の経済運営」つまり成長と福祉についての考え方には，遠藤（1972）；島（1972）；宮本（1973）に見られる政治経済システムに対する根本的批判と，福祉的な側面を持つとして一定の評価を与えた大内（1972）と正村（1972）の2つに分かれた。

3．工業再配置政策に関する諸説

工業再配置政策に関する諸説の多くは批判的見解が多いが，肯定的見解も一部にみられる。その多くは，『日本列島改造論』の発刊および「工業再配置促進法」の成立直後の時期に行われており，工業再配置政策の進捗を踏まえた検討は限られている。

工業再配置政策の基本的考え方に対する批判

宮本（1973, p. 203）は，列島改造批判のなかで工業再配置政策について，開発の思想は巨大開発の規模を一層大きくし，そのプロジェクトと結びつけて地域格差是正の拠点として工場再配置によって中小規模の産業基地をつくり，そこに25万都市を建設しようとするとして，従来の開発思想の延長で

ある，と指摘した。さらに島（1972, pp. 4-5）も開発余力のある国土を，「内陸型工業」で埋めつくそうという計画であり，それは独占資本本位の工場の地域的集中と分散との計画であって，分散を有利とする大工場にオマケをつけ，集中を有利とする工場を禁止できず，分散を不利とする中小工場を追い出す計画である，と述べた（島，1972, pp. 4-5）。このように島（1972）は，「工業再配置計画」は，独占本位であり，「新全総」の延長上にあるという批判をしており，宮本同様に厳しい評価をしている。

一方，村田（1973, p. 40）は，そもそも工業の再配置のあり方について，次の4点で批判している。①工業再配置は地域的アンバランスの現状を是正するための一つの手段にすぎない。②工業生産が本来的に持っている属性からみても，工業の分散と過疎問題の解決は直接結びつかず，逆に過疎地域の再編が前提に置かれざるを得ない。③東京や大阪などでは，中枢管理機能の集積が多くの人口を吸収して過密の主因となっている。④したがって，農村における農業問題と巨大都市における過密問題の根底を正しく把握せずに，工業再配置だけで問題の解決をはかろうとしても望ましい結果が得られない。

また，板倉（1973, pp. 54-55）は，日本の工業再配置は，農村側の強い要望つまり農業の崩壊と農村人口流出を引き起こす農業と工業の生産性格差を農村への工場導入で解消しようとしていると指摘する。これを踏まえて板倉は，工業再配置として大都市工業をなぜターゲットにするのか，中枢管理機能を分散するのではなく，なぜ工場分散なのかと批判する。そして農村地域での下請け工場網によって技術ストックが形成できるのか，と疑問を呈している（板倉，1973, p. 60）。こうして村田（1973）および板倉（1973）は，工業の再配置のみで過密と過疎は解消できないという立場を取っている。

他方，竹内（1972, pp. 15-16）は，「改造論が情報や知識が物に具体化された生産物，とくに工業の再配置を軸として，それとの関連で都市機能を考えているのは，実施のきめ手がつかみやすいだけに，具体性をもっている」と一定の評価をしている。しかし，地域別目標値の現実性について「全総計画よりもはるかに分散的である」と評価しつつも疑問を呈している。内陸工業，特に知識集約型工業は都市型産業で，それの分散立地の地域的範囲は大

都市周辺や広域中枢都市周辺部に集中しており，中核産業，周辺産業，関連下請部門等との関連においてシステム化されることが必要な業種で，臨海型のように単独立地が可能なものではないとした。

通産省の立地政策にも関わってきた笹生（1972, p. 21）は，これまでの立地政策が京浜，阪神の都市部の立地規制をしているものの地方の工業誘導政策が中心であり，必ずしも体系化されなかった，と批判した。そして，工業再配置構想は，超過密都市から地方に工業を積極的に移転させ過密と過疎を同時に解決しようしており，「立地政策を全国的に体系づけた最初の試み」と肯定的な評価を行った。そして国が目標年度の地域別業種別配置目標を公示することは，国の再配置行政を規制するもので評価すると指摘した（同）。しかし，それだけ中央政府の「全国土的な管理体制強化」が目につき，地域開発における工業の主導力，起爆性に期待した産業優先の開発思想を超えていないと批判した（同）。

笹生の中央政府による「全国土的な管理体制」に言及した点は，後に検討する川島（1988）の指摘する成熟段階における地域政策として工業再配置政策をどのように性格づけるかを考える上で重要な視点と思われる。

移転促進地域の設定にかかわる評価

村田（1972, p. 40）は，通産省原案の工業再配置構想において移転促進地域の対象とされたのは，首都圏の既成市街地，近畿圏の工場等制限区域，旧名古屋市内であり，国土面積の1％であったが，それが結果的に半減された，と批判した。そして，移転促進地域のみならず，当初案と比して誘導地域は75％から86.5％，白地地域つまり政策対象外の地域は，23％から13.0％となり，その理由が「地方自治体の政治的圧力と企業の抵抗によるもの」と指摘した（村田，1972, p. 40）。こうした骨抜きの事例として京都市を取り上げ，革新政党のリーダーシップにより京都市域を移転促進地域から外すことに成功した事例を紹介している。

また，村田（1972, p. 41）は，首都圏の「工業等制限法」により増改築を阻まれている老朽工場をスクラップしてすでに入手済みの用地に移転し合理化を図ろうとする大企業があるなかで，中小企業の立地自由度は低く，下請

け中小企業が切り捨てられる懸念を指摘した。

さらに遠藤（1972, p. 22）は，工業再配置政策を工業生産力の集中是正策とみるのは正しくなく，大規模な産業合理化政策であると批判している（遠藤，1972, p. 22）。その理由として，①移転促進地域の設定に際しては，大企業の集中立地する工場等制限特例地域を除外する策動が執拗に続けられ，それにより1962年以降に埋立造成された臨海工業地域が除外されたこと，②中小企業は，印刷・出版に代表される都市機能と密接に結びついた業種が多いこと，③中小企業一般の性格として親企業と下請け企業，受注先と外注先の取引が地域的な相互依存関係から成り立っており，個別的に身動きがとれず，親企業移転の場合，倒産の危機となること，④税財源において小零細企業は移転助成を除外する方向で具体案がつくられてきつつあること，追い出し税は，移転不可能な中小企業の負担を増す可能性があること，を挙げている（遠藤，1972, pp. 20-22）。

宮本（1973）は，堺市の事例を挙げ大阪府の汚染源の半分以上を占める臨海工業地帯が移転促進地域から外れ，汚染源の小さい中小企業中心の地域が移転促進地域に設定されたことを批判している（宮本，1973, p. 222）。

竹内（1972）は，現存する工場に対する追い出し税については，「小零細層の負担で，能力のある大きい企業が分散し，犠牲をおった零細層は高負担のもとで滞留を余儀なくされ，都市改造も進まないことになる」（竹内，1972, p. 17）と否定的な見解を示した。

村田（1972, p. 43）は，通産省原案の床面積2,000㎡規模以上の工場に対して1㎡あたり500円程度の税では，仮に実現しても追い出し税としては機能しないと自身の見解を述べている（村田，1972, p. 43）。さらに，村田は，移転促進地域に立地する工場は，集積利益を享受すると同時に社会的費用を発生しており，移転促進地域における規制措置に対応した賦課金の性格を考えるべきと主張している。賦課金としての性格を考えるならば，面積あたり一定の金額を機械的に課すのではなく，社会的費用の負担を政策目的に応じて規模別・業種別・地域別に区分して課すべきと主張した（村田，1972, p. 43）。

宮本（1973）は，道路と同様の発想による追い出し税の問題点を指摘し

た。つまり目的税は，近代財政の原理に反しており，社会保障が後回しになる傾向が出るとともに，追い出し税が再配置のために使われれば，工場誘致が地域開発の中心となり，福祉や文化が後回しになると指摘した（宮本，1973，pp. 216-217）。

移転促進地域の設定を巡っては，中小企業に多大な影響を与えるとの批判が多い。さらに移転促進地域内の工場に対する課税（追い出し税）については，根強い反対論から最終的に実施が見送られたものの，その課税にあたって多くの課題が存在したと言える。

誘導地域・白地地域の設定および25万都市構想に関する評価

村田（1972，p. 42）は，工業再配置が農村社会の破壊につながる懸念を指摘している。つまり，1960年代後半からの一町村一工場の形態を取りながら進んだ農村地域への工場の立地は，農家の労働力を吸収し農家所得の向上に寄与しつつも，多くは臨時工であり農業生産は犠牲を強いられていると指摘する。

一方，新25万都市について，宮本（1973，pp. 220-221）は，70ヵ所以上になり指定を受けるだけで全く開発されない地域も出てくるとともに，1ヵ所約5,000億円として10ヵ所5兆円にもなり，そうした事業費は支出されず，生活施設の整備は遅れ，工場だけの都市ができると指摘した。さらに新25万都市は，地方における自民党の勢力を拡張するための政治都市になると指摘し，地方都市での土地取得が著しい大手の不動産資本にとって致富の源泉となるだろうと指摘した。

村田（1973，pp. 42-43）は，新25万都市構想は，その一環としてのインダストリアルパークがスプロールによる弊害を回避するものとして評価しており，もしインダストリアルパークが相当の規模を持ち，工場の計画的導入が可能であれば，親企業の集積利益の実現だけではなく下請け切り捨ても回避できるとする。その一方で，新25万都市は住民の合意を得た自治体の構想があって候補地となるべきであり，工業配置や産業基盤充実の保証を得てから新都市構想に内容を合わせないと新産業都市の二の舞になると指摘した。

笹生（1972，pp. 6-10）は，「工業再配置計画」が知識集約型産業への変換

にも対応していくためには，新25万都市のあり方が重要であり，それは立地政策的にも重要であるとの認識を示している。そして新25万都市の建設が計画通りに進むとすれば，地方での知識労働力の定着が期待できるとの認識を示している。

さらに西岡（1992b, p. 237）は，新25万都市構想が石油ショック，ロッキード疑惑，田中首相退陣によって棚上げされたが，①都市的機能と内陸工業を結合して考える先駆例をなしたこと，②地域振興整備公団による中核工業団地造成を支える構想であること，③エレクトロニクス等の先端技術工業が登場すること，④テクノポリスを構想せしめる1つの基礎となったこと，として評価している。

以上の諸説を踏まえると新25万都市構想については，その整備費用が膨大になるという批判があるものの，他方で産業と都市との調和という視点から高い評価もある。

計画に対する進捗評価

伊藤（1989, p. 36）は，「工業再配置促進法」があまり効果を上げなかったと批判しており，地域別目標と実績を比べ，「1982年において1985年の目標水準に近接しているのは関東内陸・近畿臨海・山陽・四国の四地区のみであり，北海道・東北・九州・北陸・山陰・近畿内陸等は目標値を大きく下回る一方，関東臨海・東海等は目標値を大きく上回っている……（中略）……『工配法』は阪神圏工業の解体には成功したかもしれないけれども，東京圏工業・名古屋圏工業の地方分散にはあまり有効に働かなかったのである」と厳しい評価をした。また，山﨑（1992, p. 95）は，1977年策定の1985年を目標とした「工業再配置計画」（以下，「旧工配計画」と略することもある）について伊藤（1989）同様に，目標値を上回ったのは，関東内陸・関東臨海・東海の3地域のみであり，多くの地方ではその相対的地位が低下していると指摘した。そして2000年を目標年次とする「新工業再配置計画」（以下，「新工配計画」と略することもある）について「東京300 km圏に位置する南東北・北陸・関東，東海のシェアは1985年の62.1％から2000年には59.2％へと低下するとされている。これは現実の動向とあまりにもかけ

はなれている……(中略)……やはり旧計画と同様,工業出荷額は目標水準まで分散することはないであろう」と達成は困難との見解を示した(山﨑,1992,p.99-100)。

　伊藤(1989)および山﨑(1992)は,「旧工配計画」および「新工配計画」ともに目標を達成できないという厳しい評価をしている。しかし,「新工配計画」の最終年度に基づいた評価ではないことから,改めて評価を行う必要がある。

　Yamamoto(1987)は,日本における地域間格差の変動と日本政府による産業立地政策との関係を考察したものであり,「工業再配置促進法」とその効果について東京都労働経済局が1986年に発行した資料を用いて,1975年から1984年の間に東京都から移転した敷地面積1,000㎡以上の工場349の移転先を調査し,その大部分が関東域内での移転だったことを明らかにしている。これに従えば,北海道,東北,南九州などへの移転はほとんどなく,関東地方の中でも誘導地域と言うよりはむしろ白地地域への移転が多かった。しかし,Yamamoto(1992)は,首都圏から離れた,「工業再配置計画」上の誘導地域である山形県で造成された工業団地に誘致された企業が単なる分工場なのか,それとも独自展開をする事業所なのかを考察している。多くの先行研究が地方自治体の分工場の誘致に否定的な見解を示すなかで,分工場として誘致されたものであっても,独自展開することがあることを明らかにしている。

4．工業再配置政策に関する諸説の意義と限界

　これまで『日本列島改造論』および工業再配置政策に関する諸説のサーベイを行ってきた。これらの意義と限界を整理すると以下のようになる。

　まず,『日本列島改造論』を支える大きな柱である工業再配置構想は,オイルショック前に構想されており,「新全総」を上回る高い成長率を想定していた。この高い成長率も従来型の基礎素材型産業の成長を含んでの想定であり,従来型の産業基盤整備を盛り込んだ構想であったと言える。

　また,成長追求から成長活用型の経済運営については,評価は分かれた。公害や過密過疎問題を引き起こした当事者責任追及の観点や政治経済制度を

問う見解は，当時の社会的緊張の背景もあり，資本主義経済という体制の是非に関わる議論であったと言える。また，地域開発のあり方では，国主導ではなく住民や地方自治体というプレイヤーによる開発が望まれており，宮本憲一による内発的発展論[3]という一つの潮流が形成されたと言える。

他方，工業再配置政策に関しては，その基本的考え方および移転促進地域・誘導地域・白地地域に関わる評価について多くの批判的見解が示された。その一方で新25万都市構想については，産業構造の変化とともに産業立地政策と都市政策をつなげる政策という積極的な側面の評価がなされた。

概括すると，「工業再配置促進法」の意義に関する既往の論文は，時期的にみれば『日本列島改造論』の発刊および「工業再配置促進法」の制定直後に公表されたものが多い。そのため政策の効果に関する評価としては，データ制約のゆえに限定的にならざるをえない。また，当時の社会的緊張という状況から資本主義経済の矛盾を指摘する主張では，政府や大企業等の当事者に対する責任追及が中心となり，工業再配置政策を客観的に評価しているのか疑問が残る。また，伊藤（1989）；山﨑（1992）；Yamamoto（1987, 1992）は，「新工業再配置計画」の策定年である1991年の前後の時点における評価であり，「新工業再配置計画」の目標年次である2000年時点での分析ではないことから，目標年次における定量的分析と評価が求められる。

また，中央政府内でも「工業再配置促進法」案を巡って対立があったことに注意を払わず，国として一括しており，政策形成プロセスに関する分析がなされていない。そこで次節以降で政策の形成および廃止にかかるプレイヤー間の対立・協調，そして工業再配置政策の定量的分析を踏まえた評価を行うこととする。

第3節 工業再配置促進法の成立・廃止を巡るプレイヤー間の対立・協調

1．工業再配置促進法の成立を巡るプレイヤー間の対立・協調

田中角栄は，『日本列島改造論』の下敷きとなった『都市政策大綱』の策定に際して「都市政策が日本の内政の基本」と述べた（下河辺，1994, p.

図 4-2　工業再配置促進法を巡るプレイヤー間の対立・協調

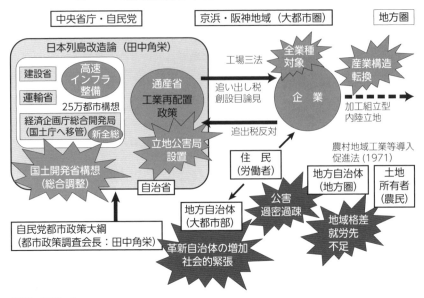

資料）筆者作成。

105)。このことに象徴されるように国土および都市政策は，高度経済成長期における重要政策であった。

　国土政策・都市政策を巡る政府部内のプレイヤー間の対立・協調を3つの軸で整理したものが図4-2である。

　「工業再配置促進法」を巡るプレイヤー間の第1の関係性は，自民党（田中角栄）と中央省庁との間のそれである。中央省庁は，主導権を巡り対立をすることがあり，法律制定が予算配分につながることから大蔵省と通産省との間で対立が生まれたり，地方自治体の歳入に影響することから自治省と通産省との間でも対立が生まれたりした。他方で，建設省とはインフラ整備の主導権を巡って対立関係が生まれたものの，後に協調関係に転じた。この対立は，中央省庁の縦割りとして弊害が認識され，政府としての都市政策・国土政策の一体性が欠けたものとなった。こうした対立を解きほぐすために自民党（田中角栄）がその調整に乗り出してきた経緯がある。このようなプロ

セスを本節で解き明かす。

自民党『都市政策大綱』と『日本列島改造論』

　田中角栄の『日本列島改造論』は，田中が自由民主党都市政策調査会長として取りまとめた『都市政策大綱』（1968 年）を下敷きに書かれている（田中，1972, p. 3）。

　自民党が『都市政策大綱』を取りまとめるきっかけを，下河辺（1994, pp. 104-105）は，次のように述べている。まず「一全総」以来特に新産業都市の例にみるように官庁の縦割り弊害と自民党の政策立案能力の欠如が国土政策上の大きなテーマとなった。それを克服するため自民党政調会長の田中角栄が，一番重要な政策は官僚に頼らずに自民党の手で政策を立案すべきであると強調した，としている。さらに下河辺は続けて，都市政策は日本の内政の基本である，政府の縦割りのなかで都市政策を担当するセクションがない（建設省は都市建設だけ），しかも市民が主人公であることを前提して住民参加のもとで都市をつくる，その指導性とは地方にある，ということも含めて田中角栄が『都市政策大綱』をつくった，と指摘した。

　下河辺が，『都市政策大綱』の背景として①縦割り官庁の弊害つまり政府に都市政策を担当するセクションがないこと，②国政の中で都市政策が最重要であり，市民が主人公であることまで前提にして取り組まれた，と指摘していることは注目される。

　また，田中角栄の秘書として『日本列島改造論』の執筆に深く関わった早坂（1996, p. 97）は，当時，大都市における革新自治体の誕生にみられるように都市における自民党離れに対して田中は非常に強い危機意識を持っており，まさに田中自身の危機意識が『都市政策大綱』に結びついたのは確か，と述べている。

　革新自治体の台頭は自民党政権にとって大きな脅威であった。その背景には，公害・過密過疎問題の激化に対し十分な対応を取れない政府・地方自治体に対する住民の反発でもあった。これが大都市部だけではなく，地方にも広がりつつあり，静岡県三島・沼津でのコンビナート建設反対の例にみるように地域開発に対する幅広い層からの反対運動が広がりつつあった（宮本，

1973, pp. 234-235) ことが挙げられる。

　一方，各省庁の縦割りの弊害の解消を実現するため，田中が主導し国土開発省構想あるいは国土総合開発庁構想が登場し，結果的に国土庁が設立された。田中がそうした省庁を設置しようと思った理由について，早坂 (1996, p. 97) は，「角栄は国土庁を建設，運輸など各省庁にわたる様々な問題点を集約する役所として位置づけた。つまり，国土政策のセンターとして考え，その国土庁を自分が押さえる，そして実質的に自分の考えで国土庁を動かしていこう——そう考えていたとおもいます」と述べている。

　田中が国土政策上の省庁間の縦割りの弊害を早くから認識し，これを克服するために新たな省庁の設置を目指していこうとしたことが読み取れる。

　こうしたなかで，『都市政策大綱』と「新全国総合開発計画」(1969年) が策定された。両者は独立した構想であり意図も異なるが，重複した主張があり連動している。その理由は，「新全総」策定作業にあたる下河辺ら開発官僚が両者の橋渡しをしていたからである。政治学者の御厨 (1995, p. 72) は，両者が連動した理由として，国土計画のポイント部分を共有することで，両者は相互保証の関係となったと指摘する。つまり一方で『都市政策大綱』が「新全総」に浮揚力をもたらし，「新全総」が『都市政策大綱』を実質的に担保するという双方にとってメリットになる関係であった。そして両者相俟って，開発政治の現実の担い手たちに，昭和40年代の開発政治のあり方を明確にしえた，と述べた。

　一方『都市政策大綱』と「日本列島改造論」とはどう関わるのかについて，田中 (1972, p. 3) は『日本列島改造論』のなかで，この『都市政策大綱』は，狭義の都市政策ではなく，日本全体をひとつの都市圏として捉える"国土総合改造大綱"であり，それは私の国土改造にたいする考え方をコンパクトに要約している，と述べている。

　では，田中は，そうした官庁の縦割り弊害を調整できる立場であったのかについて「この『都市政策大綱』に盛り込まれている根本思想は，私が代議士に初当選していらい自ら種をまき，育てあげてきた多くの立法活動の結実」(田中，1972，pp. 12-13) と述べている。議員立法活動を通じて深く省庁との関係を築き，その調整役を田中が担ってきた実績があったことから可能

であることが分かる。

　戦後から1980年代頃までの立地および国土関連政策の歴史を整理したものが表4-1である。この表のうち通産省以外の政策のなかで主要な地域関連立法と高速道路，新幹線など輸送インフラの整備にかかる計画に田中が関与している。田中（1972，pp. 15-17）は，輸送インフラの整備以外にも河川整備や水資源開発に強く関わり調整役を担っていたことを自負している。

　下河辺（1994，pp. 104-107）は，1967年の『都市政策大綱』と1968年の「新全総」が相互に影響を与えている関係であると指摘する。しかし，『日本列島改造論』について深い言及を避けている。

　御厨（1995，p. 74）はその理由を以下のように解説する。田中が『日本列島改造論』をまとめようとした時期は，田中自身が政権獲得に乗り出していた時であった。そのなかで，自らの議員在職25周年記念出版，政策文書作成，政権構想作成などの必要性から国土計画をテーマとした著作づくりを進める必要があった。そして，これらの作業グループとして①「新全総」・『都市政策大綱』に関わった下河辺らの開発官僚を中心としたグループと②通産大臣秘書官となった小長啓一らの立地政策に詳しいグループがあり，これらの間に齟齬が生じたと指摘している。①の下河辺らの開発官僚は「新全総」の総点検作業に入ろうとしていた時期だったことから，「新全総」と田中の政権構想との相互保証関係が確立するには2年が必要であり拙速を避けたがったとしている（同）。一方，②の通産省のグループは，「新全総」・『都市政策大綱』に関して田中との直接的なつながりがなく，通産省としてはこの機会に，産業立地政策の観点からの国土計画大系の作成に積極的にタッチし，これを通産省の政策の柱として是非とも確立したかったのである，と論じた。

　こうして通産省は，産業立地政策から国土計画大系へと乗り出す契機を得たと言える。西岡（1992a，p. 105）は，『日本列島改造論』と工業再配置に関する論考のなかで，日本経済新聞1971年7月7日の記事に注目している。そこには，田中角栄通産大臣の就任翌日に行われた田中角栄と日本経済新聞経済部長との対談が掲載されており，そこで田中は移転税を含む新しい総合立地政策の確立について構想を述べていることに着目している。さらに後日

表 4-1 戦後から 1980 年頃までの立地および国土に関する政策の展開

年代	産業・経済動向と課題	立地・国土に関する政策の展開		
		通商産業省立地関連法（政策）	通商産業省以外の政策	
			国土政策関連法	輸送インフラ整備
1945	・生産力の崩壊（戦前時生産力回復）			
1950	・経済自立化に向けた産業合理化促進（貿易主義 vs. 資源開発）		国土総合開発法（1950） 北海道開発法（1950） 首都建設法（1950） 電源開発促進法（1952） 離島振興法（1953）	港湾法（1950） 道路法（1952） 道路整備費の財源に関する臨時措置法（1952） 港湾整備促進法（1953）
1955		工業用水法（1956）	首都圏整備法（1956） 東北開発促進法（1957）	空港整備法（1956） 国土開発縦貫自動車道建設法（1957） 高速道路自動車国道法（1957） 道路整備緊急措置法（1958）
		工業用水道事業法（1958） 工場立地調査法（1959）	九州地方開発促進法（1959） 首都圏工業等制限法（1959） 四国地方開発促進法（1960）	特定港湾施設整備特別措置法（1959）
1960	・高度成長の達成（国民所得倍増計画） ・資本自由化、貿易自由化への対応 ・IMF8 条国移行	産炭地域振興臨時措置法（1961）	北陸地方開発促進法（1960） 中国地方開発促進法（1960） 低開発地域工業開発促進法（1961） 新産業都市建設促進法（1962） 全国総合開発計画（1962） 豪雪地帯対策特別措置法（1962） 近畿圏整備法（1963） 工業整備特別地域整備促進法（1964） 近畿圏工場等制限法（1964）	港湾整備緊急措置法（1961）
1965	・OECD 加盟		山村振興法（1965） 都市計画法（1968） 新全国総合開発計画（1969）	国土開発幹線自動車道建設法（1966）
1970	・公害問題の激化 ・変動為替相場制へ移行・オイルショック ・安定成長への移行	農村地域工業等導入促進法（1971） 工業再配置促進法（1972） 工場立地法（1973）	過疎地域対策緊急措置法（1970） 中部圏開発整備法（1971）	全国新幹線鉄道整備法（1970）
1975				
1980		テクノポリス構想（1980）	第三次全国総合開発計画（1977） 過疎地域振興特別措置法（1980）	

資料）日本立地センター（1991）および工配法 20 周年記念事業実行協議会（1993），田中（1972）等をもとに著者作成。

の記事における田中大臣からの発言として「都市改造は工場移転が突破口であり，それを実行するのは産業監督庁の通産省のほかにはありえない」，さらに「過密都市の抜本的改造を図るため，大都市内の工場に対し，これまでの地方への"誘導"から，立地そのものを"規制"する方向へと産業立地政策を転換する意向を固めた」との報道（日本経済新聞 1971 年 7 月 19 日の記事）を紹介している。これらをみると通産大臣就任直後の早い段階から田中は工業再配置政策に強い関心を持っていたことが分かる。

『都市政策大綱』と『日本列島改造論』との大きな違いは，工業再配置について税制を活用した思い切った規制政策が盛り込まれている点であり，通産省が主体的に都市の抜本改造に踏み込んだ点である。小長（1996）は，当時通産大臣秘書官であり，その前は立地指導課長をしていたが，『都市政策大綱』に関して通産省はあまり関わっていないと指摘している。さらに，『日本列島改造論』について田中の秘書であった早坂（1996）も列島改造論は，通産官僚と一部ジャーナリズムによって練られたものであると指摘している。中央省庁の所管や予算を巡り，その調整が非常に困難を極めるなかで，通産省は「工業再配置促進法」を契機に立地公害局を設置し，工業再配置を通じて国土開発行政に関与を深めたと言える。通産省立地指導課長として「工業再配置促進法」の制定にかかわった濱岡は，国土政策，地域政策は旧内務省というのが大きな流れで，産業政策のなかに立地というコンセプトを持ってくることは大変であり，そしてこの法律が通産省の専管であったことが画期的であったと述べている（平松ほか，1993，p. 25）。

西岡の研究や小長および濱岡，早坂をはじめとする関係者の証言を踏まえると，田中大臣の登場が契機となって通産省が他省庁の領域に踏み込んで都市改造そして全国的な工業再配置に本格的に乗り出すこととなったと言える。

また新 25 万都市構想では，旧産炭地域振興事業団を母体に工業再配置・産炭地域振興整備公団（後の地域振興整備公団）が設立され，工場誘致の受け皿となる中核工業団地の造成と新都市建設事業を担うこととなった（地域振興整備公団，1994）。また，通産省は，建設省と国土庁とともに地域振興整備公団を所管することとなった。

自民党・通産省 vs. 革新勢力（革新自治体・労働者）・地方保守勢力（農業・土地保有者・地方圏地方自治体他）

　『日本列島改造論』の下敷きとなった『都市政策大綱』は，先述のとおり革新自治体の台頭を背景にしてまとめられている。『日本列島改造論』もこうした社会的緊張を背景にして執筆されると同時に地方保守層に対しても地域間格差の是正を訴え，その分配システムを確立して支持を受けたと考えられる。

　内閣総理大臣官房広報室（1972）による「日本列島改造論に関する世論調査」では，『日本列島改造論』に対する期待について「大いに期待」と「ある程度期待」の2つを選んだ回答が53%を占めており，地域別では，東京都区部（55%），9大市（56%）と並んで人口10万未満市（55%）が高く，職業別では，農林漁業者（68%）と商工・サービス業・自由業の従事者（63%）が高い。この調査において「新幹線・高速道路の整備」について賛成か否かについて職業別では，農林漁業者（67%）が最も高い。これらから『日本列島改造論』は，地方圏の保守層である自営者および農林漁業者から高い支持を受けていたことが分かる。

　革新勢力からみれば『日本列島改造論』は敵視すべき政策構想であるが，革新市長であった秋田県横手市の千田健蔵は，地方圏の農村地域の苦しい現状と高速インフラ整備による農村工業導入への期待を述べている。横手市には約3,100戸の農家があり，うち1,500人の農民が冬に出稼ぎをしている。減反等により農業所得は伸びない状況にあり，そのため手っ取り早い出稼ぎに出るものの，健康や家庭生活の面で悪影響が出ており，地域独自の手法を尊重しながらの農村工業化を進める決意を語っている（千田，1972，pp. 131-132）。

　また1970年に通産省産業構造審議会産業立地部会は農村工業化委員会を設置し，農村地域への工業導入推進を取りまとめている。この農村地域工業導入推進は，工業用地の面積の半分が内陸部で取得されている工場立地の現状を踏まえつつ農村地域の米作調整等による離農労働力の吸収，福祉水準の向上を背景としたものである（飯島，1993，pp. 64-66）。そして農林水産省（農林省），通産省，労働省の共同提案で「農村地域工業等導入促進法」

(1971年法律112号)が成立している(同,pp. 68-71)。

　毎日新聞の小邦(1972)は,「工業再配置促進法」の成立を受けての工業再配置計画に向けた線引きと追い出し税にかかる自民党・通産省 vs. 地方自治体の闘いについて述べている。この攻防よって工業再配置計画は「骨抜き」になり「改造」への厚い壁があることを具体的に述べている。その1つが地域の設定であり,地方圏では誘導地域への指定を巡る陳情,また三大都市圏から移転促進地域の除外の陳情が押し寄せて大きく後退した旨が述べられている。また工業再配置税(追い出し税)構想も自治体・政治家・財界の三者共闘によって後退し(小邦,1972, p. 34),「線引きと工業再配置税を総合し,結果的に言えることは,工業再配置計画の支柱となっている"禁止条項"が完全に欠落したことだ」(同)と指摘した。

自民党・通産省 vs. 企業(労働組合)

　追い出し税は,当然,経済界からの反発のみならず労働界からの反発も招いている。経団連国土開発委員長(小野田セメント相談役)の安藤は,経団連の座談会で『日本列島改造論』における通産省の工業再配置政策について苦言を呈している。

> 日本列島改造論という総合的な方向性が打ち出されたことは結構だと思うのですが,ただそれを実施する場合には,きょうから改造がはじまるのだということで,白紙の上にこういう図面を書いたので,このとおりにやれといって,過密地帯から過疎地帯へ行けといい,しかもできるだけ早く日本列島を改造して,全国的に均衡のとれた国土にすべきだといったようなせっかちなことをやってはいけない。……(中略)……通産省の産業立地政策というものは,本来こういう種類の産業はここに立地するのだというような工場種別の立地政策であったはずです。ところがこんどの場合は,産業種類別の立地政策は法律のたてまえでは一応捨象されていて,ただ過密地域から過疎地域へ出て行け,というだけのことのようです。法律のたてまえからいえばそれでいいのかも知れないが,その枠内で各企業がそれぞれの立場で真剣に自分の方の工場立地を

考えているのですから，それが生かされるようにしてほしいと思うのです（安藤ほか，1972, pp. 18-19）。

　安藤は，工業再配置政策について産業界の立場から，従来の産業立地政策と異なり業種を問わず過密から過疎地域へ移転させようとすることに否定的である。
　また，小邦（1972）は，「工業再配置計画」の骨抜きは，課税額をめぐり財界が課税反対を正面に掲げたことによると述べている（小邦，1972, p. 34）。
　一方，労働組合も否定的である。電機労連ほか（1972, p. 15）では，冒頭に「73年労働運動の重要な課題は，『日本列島改造論』という名の大規模な合理化攻撃である。昨年10月に設定された『工業再配置促進法』は，その直接的なあらわれ」と述べている。さらに電機労連産業政策委員会対策部会は1972年12月4日付けで「工業再配置促進法に伴う工場移転に対する電機労連の対策基準に関する答申書（案）」を作成した。そこでは，以下のようなことが記載されている。

　　田中内閣の日本列島改造論とその一つの具体化としての工業再配置促進法の制定は，電機産業を含み各界に大きな反響を及ぼしています。……（中略）……すでに電機労連の加盟組合においても，日立，明電，シャープの各労組において企業側より工場の移転を提起されております……（中略）……過密・過疎対策や都市の再開発および公害防止，環境改善の立場から工業再配置には前向きに対処するが，対政府に労働者保護の国家的緊急施策の確立を要求する（電機労連ほか，1972, p. 15）。

　企業に対する追い出し税は，企業がそれぞれの経済合理性のもとで事業活動を判断しているなかで看過できない，とした安藤の主張は，通産省の置かれた立場を厳しいものにしたと言える。
　こうした課税に対する反対とともにオイルショックは，「工業再配置計画」自体の策定を遅らせることになった。産業構造の転換が迫られるとともに，

今後の経済成長や工業生産活動の将来予測が難しくなっており，「工業再配置計画」の策定は1977年にずれ込んだ。さらに基礎素材型産業の立地のあり方については，三大湾（東京湾，伊勢湾，大阪湾），瀬戸内沿岸での新増設・スクラップ＆ビルドを原則抑制で検討されたが，例外措置も盛り込まれた（西岡，1991，p. 267）。

2．工業再配置促進法の廃止を巡るプレイヤー間の対立・協調

各プレイヤー間の対立・協調

1980年代後半から急速に進んだ経済のグローバル化は，我が国製造業の海外生産移管と国内事業所の縮小・閉鎖を招いた。日本の製造業の強みとも言われた基盤技術産業の集積に崩壊が生じるとともに，産業空洞化に伴う工場跡地や未利用地の発生が問題化しはじめた。また，中国・韓国等のアジア諸国における新興国の台頭から我が国の輸出競争力が低迷するとともに，国内の諸規制による高コスト構造が問題化した。政府は，こうした産業経済の変化を踏まえて1995年に第13次経済計画である「構造改革のための経済社会改革」を閣議決定した。政府は，グローバリゼーションの進展，高次な成熟経済社会への転換等の潮流を踏まえ，経済社会構造が諸潮流の変化に対応できていないため，構造的な諸問題が顕在化し，将来に対する不安感をもたらしていると指摘した。そのため，構造改革の必要性と3つの基本的方向として「自由で活力ある経済社会の創造」，「豊かで安心できる経済社会の創造」，「地球社会への参画」を挙げた。さらにこの「自由で活力ある経済社会の創造」の実現つまり市場経済の活力を引き出すために，①競争制限的な規制や商慣行の是正による日本経済の高コスト構造の是正，産業活性化の促進，②そのための法・制度等の見直し，③新規事業への資金供給，④労働市場改革，⑤金融の自由化・国際化推進，⑥地方分権等を掲げた。

こうしたグローバル化がもたらす政策転換はメタ政策の転換と言える。通産省の立地公害局から名称を変更した環境立地局は，「国土の均衡ある発展」から「国際的にも魅力ある立地環境の整備」へと理念の転換を図った（通商産業省環境立地局，1995，p. 12）。一方，バブル経済崩壊後の日本経済の低迷のなかで，中央省庁主導型の行政システムの制度疲労が意識され始め，規制

緩和による民間活力と地方分権推進による地域・自治体の活性化が期待されるようになった（兼子，1999，p. 32）。そして1993年には，地方分権推進に関する国会決議，地方六団体からの意見書があり，1995年には，「地方分権推進法」（1995年法律第96号，2001年失効）が制定された。

同法では，国の役割をはじめて限定的に規定（国家の国際的存立の関係，全国的統一を要する準則の定め，全国的規模・視点での必要事務）するとともに，地方公共団体においては住民に身近な行政は住民に身近な団体において処理するとの観点から地域における行政の自主的かつ総合的な実施の役割を広く担うべき，と書かれた（兼子，1999，pp. 25-26）。

兼子（1999，p. 26）によれば，この「地方分権推進法」の意義として同法制定後に首相直属の地方分権推進委員会の勧告（1996年：第1次，1997年：第2次，第3次，第4次）を尊重し，「地方分権推進計画」が策定され，これが旧「地方自治法」（1947年法律第67号）を改正した新しい地方自治法の骨子を決めたのである，と指摘する。この新しい地方自治法のベースには，国と都道府県および市区町村に法制的な上下関係を多数造り出した国の機関委任事務を廃止し，国と地方自治体が対等であるという原則が確立された（兼子，1999，p. 29）。

地方分権推進委員会は，「分権型社会の創造」と題する中間報告（1996年）と第1次から4次の勧告を行い，1998年の「地方分権推進計画」（閣議決定）を策定した。兼子（1996，p. 27）は，この「分権型社会の創造」は，21世紀における新生日本のためにぜひとも実現すべき社会的リストラであり，しかもその地方分権推進は日本国憲法の『地方自治の本旨』をようやく行政制度的に実現するものと評価した。

兼子が「新生日本の社会的リストラ」と称するように，日本型経済システムの転換とともに地方行政自体にも大きな転換がデザインされていたことになる。特に「国の機関委任事務」は，自治体の長などの機関を法人自治体から切り離して"借り出し"，それに法律で国の事務・行政を「機関委任」するしくみであり，自治体の長等を，国の事務を末端執行する国の出先機関にしたててしまうものであった（兼子，1999，pp. 27-28）。兼子はこの機関委任事務にかかる法律が561あると指摘しており，この国の機関委任事務廃止

は，国と地方自治体の対等化をもたらすものである。そして，この地方分権は，国土および地域政策・産業立地政策の主体にかかる大きな転換でもある。つまり，産業の適正配置，地域格差の是正は，誰の責任で行われるのかという問題である。

この点について新川（2003, p. 154）は，グローバル化によって国家機能の再編を迫られた中央政府は，自由市場の擁護とセーフティネットの構築を課題とし，安上がりの政府を目指して自己改革を進め，それは地方自治体にも強制されると指摘する。さらに，経済的には世界競争の枠組みに組み込まれ，国家の存在は希薄化し，従来の中央地方関係が大きく変化し，地方分権改革は地方自治体を変え中央地方関係を変えることが狙いとなるはずである，と指摘した。新川の指摘のとおり，産業立地政策を巡る展開もこの中央と地方の関係の変化とともに展開されてきたと言える。

こうして急速に加速した「グローバル化」に伴って①日本型経済システムの解体・再編を目指す規制緩和と競争秩序の確立，②新生日本のための社会的リストラとも言うべき地方分権の推進という2つの政策潮流（メタ政策化）が生じた。

これらを踏まえて「工業再配置促進法」の廃止を巡る協調・対立について3つの視点から取りまとめることができる（図4-3参照）。

第1のプレイヤー間の対立・協調は，急速なグローバル化に伴う海外生産移管を進める企業と空洞化懸念から対応を迫られる通産省が挙げられる。図4-4は，名目GDPに占める製造業・サービス業シェアおよび海外現地生産比率を示している。我が国のGDPに占める製造業シェアは，1950年代後半から30%を超え始めており，1960年代から70年代前半にかけて35%前後の水準を維持してきた。1959年および1964年にはそれぞれ首都圏および近畿圏の二大都市圏における「工業（場）等立地制限法」が制定された[4]。さらに1972年には，中部圏を含む三大都市圏から地方への工業の再配置を促す「工業再配置促進法」が制定され，三大都市圏での工業立地抑制と地方分散への政策が進められた。また1973年には，「工場立地の調査等に関する法律」（1959年法律第24号）を改正する形で，工場立地が環境の保全を図りつつ適正に行われるために，工場の緑地面積等を規定する「工場立地法」（同

図 4-3 産業立地政策の転換を巡るプレイヤー間の対立・協調

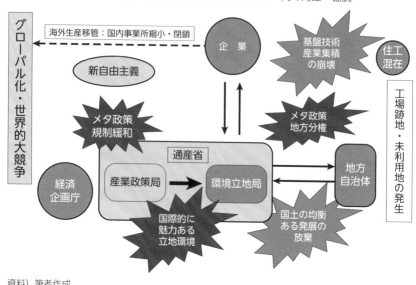

資料）筆者作成。

が制定された。これらは「工場三法」と呼ばれ，三大都市圏における工場立地を規制する法律として機能した。まさに工場三法は，製造業が日本経済をリードしてきた高度経済成長期に制定され，大都市部の工業立地規制に寄与してきた[5]。オイルショック以降，GDP に占める製造業シェアは減少傾向となり，1990 年代には 25% を下回り，2009 年には 20% を下回った。

一方，製造業の海外現地生産比率をみると，1980 年代後半から上昇し続けた。1995 年は，通商産業省新産業立地政策研究会が我が国の産業立地政策転換を提起した年であり，1998 年には海外現地生産比率は 10% を超え2000 年代後半には 17% 台となった。また，こうした産業空洞化の進展は，我が国の製造業を支えた基盤的技術産業の集積崩壊の懸念をもたらした。このため 1997 年には，その集積の維持に向けて三大都市圏も立地拡大可能地域とする「特定産業集積活性化に関する臨時措置法」（1997 年法律第 28 号略称「地域産業集積活性化法」）が 10 年間の時限立法として制定された。また

図 4-4 名目 GDP に占める製造業・サービス業のシェアおよび海外現地生産比率（製造業）の推移

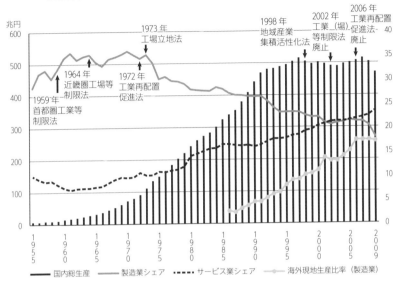

資料）内閣府「国民経済計算」1955～1979 年は 1990 年基準（SNA68 遡及），1980～2009 年は 2000 年基準（SNA93 遡及）による
海外現地生産比率（製造業）は内閣府「企業行動に関するアンケート調査」
（海外現地生産比率＝海外現地生産による生産高／（国内生産による生産高＋海外現地生産による生産高））
上記より筆者作成。

同年には「工場立地法」の改正による規制緩和も進められた[6]。これに対応して 1999 年に「工業（場）等制限法」の一部見直し（京浜臨海部の除外，中小企業集積地域における基準面積の緩和）が行われた。

また，サービス業が GDP に占めるシェアも一貫して上昇しており，2002 年にはサービス業と製造業のシェアが逆転した。この 2002 年には 2 つの「工業（場）等制限法」が廃止され，2006 年には「工業再配置促進法」も廃止された。名目 GDP は，1990 年頃まで順調に上昇しつつも，1990 年代は名目値上の成長がほとんどみられない。その一方で製造業の海外現地生産比率は急上昇（1990 年：4.6％ → 2000 年：11.1％），同じく GDP に占めるシェアも減少して（1990 年：26.5％ → 2000 年：22.2％），国内製造業の減

退が続くとともに経済成長の停滞が見られた。バブル経済崩壊後の日本経済は，急速なグローバル化と長引く景況の低迷のなかで国際競争力の強化に向けた制度・システムの構築が模索されはじめた。

第2のプレイヤー間の対立・協調は，通産省内の対立・協調である。このグローバル化時代の経済・産業政策のあり方は，従来の国土の均衡ある発展を目指す政策体系と対立する。通産省内でも産業政策のビジョンを担当する産業政策局と産業立地政策を担当する環境立地局とのスタンスの違いが生じるものの，政策転換に伴い協調関係が図られる。

第3のプレイヤー間の対立・協調は，通産省（中央省庁）と地方自治体である。グローバル化の進展に伴う産業集積の崩壊懸念は，三大都市圏の地方自治体からも挙げられる。このグローバル化の進展は，「国土の均衡ある発展」から「国際的にも魅力ある産業立地環境の整備」という産業立地政策の転換を促した。これと同時並行して，我が国の行財政システムの根本的な見直しともなる地方分権改革も進められ，従来の国内の地域政策のあり方の根本が問い直されることとなった。

このグローバル化に伴う先進諸国の政策転換をモデル化したものが，第2章で述べた「政策システム論」であり，これに基づく政策転換をまとめたものが表4-2である。

政策システム論に基づく政策転換分析
立地・地域政策の転換後退期①：構造調整期（1985年から1990年代初頭）

1980年代前半において日本とアメリカの間では，貿易摩擦問題が政治問題化していた。日米間では，1950年代の繊維品に始まって，70年代からは鉄鋼，カラーテレビ，自動車，半導体など，日本の大量輸出が，次々に貿易摩擦を引き起こしていた（三和，2002，p.209）。こうしたなかで，1985年9月にニューヨークで開催された先進5ヵ国蔵相・中央銀行総裁会議の合意（プラザ合意）が行われ，ドル安への協調政策が始まり，我が国でも円高ドル安が急速に進行した。これを踏まえて1986年には，「国際協調のための経済構造調整研究会報告書」（前川レポート）がまとめられた。政府は，これを踏まえ政策的に内需主導型経済構造の転換を打ち出した。

第4章 工業再配置促進法の制定とその廃止　97

表4-2　1980年代以降の地域政策を巡る政策システムの変遷

	国による地域政策の安定期	国による地域政策の転換・後退期			
	1970年代前半から1980年代半ば	1985年〜90年代初頭（立地・地域政策転換・後退期①）「構造調整期」	1990年代中頃〜1990年代末（立地・地域政策転換・後退期②）「プラスサム政策の転換期」		2000年以降（立地・地域政策転換期③）「国のゲートキーパー化期」	
①メタ政策	都市・地方の所得再分配	規制緩和＋新事業・新市場創出	規制緩和・競争秩序＋新事業・新市場創出	地方分権	地方分権＋三位一体改革	規制緩和・競争秩序＋新事業・新市場創出
②戦略（タイトル）	国土の均衡ある発展	内需主導型経済への転換	経済構造改革	分権型創造社会	国から地方（構造改革）	官から民（構造改革）
③メタ政策システム 主体	官庁・族議員・地方自治体	官庁・産業界	通産省他経済系官庁	有識者・官庁・地方六団体等	経済財政諮問会議＋官庁＋地方六団体	産業界・有識者・経済系官庁
ルール	官庁・族議員による調整	官庁による調整	官庁による調整	地方分権推進委員会主導	経済財政諮問会議主導	官庁による調整
場	官庁審議会・与党政策部会	官庁審議会等	産業構造審議会等	地方分権推進委員会	経済財政諮問会議　地方分権改革推進委員会等	規制改革会議・産業構造審議会等
④地域政策（経済関連）	経済地域政策→工業（産業）再配置政策	経済地域政策の継続（一部緩和：大都市民活）	経済地域政策→地域経済政策への転換→工業（産業）再配置政策の廃止		都市・地域再生政策→地方自治体の自己責任　ゲートーキーパー（門番）としての国	
全国総合開発計画	第三次全国総合開発計画（定住圏構想）	第四次全国総合開発計画（多極分散型国土）	第五次全国総合開発計画「21世紀の国土のグランドデザイン」（多軸型国土構造）		国土形成計画（全国＋広域地方計画）（成熟社会型／分権型計画）	
⑤政策システム 主体	通産省・国土庁（経企庁）与党族議員・地方自治体	同　左	通産省・国土庁		（国）＋都道府県・市町村＋大学＋市民（NPO）	
ルール	中央官庁による調整		中央官庁による調整		（国）＋地方自治体による調整・NPO等の提案	
場	中央官庁審議会・協議会	同　左	中央官庁審議会・協議会		（国）＋地方自治体審議会・協議会	
⑥環境条件	大都市の過密　地方圏の過疎	日米貿易摩擦　東京一極集中	グローバリゼーションの進展　バブル崩壊と長期不況　政治改革（小選挙区比例代表制）　少子高齢化		公共事業の大幅縮小による地方経済疲弊　グローバリゼーションの進展　非営利セクターの成長　人口減少・少子高齢化	

資料）筆者作成。

円高の進展は製造業の空洞化を促進させるとともに，我が国経済は円高不況に直面した。さらに内需主導型経済構造への転換は，農産物輸入自由化の推進をもたらし地域経済に大きな影響を与えた。
　さらに円高不況対策として発動された低金利政策は景気回復後も継続されたため，その資金が，投機を目的とした土地や株等の資産に供給され続けた。このため，資産価格が適正価格から大きくかけ離れ社会問題化するとともに，供給された資金は，内需主導型経済構造への転換のもとで進められた規制緩和による大都市部の再開発および地方におけるリゾート開発に向けられた。さらに，経済のソフト化・サービス化が進むとともに国際金融の側面からも東京一極集中が社会問題化した。
　「第四次全国総合開発計画」は，この東京一極集中是正に向けて「多極分散型国土形成」を掲げるとともに，「地方拠点都市地域の整備及び産業業務施設の再配置の促進に関する法律」(1992年法律第76号，以下，「地方拠点法」と略することもある）は，東京一極集中是正に向けて産業業務機能（いわゆるオフィス機能）の県内第2都市への移転促進を図ろうとした。
　地域政策の基調は，こうした環境変化と前川レポートで示された「内需主導型経済構造への転換」のもとで，「国土の均衡ある発展」の継続ないし微修正の範囲内で展開された。つまり，内需主導型経済に向けたリゾート事業・市場の創出策や三大都市圏を中心とした再開発を促進する規制緩和策が展開されつつも，それは国の責任による「国土の均衡ある発展」のもとに展開されたことが「立地・地域政策転換後退期①」の特徴である。

立地・地域政策の転換後退期②：プラスサム政策の転換期[7]（1990年代中頃〜1990年代末）
　1990年代に入ると地域政策を巡る環境条件が大きく変化する。第1にグローバル化に伴う規制緩和・市場開放要求の海外からの圧力の強化であり，第2に中央集権から地方分権への兆しである。
　この規制緩和・市場開放要求は，当時の通商産業省がこの時期に「長期」「安定」「協調」に象徴される日本型経済システムを見直し，競争秩序とルールを重視する経済構造改革案を構想した（通商産業省産業政策局編，1993a,

1993b, 1994)。一方, 政府の経済計画として 2000 年度までの経済運営の指針として「構造改革のための経済社会計画」が 1995 年 12 月に閣議決定された。その内容は, 海外に比して割高な日本の高コスト構造の是正と海外からの新規投資, 新規産業の創出により雇用創出等を目標に掲げるとともに, 政府規制の撤廃・緩和, 競争政策の促進等が柱に盛り込まれた。これにより内外の企業活動の自由度を増して経済の活性化につなげようと図った (朝日新聞朝刊 1996 年 9 月 20 日)。まさに経済構造改革が政府のメタ政策として打ち出され, 国の地域政策の転換を促すこととなった。

表 4-3 は, その転換過程を示す年表である。1992 年は, 東京一極集中是正に向けて県内第 2 都市にオフィス移転の誘導策 (オフィスアルカディア) を含む「地方拠点法」が成立し, 「国土の均衡ある発展」という理念のもとに地域政策が展開されていた。このときの宮沢内閣は, 同年に経済運営の指針として「生活大国 5 カ年計画――地球社会との共存をめざして――」を経済審議会での議論を通じて取りまとめた。グローバル化の進展に対応しつつも生活大国を目指し, 国民が豊かさの実感を持てるような経済社会づくりを目指すことを意図した。また 1993 年には規制緩和と地方分権の柱で構成された政府の臨時行政改革審議会 (第 3 次行革審) の答申が行われた。

通商産業省環境立地局は, 1993 年に局長の私的諮問機関として「ゆとりと豊かさを実感できる国土構造と産業立地政策の展開のあり方」を目的に新産業立地研究会を設置した。この研究会は, 目的にあるようにバブル期の土地高騰で生活に豊かさが感じられない国土構造をどう改善するかに問題関心が置かれた[8]。

一方, 通商産業省産業政策局は, 1992 年 10 月に「日本の経済システムの自己改革と国際的調和のあり方」を目的に産業構造審議会総合部会基本問題小委員会を設置し 1994 年 6 月には報告書を取りまとめた。この報告書は, 産業政策の姿は, これまでの目指すべき産業構造を示すのではなく, 産業政策自体が規制緩和・競争秩序やそのためのルールの重視, 新事業・新市場創出のための環境整備を重視するものとなった。具体的には日本型経済システムの転換 (=経済構造改革) の方向性を示すものとなった (通商産業省産業政策局, 1993a, 1993b, 1994)。また, こうしたグローバル化に伴って福祉国

表 4-3 1990年代における政策転換

年月		通商産業省		
		環境立地局		通産省全体の動き（産業政策局等）
1992	6	・地方拠点法（オフィスアルカディア）成立	10	・産業構造審議会基本問題小委員会設置
1993			2	・中期産業経済展望研究会（～6月）「創造的革新の時代」
			6	・同委員会中間とりまとめ「21世紀型経済経済システム」（創造・共存・選択）
	10	・新産業立地政策研究会設置（環境立地局長私的諮問）	11	・同委員会中間提言「21世紀への構造改革」
1994			4	・新規市場創造プログラム
			6	・同委員会報告「21世紀の産業構造」
	9	・21世紀テクノポリス・頭脳立地研究会（(財)日本立地センター）		
1995	3	・報告書公表		
	7	・報告書公表		
			10	・同委員会報告「21世紀への日本経済再建のシナリオ」
1996	4	・産業構造審議会産業立地部会諮問	9	・同委員会による検討（高齢社会における経済展望と経済活力維持のための方策）
	8	・地域産業集積活性化法制定にかかるプレス発表	11	・同委員会による中間とりまとめ「日本経済の構造改革」
1997	3	・地域産業集積活性化法（中小企業庁共管）成立		
	4	・テクノポリス・頭脳立地開発指針の公表		
	5	・中間答申		
	5	・工場立地及び工業用水審議会諮問・同答申		
	9	・同調査部会中間報告（中心市街地活性化）		
	12	・工場立地法改正		
1998	5	・産業構造審議会地域経済部会諮問	7	・同委員会報告書「創造・革新型コーポレート・システム」
	12	・新事業創出促進法成立（テクノポリス・頭脳立地法の廃止）		
1999	4	・産業構造審議会地域経済部会報告書		

資料）兼子（1999），経済企画庁編（1992, 1993, 1995, 2000），経済企画庁総合計画局編（1993），国土審議会計画部会（1995），国土庁計画・調整局編（1998），国土庁計画・調整局監修（1993,1999），島田ほか（1999），総理府編（1998），地方分権推進委員会（1997a, 1997b, 1997c, 1998），通商産業省編（1993, 1995），通商産業省環境立地局（1998），通商産業省環境立地局立地政策課（1998），通商産業省産業

	経済企画庁		国土庁		その他
6	・経済審議会「生活大国5カ年」計画				
3	・経済審議会生活大国計画推進委員会				
9	・同提言	6	・第四次全国総合開発計画総合的点検中間報告	10	・第3次行政改革審議会最終答申（規制緩和と地方分権）
		6	・四全総総合的点検調査部会報告		
		11	・第18回国土審議会「新しい国土計画策定」を決定		
1	・経済審議会企画部会検討	1	・国土審計画部会設置		
6	・同部会「新経済計画」中間とりまとめ	6	・第19回国土審議会「策定状況報告」	7	・地方分権推進法施行（5年の時限立法）と地方分権推進委員会の設置
11	・経済審議会「構造改革のための経済社会計画」	12	・同計画部会「21世紀の国土のグランドデザイン－新しい全国総合開発計画の基本的考え方		
12	・経済構造の変革と創造のためのプログラム	12	・同計画部会 計画部会調査検討報告	12	・地方分権推進委員会第1次勧告
6	・経済構造の変革と創造のための行動計画			7	・地方分権推進委員会第2次勧告
				9	・同3次勧告
		10	・同計画部会「調査検討報告」	10	・同4次勧告
		3	・21世紀の国土のグランドデザイン（五全総）	3	・規制緩和推進3カ年計画
				5	・地方分権推進計画
				11	・地方分権推進委員会第5次勧告
3	・工業（場）等制限法の一部緩和				
7	・経済審議会「経済社会のあるべき姿と経済新生の政策方針」			7	・地方分権一括法

政策局編（1993a, 1993b, 1994, 1997, 1998），日本立地センター（1995），みずほ総合研究所（2012），臨時行政改革審議会（1993）等をもとに筆者作成。

注）表中の法律正式名称は本書の最初の一覧表参照。

家が後退し，国の市場経済への関与は少なくなるものの，藤原（2008, p. 130）が「ゲートキーパーとしての政府の役割」としてその関与が続くことを指摘した[9]。

　グローバル化の進展のなかで，Porter（1990）やKrugman（1991）らによる世界的な産業集積に関する研究がきっかけとなって，産業集積に対する世界的関心の高まりが見られ，地域産業集積が経済のグローバルな産業競争力の源泉である，との政策当局の認識が高まった。また，我が国の基盤技術産業の空洞化懸念から大都市の基盤技術産業集積を対象に含む「地域産業集積活性化法」やクラスター政策等が展開され始めた。さらに経済構造改革のなかで起業支援の推進と地域の産業振興のワンストップ支援のため各都道府県および政令市に1つの中核的支援機関と地域の産業支援機関の連携を図る「新事業創出促進法」（1998年法律第152号）が制定された。また，「中小企業基本法」（1963年第154号）の改正（1999年）が行われ，中小企業の持つ創造性が重視された。

　一方，地方分権推進委員会による地方分権改革もメタ政策として地域政策の転換を促した。地方分権改革は地域政策の主体である国内の中央・地方政府間関係に関わる問題であり，その影響は大きい。その象徴が地方分権推進委員会第5次勧告（1999年）における国による地域指定方式による地域政策の改善勧告である。通産省は，この勧告を先取りして「テクノポリス法」および「地域産業の高度化に寄与する特定事業の集積の促進に関する法律」（1988年法律第32号　略称「頭脳立地法」）を廃止（1998年）した。この潮流は，「新産都市法」，「工特地域法」の廃止（2001年），「工業（場）等制限法」の廃止（2002年），「工業再配置促進法」の廃止（2006年）と続いた。

　また，第五次の「全国総合開発計画」にあたる「21世紀の国土のグランドデザイン」（1998年）が策定された。その特徴は，一極一軸から多軸型の国土構造の転換と4つの戦略「多自然居住地域」「大都市のリノベーション」「地域連携軸」「広域国際交流圏の形成」，そして「参加と連携」による地域づくりを重視したことである。矢田（1999, pp. 41-50）は，「参加と連携」が加わった背景としてこれまでの「国土づくり・地域づくりを巡る『主客転倒』現象」の是正とそのための「地域の自立」と「住民の参加と自己責任」

の確立があったと指摘する。「主客転倒」現象とは，企業や住民が主体となった地域づくりを支援するはずの全総が，膨大な公共投資によって地域活性化を図る体質を逆に作り上げてしまったことを指している。これを是正し，企業や住民の主体性を重視した全総を目指そうとしたのである。この「グランドデザイン」による「参加と連携」は，後の構造改革特区，都市・地域再生計画等の地方自治体からの提案や NPO・住民との協働が重視される契機となったと言える。

立地・地域政策の転換後退期③：国のゲートキーパー化期（2000 年以降）

1998 年 5 月に閣議決定された「地方分権推進計画」を実施するため地方自治法をはじめとする 475 件の法律の改正を行う法律である「地方分権の推進を図るための関係法律の整備等に関する法律」(1999 年法律第 87 号) が 2000 年に施行された。これにより国と地方自治体の関係は大きく変化した。また，2001 年 1 月の中央省庁再編は，小泉内閣（2001 年～06 年）を通じて地域政策にもさらなる政策転換を促した。小泉内閣では，経済財政諮問会議を司令塔とする政策手法を用いて「官から民」「国から地方」のキャッチフレーズのもと構造改革を推進した。そのなかでは，地方分権および規制改革を受けて「構造改革特別区域法」(2002 年法律第 189 号)，「都市再生特別措置法」(2002 年法律第 22 号)，「地域再生法」(2005 年法律第 24 号) 等，地域の主体性や民間主導の地域経済振興を目指す政策が登場した。

特に「都市再生」は，全総の「グランドデザイン」の 4 つの戦略のうち「大都市リノベーション」がメタ政策と連動した。つまり，当時のメタ政策である「規制緩和・競争秩序」+「新事業・新市場創出」のなかでこの「大都市リノベーション」のみが地域政策のメイン政策として継承された。

2005 年には，「国土総合開発法」の抜本的改正による「国土形成計画法」(1950 年法律第 205 号：国土総合開発法を継承しており法律番号は「国土総合開発法」と同じ) が制定された。そして，それに基づく国土形成計画として 2008 年「全国計画」，2009 年「広域計画」がそれぞれ策定された。「全国計画」は「量的拡大『開発』基調から成熟社会型の計画」および「国主導から二層の計画体系（分権型の計画づくり）へ」を打ち出した。また，4 つの戦略目

標として「東アジアとの円滑な交流・連携」「持続可能な地域の形成」「災害に強いしなやかな国土の形成」「美しい国土の管理と継承」を挙げ，4つの戦略目標を推進するための横断的視点として「『新たな公』を基軸とする地域づくり」を打ち出した。「新たな公」とは，住民・企業・行政・NPO等の多様な主体の参画を通じて地域の課題解決やきめ細やかなサービスの供給につなげるものである。地域政策の主体に地方自治体や住民・NPO等の多様な主体が関わり，都市再生や地域再生，構造改革特区等における提案公募型の事業が増えたことは注目される。これは，メタ政策としての地方分権および規制緩和による政策革新と言える。こうした地域政策の転換は，国主導の産業立地政策が終焉し，地域主導の産業立地政策へと大きく転換したことを意味するものとなった。

第4節　工業再配置促進法の成果と同法廃止による大都市工業集積の変貌

1．工業再配置計画の成果

表4-4は，「工業再配置計画」の骨子案，同大綱案，「工業再配置計画」（「旧計画」），「新工業再配置計画」（「新計画」）を比較したものである。骨子（案）および同大綱案，「旧計画」の目標は1985年であり，「新計画」のそれは2000年である。

まず骨子案は，法律制定と同じ年に作成されており，経済成長率は8～9％，工業出荷額は240～280兆円（1970年価格），工場移転の目標を移転促進地域の工場用地面積を1970年比の半減とし，目標年次の工場敷地を30万haとした。高度経済成長が継続するなかで，基礎素材型産業（計画文では基幹資源型産業）も成長し続けており，新たに大規模な工場敷地を必要としていたことを前提とするものである。

オイルショック後の1975年に策定された同大綱案は，経済成長率を6％と若干下げ，工業出荷額も175兆円（1970年価格）と骨子案から後退させた。これに伴い目標工場敷地面積も23万haと大きく減少している。また，工場移転の目標は移転促進地域の半分近くと骨子案を踏襲しようとしてい

る。一方，基幹資源型産業の立地について三大湾・瀬戸内沿岸において原則抑制としている。その2年後の1977年に策定された「旧計画」では，経済成長率および工業出荷額等に関する大綱案フレームを継承した。また，「工業再配置法」における3地域区分（「工配法」3地域区分と略することがある）移転促進地域・白地地域・誘導地域および太平洋ベルト地帯の出荷額シェアの目標値を，ほぼ大綱案のとおり継承した。さらに工場敷地面積もほぼ同じである。大綱案と「旧計画」の異なる点は，工場移転の目標として移転促進地域の工場敷地面積を半分近くから3割程度減少させるとした点と基幹資源型産業の三大湾・瀬戸内沿岸での新増設およびスクラップ＆ビルドについて例外規定を設けた点である。

　1985年の実績値と1977年に立てられた85年目標を比較すると，経済成長率は，想定よりも低くなり，工場敷地面積も想定よりも少なくなった。「工配法」3地域区分別の出荷額シェアをみると，移転促進地域におけるシェアが目標値よりも7ポイント高く，誘導地域では3ポイントほど低くなっている。さらに新増設の程度が誘導地域で行われるという点では67%とほぼ達成することができた。

　各地域別シェアの目標値と実績値を比較したものが表4-5である。「旧工業再配置計画」において目標値が実績値（1974年）より低く設定されていた地域は，関東臨海・東海・近畿臨海，山陽の4地域である。このうち目標値を達成できた地域は近畿臨海のみである。他方，目標値が実績値（1974年）より高く設定されていた地域は，北海道，東北，関東内陸，近畿内陸，山陰，四国，九州であるが，目標値を達成している地域は関東内陸のみである。

　また，「新計画」（目標：2000年）では，「旧計画」と比較して経済フレームでは，経済成長を年率4%と設定し，「工配法」3地域区分別シェアの目標値も移転促進地域のシェア11%をそのままにしながらも誘導地域のシェアを5ポイント上げる目標を設定した。他方，移転促進地域の工場面積減少も3割から2割にしながらも，誘導地域における新増設目標は75%程度と若干高められた。また，基幹資源型産業の立地も例外を設けながらも原則他地域へ誘導することとした。実績値をみると，バブル崩壊後の経済低迷を受けて

表 4-4 工業再配置計画の概要

		工業再配置骨子（案） 1972 年 11 月 目標 1985 年	工業再配置計画大綱案 1975 年 12 月 目標 1985 年		
経済成長に関する数値の想定と実際	経済成長率	年率 8〜9% (1970〜1985 年)	年率 6% (1975〜1985 年)		
	工業出荷額	240〜280 兆円 (1970 年価格)	175 兆円 (1970 年価格)		
目標が達成された場合の工配法地域区分別出荷額の対全国シェア		上杉（1977）に記載なし		1970 年 （参考）	1985 年
			移転促進地域	25%	10%
			白地地域	55%	60%
			誘導地域	20%	30%
			太平洋ベルト地域	70%	60%
工場移転の目標		移転促進地域の工場用地面積を 1970 年に比べ 1985 年までに<u>半減</u>する。	1985 年において移転促進地域の工場敷地面積を 1970 年に比して，<u>半分近く</u>まで減少させる。		
誘導地域における新増設の目標（敷地面積ベース）		上杉（1977）に記載なし	1975 年〜1985 年までの累積で全国新増設の <u>7 割程度</u>が誘導地域で行われる。		
目標が達成された場合の工場敷地面積		30 万 ha	23 万 ha		
基幹資源型産業の立地		用地，用水，港湾条件等に恵まれた遠隔地への立地	三大湾，瀬戸内海沿岸においては ・新増設の計画が具体化されているものを除き原則抑制 ・スクラップ＆ビルドは，過密対策等に悪影響を与えないものを除き原則抑制		

資料）経済産業省・日本立地センター（2003），通商産業省立地公害局編（1989），上杉（1977），吉野（1976）をもとに筆者作成。
注）工業再配置骨子案は，上杉（1977）所収の表から転載している。原典は公表が確認できず，資料としては上杉（1977）のみである。＊の太平洋ベルト地域は参考値である。

工業再配置計画（旧計画）		新工業再配置計画（新計画）	
1977年7月		1989年3月	
目標 1985年	実績 1985年	目標 2000年	実績 2000年
年率5.7〜6.3%（1976年〜1985年）	4.3%	年率4.0%（1985〜2000年）	2.7%
160〜170兆円（1970年価格）	266兆円（1980年価格）	484兆円（1980年価格）	376兆円（1980年価格）
移転促進地域　　　　　11% 白地地域　　　　　　　59% 誘導地域　　　　　　　30% 太平洋ベルト地域　　　60%*	18% 55% 27% 66%	移転促進地域　　　　　11% 白地地域　　　　　　　54% 誘導地域　　　　　　　35% 太平洋ベルト地域　　　58%*	11.6% 53.3% 35.2% 59.6%*
1985年において，移転促進地域の工場敷地面積を1974年に比し，<u>3割</u>程度減少させる。	15%	2000年において，移転促進地域の工場敷地面積を1985年に比し，<u>2割</u>程度減少させる。	21.8%
1976年〜1985年の累積で，全国新増設の<u>7割</u>程度が誘導地域で行われる。	67%	1986年〜2000年の累積で，全国新増設の<u>75%</u>程度が誘導地域で行われる。	77.1%
21.5〜22.5万ha	16.0万ha	17.5万ha	16.8万ha
三大湾，瀬戸内海沿岸においては， ・新設は適当な代替地がある場合は原則抑制 ・新増設，スクラップ＆ビルドは過密上支障があるものについて原則抑制 ・新増設，スクラップ＆ビルドとも経過措置，一定水準以下の能力増の例外措置を設ける	−	三大湾，瀬戸内海沿岸地域においては，新増設，スクラップ＆ビルドは， ・設備集約化等の合理化対策に十分配慮しつつ，一定水準以下の能力増となるものを除き，原則として他地域へ誘導。	−

表4-5 工業再配置計画地域別シェアの目標値と実績値

		旧計画（1985年目標）				新計画（2000年目標）		
		1974年実績	1985年目標	1985年実績	評価	2000年目標	実績	評価
北海道		2.4	3.3〜4.0	1.9	×	2.7	1.7	×
東北	北東北	5.3	7.8〜8.4	6.0	1.4	△	2.0	2.0	○
	南東北				4.6		6.1	6.2	○
関東内陸		7.8	9.3〜9.4	10.6	○	11.4	12.7	○
関東臨海		26.8	20.8〜21.7	25.6	×	21.7	21.9	△
東海		16.8	16.5〜16.7	18.9	×	17.1	20.7	×
北陸		2.4	2.9	2.4	△	2.9	2.7	△
近畿内陸		3.7	4.6〜4.7	4.3	△	4.9	5.1	○
近畿臨海		17.6	14.3〜15.0	14.2	○	12.4	11.2	○
山陰		0.6	0.8	0.6	△	0.7	0.9	○
山陽		7.7	7.1	6.9	○	7.0	5.8	×
四国		2.8	2.9	2.6	×	3.1	2.5	×
九州	北九州	5.9	8.1〜8.2	5.9	4.1	△	5.0	4.4	△
	南九州				1.8		3.0	2.2	△
全国		100	100	100	—	—	100.0	—

資料）通商産業省（1989），通商産業省・日本立地センター（2003）所収資料から筆者作成。
注）旧計画では，1974年の実績値に比して1985年の目標値がプラスの場合，1985年実績値が目標値を上回った場合に○，目標値を下回ったものの1974年値を上回るないし同じ場合に△，1974年値を下回った場合は×とした。また1985年の目標値がマイナスの場合，1985年実績値が目標値を超えて下回った場合○，目標値まで下がらなかったものの1974年値を下回った場合△，1974年を上回った場合×とした。
新計画では，1985年の実績値に比して2000年の目標値がプラスの場合，2000年実績値が目標値を上回った場合に○，目標値を下回ったものの1985年値を上回るないし同じ場合に△，1985年値を下回った場合は×とした。また2000年の目標値がマイナスの場合，2000年実績値が目標値を超えて下回った場合○，目標値まで下がらなかったものの1985年値を下回った場合△，1985年を上回った場合×とした。

成長率が鈍化するとともにグローバル化に伴う海外生産移管等の増加等から目標値に対して実績値は以下のような結果となった。まず経済成長率は実績2.7％（年率）と想定を下回るとともに工業出荷額（1980年価格）も376兆円となり計画値の484兆円を下回った。「工配法」3地域区分別出荷額では，移転促進地域11.6％（計画値：11％），白地地域53.3％（計画値：54％），

表 4-6 新工業再配置計画による地域区分別出荷額の変化　　　　　単位：億円

工配地域別	加工組立			基礎素材			全業種		
	1978年	2000年	年平均伸び率	1978年	2000年	年平均伸び率	1978年	2000年	年平均伸び率
北海道	4,753	12,529	4.5%	10,438	13,246	1.1%	39,868	59,172	1.8%
北東北	4,085	29,559	9.4%	4,597	6,084	1.3%	21,803	55,352	4.3%
南東北	21,737	89,713	6.7%	16,964	25,705	1.9%	69,974	172,099	4.2%
関東内陸	67,998	211,885	5.3%	26,750	53,561	3.2%	141,321	360,724	4.4%
関東臨海	191,806	320,790	2.4%	116,568	143,040	0.9%	433,434	656,180	1.9%
東海	131,405	396,431	5.1%	63,415	93,520	1.8%	288,320	641,263	3.7%
北陸	11,029	38,615	5.9%	10,831	16,159	1.8%	38,909	79,308	3.3%
近畿内陸	24,771	79,065	5.4%	6,950	14,472	3.4%	63,297	147,005	3.9%
近畿臨海	84,048	148,983	2.6%	86,879	94,967	0.4%	255,270	343,551	1.4%
山陰	2,812	13,495	7.4%	1,570	3,302	3.4%	9,362	24,265	4.4%
山陽	34,547	73,970	3.5%	51,980	67,721	1.2%	118,058	184,252	2.0%
四国	9,958	23,950	4.1%	16,625	26,881	2.2%	44,071	77,599	2.6%
北九州	18,490	63,083	5.7%	25,325	26,085	0.1%	73,888	136,034	2.8%
南九州	4,117	28,372	9.2%	6,067	7,710	1.1%	28,360	67,972	4.1%
全国	611,555	1,530,440	4.3%	444,961	592,451	1.3%	1,625,936	3,004,776	2.8%

資料）工業統計表より筆者作成。
注）従業員数は4人以上の事業所，出荷額は名目値である。
　業種区分は，工業再配置計画に基づいた以下の業種区分である。
　加工組立：金属製品，一般機械，電気機械，輸送機械，精密機械。計画では武器が含まれているが秘匿値が多く集計で除外した。
　基礎素材：パルプ・紙，化学，石油・石炭，鉄鋼，非鉄金属。ただし2000年の非鉄金属の高知・沖縄は秘匿値のため除外して集計。
　新工業再配置計画における地域区分は以下のとおりである。
　北海道：北海道／北東北：青森，岩手，秋田／南東北：宮城，山形，福島，新潟／関東内陸：茨城，栃木，群馬，山梨，長野／関東臨海：埼玉，千葉，東京，神奈川／東海：静岡，愛知，岐阜，三重／北陸：富山，石川，福井／近畿内陸：滋賀，京都，奈良／近畿臨海：大阪，兵庫，和歌山／山陰：鳥取，島根／山陽：岡山，広島，山口／四国：徳島，香川，愛媛，高知／北九州：福岡，佐賀，長崎，大分／南九州：熊本，宮崎，鹿児島，沖縄

誘導地域35.2％（計画値：35％），移転促進地域の敷地面積の減少（計画値2割程度）も21.8％，誘導地域における新増設（敷地面積ベース：1986～2000年累積）77.1％（計画値75％程度）も達成した。

しかし，各地域ブロック別シェアの目標値と実績値を比較すると北海道，東海，山陰，山陽の各地域において目標値を大きく離れた実績となってい

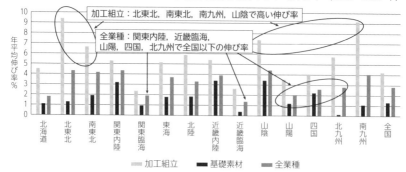

図 4-5　新工業再配置計画における地域区分別出荷額の年平均伸び率（1978〜2000年）

資料）工業統計表より筆者作成。
注）従業員数は4人以上の事業所，出荷額は名目値である。
　　業種区分は，工業再配置計画に基づいた以下の業種区分である。加工組立：金属製品，一般機械，電気機械，輸送機械，精密機械。計画では武器が含まれているが秘匿値が多く集計で除外した。基礎素材：パルプ・紙，化学，石油・石炭，鉄鋼，非鉄金属。
　　ただし2000年の非鉄金属の高知・沖縄は秘匿値のため除外して集計。
　　新工業再配置計画における地域区分は以下のとおりである。北海道：北海道／北東北：青森，岩手，秋田／南東北：宮城，山形，福島，新潟／関東内陸：茨城，栃木，群馬，山梨，長野／関東臨海：埼玉，千葉，東京，神奈川／東海：静岡，愛知，岐阜，三重／北陸：富山，石川，福井／近畿内陸：滋賀，京都，奈良／近畿臨海：大阪，兵庫，和歌山／山陰：鳥取，島根／山陽：岡山，広島，山口／四国：徳島，香川，愛媛，高知／北九州：福岡，佐賀，長崎，大分／南九州：熊本，宮崎，鹿児島，沖縄

る。一方，東北および関東内陸，近畿臨海，近畿内陸，山陰では実績値が目標値を上回り，その目標を達成している。しかし，北海道，山陽，四国，北九州，南九州は，目標値までの対全国シェアを達成できなかった。立地条件の厳しい遠隔地への誘導には限界があったことが示されている。

「工業再配置計画」の地域別の動向について分析したものが表4-6および図4-5である。これらの地域区分で出荷額（名目値）および年平均伸び率を加工組立，基礎素材，全業種に分けたところ，加工組立業種では，全国の年平均伸び率4.3％に対して北東北9.4％，南東北6.7％，山陰7.4％，南九州9.2％と大都市から遠く工業集積の低い地域において高い伸び率となっている。一方，基礎素材業種では，全国の年平均伸び率1.3％に対して関東臨海0.9％，近畿臨海0.4％，北九州0.1％と基礎素材型産業の集積地域で低い伸び率になっている。また，全業種では，年平均伸び率2.8％に対して関東臨

第4章 工業再配置促進法の制定とその廃止　111

表4-7　中核工業団地の造成と企業立地状況（1994年時点）

中核工業団地名	所在市町村名	造成工期開始	事業費	計画面積	公園緑地シェア	立地企業数	譲渡面積に占めるシェア	中核工業団地従業員数	当該市町村における中核工業団地シェア	中核工業団地出荷額	当該市町村における中核工業団地シェア	主な立地企業
		年度	億円	ha	%	社	%	人	%	億円	%	
米沢八幡原	山形県米沢市	1974	121	384	42.7	55	88	4,044	22.9	1,367	32.1	東北パイオニア，旭硝子，東ソー・エレクトロニクス
勝央	岡山県勝央町	1975	56	94	27.7	19	100	1,655	64.3	1,042	90.6	日本ペイント，トーヨーサッシ，クリナップ，大正製薬
佐賀東部	佐賀県三田川町・東脊振村・上峰町	1975	65	111	13.5	23	100	1,836	32.3	779	44.8	ブリヂストン・ベルト・スチール・コード，大塚製薬
能登	石川県志賀町	1976	86	192	27.1	23	60	916	33.7	172	34.3	日立北陸エレクトロニクス，武蔵精密工業，白山エレックス
江刺	岩手県江刺市	1976	70	162	11.7	45	80	1,677	42.6	215	42.8	東京エレクトロン，日本ペイント，麒麟麦酒
出雲長浜	島根県出雲市	1976	85	103	10.7	55	85	1,523	15.7	269	20.2	サン電子工業
諫早	長崎県諫早市	1977	133	224	44.6	103	100	5,227	60.8	1,413	44.0	三菱重工業，ソニー
富山八尾	富山県八尾市	1980	89	194	36.6	28	99	2,180	59.0	655	66.8	富山富士通，アルプス製薬工業，国際電気
広川	福岡県広川町	1980	75	77	13.0	25	94	1,588	61.9	284	70.3	日本ペイント，アポロ電子，東洋エクステリア
いわき好間	福島県いわき市	1980	163	314	36.6	45	94	5,222	13.8	1,542	17.4	アルパイン，富士通シンター，日本エレクトロニクス，東芝タンガロイ
新庄	山形県新庄市	1981	59	210	40.0	34	62	1,367	21.9	205	23.8	新庄エレックス，エッサム
豊岡	兵庫県豊岡市	1983	44	89	38.2	16	74	814	16.9	201	23.9	但馬電子工業，太陽電線
水戸北部	茨城県大宮町	1983	113	158	25.3	52	100	1,837	48.8	370	43.2	トステム，江崎グリコ，日立造船，トーワスチール
仙台北部	宮城県大和町・大衡村	1984	173	299	23.4	30	82	998	19.7	199	18.3	トヨタ自動車，富士写真フィルム，住友スリーエム
西薩	鹿児島県串木野市	1984	60	59	1.7	13	42	107	7.0	-	-	石油公団，ヒガシマル
高知西南	高知県宿毛市	1985	40	65	26.2	58	100	1,024	55.4	79	49.4	神菱電気製造，難波プレス
東広島	広島県東広島市	1986	49	69	14.5	35	100	1,007	6.2	291	4.6	マツダ，トッパン・ムーア，トーキン
中津川	岐阜県中津川市	1986	55	90	21.1	15	95	1,163	11.0	237	9.0	大同特殊鋼，東レ合成フィルム
相馬	福島県相馬市・新地町	1986	651	634	12.1	12	82	72	1.3	-	-	相馬共同火力，旭電化工業，IHI
松阪	三重県松阪市	1987	57	56	25.0	18	100	935	6.2	238	6.0	凸版印刷，三菱重工業

熊本	熊本県大津町	1988	36	62	11.3	14	100	320	5.6	28	1.0	日本油脂，HOYA，三井ハイテック，富士精工
若狭	福井県上中町	1989	52	63	28.6	8	72	238	25.4	16	10.5	日本電気硝子，光洋

資料）地域振興整備公団（1994）『地域振興整備公団20年史』p. 180 および p. 184 所収の表および同 pp. 173-212 に掲載されている資料から筆者作成。

注）中核工業団地の従業員数および同出荷額は，企業立地台帳（1994年3月末）。市町村従業員数および同出荷額は工業統計数（市町村編）1992年の値。

なお，上記以外に地域振興整備公団（1994）p. 184 には掲載されていないが1994年当時に予算採択されたものの，未だ分譲開始されていない工業団地として以下の中核工業団地がある。

宇都宮西（143 ha），びわ湖東部（76 ha），新勝央（52 ha），新潟中条（95 ha），第二仙台北部（210 ha），大分北部（93 ha），鳴門（62 ha），京都北部（85 ha），青森（96 ha），高知中央（90 ha）。

これら合わせて1996年度時点で32の中核工業団地が造成ないし造成中であり，32の中核工業団地の全体面積では，4,766 ha，譲渡対象面積 2,035 ha（未確定9団地は除く），分譲面積 1,661 ha，譲渡率 88％である。

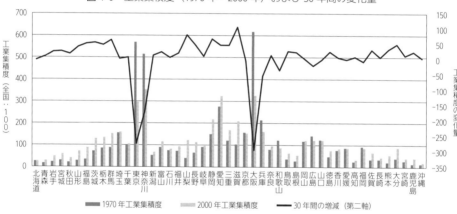

図4-6 工業集積度（1970年・2000年）および30年間の変化量

資料）経済産業省地域経済グループ・日本立地センター（2003）p. 208 所収データより筆者作成。

海1.9％，近畿臨海1.4％，山陽2.0％，四国2.6％，北九州2.8％と相対的に工業集積度の高い地域が全国以下の伸び率となっている。

また，表4-7は，地域振興整備公団が造成に取り組んだ中核工業団地と企業立地の状況（1994年時点）を示したものである。これをみると，規模の大きい「米沢八幡原」（384 ha）は従業員数4,044人，「諫早」（224 ha）は従業員数5,227人，「いわき好間」（314 ha）は従業員数5,222人と4,000人を

超える雇用を創出している。分譲を開始している中核工業団地（1996年度時点32中核工業団地）では工業団地面積4,766 ha，譲渡対象面積（未確定9団地除く）2,035 ha，分譲面積1,661 ha，譲渡率88％とほぼ9割が分譲済みである。

図4-6は，各都道府県の工業集積度（通産省）の比較である[10]。1970年から2000年にかけての30年間の増減ポイントをみると，東京・神奈川・大阪が大きく減少する一方，首都圏外延部，中部圏，近畿圏の外延部，九州の中央部の各県で大きく増加している。また，瀬戸内地域は工業集積度を下げている。

2．工場立地の規制緩和と大都市圏工業集積の変化

大都市部の製造業の集積変化について示したものが表4-8である。1960年から2010年の約50年間の工業生産の分布の変化を，県民経済計算における総生産（製造業）に占める三大都市圏と地方圏のシェアでみたものである。1960年には三大都市圏は66.4％，地方圏は33.6％であったが，2010年には逆転し，三大都市圏49.1％，地方圏50.9％となった。また，三大都市圏を除く地方ブロック別にみると，1960年代から少しずつシェアを拡大してきた。

こうした大都市部の製造業の衰退と立地規制緩和の効果について見たものが表4-9である。この表では，『工業統計表　工業地区編』で地区内に工業（場）等制限区域を含む県央南部地区（埼玉県），東京（23区），横浜・川崎・横須賀地区，大阪地区，北大阪地区，東大阪地区，堺・南河内地区，阪神（兵庫）地区の8つの工業地区別に，事業所数，出荷額について1990年，2000年，2010年の3時点と全国値との伸び率を比較した。

1990年以降，産業構造の成熟化と急速なグローバル化の進展に伴う海外生産比率の上昇に伴い，上記の工場立地を抑制されていた工業地区の製造業の事業所数と出荷額は縮小し続けてきた。1990年から2000年，2000年から2010年の全国（全業種）の伸び率は，事業所数でそれぞれ－2.4％，－4.1％，出荷額で－0.7％，－0.4％であった。製造業を基礎素材系と加工組立系に分類すれば，全国の伸び率がプラスになった場合もあるので，全国値

表 4-8 経済活動別総生産(製造業)の全国計に対する三大都市圏・地方圏・各ブロック圏域に占めるシェア(%)

		1960年	1970年	1980年	1990年	2000年	2010年
三大都市圏	東京都市圏(東京・神奈川・千葉・埼玉)	32.1	**32.8**	30.0	27.4	24.5	21.4
	東京都	**20.5**	15.5	14.1	10.5	9.5	7.3
	大阪都市圏(大阪・兵庫・京都・奈良)	**22.7**	21.0	18.0	15.7	13.9	13.2
	大阪府	**12.9**	12.0	9.8	7.9	6.2	5.9
	名古屋都市圏(愛知・岐阜・三重)	11.5	11.6	11.6	13.8	13.3	**14.6**
	愛知県	8.5	8.6	8.4	**10.3**	9.5	10.0
三大都市圏計		**66.4**	65.4	59.6	56.9	51.6	49.1
地方圏(三大都市圏以外)道県		33.6	34.6	40.4	43.1	48.4	**50.9**
合 計		100.0	100.0	100.0	100.0	100.0	100.0
ブロック圏(参考値)	北海道	**2.4**	1.9	2.0	1.6	1.9	1.9
	東 北	4.3	4.4	5.8	6.4	**7.7**	7.3
	関 東	35.2	**37.8**	37.5	35.9	33.6	31.4
	北 陸	2.2	2.2	2.4	2.8	**2.9**	2.7
	中 部	15.6	16.1	17.1	20.4	21.1	**22.2**
	関 西	**24.7**	22.9	20.3	18.4	16.9	16.7
	中 国	6.5	7.1	6.1	6.3	6.7	**7.2**
	四 国	2.4	2.5	2.5	2.3	2.5	**2.8**
	九 州	6.5	5.2	6.3	5.9	6.7	**7.8**
	合 計	100.0	100.0	100.0	100.0	100.0	100.0

資料)内閣府「県民経済計算」より筆者作成。
　　太字は,期間中(1955～2010年)におけるその地域における最大値。
　　ブロックの構成都道府県は以下のとおり。
　　北海道:北海道/東北:青森,秋田,岩手,山形,宮城,福島,新潟/関東:茨城,栃木,群馬,埼玉,千葉,東京,神奈川,山梨/北陸:富山,石川,福井/中部:長野,静岡,愛知,岐阜,三重/関西:滋賀,京都,奈良,大阪,兵庫,和歌山/中国:鳥取,島根,岡山,広島,山口/四国:香川,徳島,愛媛,高知/九州:福岡,佐賀,長崎,大分,熊本,宮崎,鹿児島,沖縄

表 4-9 工業(場)等制限法の制限区域にかかる主要な工業地区の工業集積の変貌

工業地区名	業種	事業所数 (単位:箇所)					出荷額 (単位:兆円)				
		1990年	2000年	2010年	1990年/2000年 年平均	2000年/2010年 年平均	1990年	2000年	2010年	1990年/2000年 年平均	2000年/2010年 年平均
埼玉県 県央南部地区	基礎素材系	711	418	328	-5.2%	-2.4%	0.6	0.5	0.5	-1.6%	-1.7%
	加工組立系	4,282	2,994	1,952	-3.5%	-4.2%	2.1	1.4	1.0	-4.1%	-3.5%
	全業種	8,278	5,968	4,138	-3.2%	**-3.6%**	4.1	3.1	2.5	-2.7%	-2.2%
東京都 東京(23区)地区	基礎素材系	1,107	796	472	-3.2%	-5.1%	1.5	0.7	0.5	-7.6%	-3.8%
	加工組立系	13,390	8,627	4,405	-4.3%	-6.5%	3.8	2.1	1.0	-5.5%	-7.7%
	全業種	36,481	24,923	11,921	-3.7%	-7.1%	14.1	9.9	3.5	-3.5%	**-9.8%**
神奈川県 横浜・川崎・横須賀地区	基礎素材系	451	376	277	-1.8%	-3.0%	3.6	3.1	4.3	-1.4%	**3.4%**
	加工組立系	6,304	4,598	2,807	-3.1%	-4.8%	8.4	6.0	3.3	-3.3%	-5.7%
	全業種	10,076	7,432	4,512	-3.0%	-4.9%	14.2	11.0	9.1	-2.6%	-1.8%
大阪府 大阪地区	基礎素材系	1,044	718	528	-3.7%	-3.0%	2.0	1.6	1.5	-2.4%	-0.8%
	加工組立系	7,013	4,844	2,949	-3.6%	-4.8%	2.6	1.6	1.1	-4.8%	-3.7%
	全業種	18,470	12,209	6,873	-4.1%	-5.6%	7.9	5.4	3.6	-3.8%	-4.0%
大阪府 北大阪地区	基礎素材系	299	244	208	-2.0%	-1.6%	0.9	0.6	0.6	-3.5%	-0.9%
	加工組立系	2,570	2,064	1,280	-2.2%	-4.7%	2.8	2.4	2.1	-3.0%	-1.3%
	全業種	5,137	4,083	2,515	**-2.3%**	-4.7%	5.2	3.8	3.3	-3.1%	-1.5%
大阪府 東大阪地区	基礎素材系	558	453	343	-2.1%	-2.7%	0.5	0.4	0.4	-2.9%	**0.7%**
	加工組立系	5,103	4,026	2,728	-2.3%	-3.8%	2.2	1.8	1.3	-2.4%	-3.0%
	全業種	9,203	7,423	4,988	-2.1%	**-3.9%**	3.9	3.0	2.3	-2.6%	-2.5%
大阪府 堺・南河内地区	基礎素材系	420	356	319	-1.6%	-1.1%	1.7	1.3	1.9	-2.4%	**3.8%**
	加工組立系	2,120	1,215	1,461	-5.4%	**1.9%**	1.2	0.9	1.5	-3.0%	**5.2%**
	全業種	5,691	4,437	3,025	-2.5%	**-3.8%**	4.2	3.3	4.0	-2.3%	**2.0%**
兵庫県 阪神(兵庫)地区	基礎素材系	401	321	305	-2.2%	-0.5%	1.3	0.9	1.3	-3.8%	**4.2%**
	加工組立系	2,942	2,127	1,515	-3.2%	-3.3%	3.0	2.9	2.9	-0.2%	-0.1%
	全業種	7,387	5,029	3,404	-3.8%	**-3.8%**	7.0	5.9	6.0	-1.8%	**0.1%**
全国	基礎素材系	17,186	15,129	13,090	-1.3%	-1.4%	57.9	51.3	68.3	-1.2%	2.9%
	加工組立系	157,392	128,824	89,048	-2.0%	-3.6%	158.3	153.0	141.5	-0.3%	-0.8%
	全業種	435,997	341,421	244,403	-2.4%	-3.3%	327.0	300.5	289.1	-0.8%	-0.4%

資料) 経済産業省『工業統計表』「工業地区編」および全国は「産業編」(従業員4人以上)より筆者作成。
1) 工業統計表の工業地区とは, 通商産業省大臣官房調査統計部『平成2年工業統計表(工業地区編)』にて次のような説明が記載されている。「工業地区統計表に示した254地区は, 通商産業省が昭和55年に実施した工場適地調査の対象地区のうち, 集計対象となる事業所数200以上の工業地区及び工業再配置促進法で移転促進地域に指定された既存の工業地区のうち東京23区, 川崎市, 大阪市を選定したものとに記されている。また, 工場適地調査の工業地区内にある移転促進地域についても含めている。」(同, p.6)。
2) 工業地区の構成市町村は以下のとおりである(2010年の市町村名)。市町村のうち工業(場)等制限地域が全部ないし一部が含まれる市町村は下線部である。なお, 工業地区に工業(場)等制限法の制限区域となる三鷹市・武蔵野市, 芦屋市が含まれる地区がない。これは, 工業地区の設定の基準を満たしていないためと考えられる。
県央南部地区:さいたま市, 川口市, 鴻巣市, 上尾市, 蕨市, 戸田市, 鳩ヶ谷市, 桶川市, 北本市, 伊奈町 ただし, 2010年の値は, 旧岩槻市が合併により編入された値である。東京(23区)地区:東京23区/横浜・川崎・横須賀地区:横浜市, 川崎市, 横須賀市/大阪地区:大阪市/北大阪地区:吹田市, 高槻市, 守口市, 枚方市, 寝屋川市, 門真市, 摂津市, 四條畷市, 交野市, 島本町/堺・南河内地区:堺市, 富田林市, 河内長野市, 松原市, 柏原市, 羽曳野市, 藤井寺市, 大阪狭山市/阪神(兵庫)地区:神戸市, 尼崎市, 西宮市, 伊丹市, 宝塚市, 三田市, 猪名川町/横浜・川崎・横須賀地区の1990年は, 当時「川崎地区」と「横浜・横須賀地区」に工業地区が分かれていたため, 合算した。
3) 基礎素材系:化学, 石油・石炭製品, 鉄鋼, 非鉄金属の合計
加工組立系:一般機械, 電気機械, 輸送機械, 精密機械の合計
日本標準産業分類第12回改定(2007年)により2010年の値は第11回改定の中分類で統合した。
4) 年平均伸び率の太字は, 全国値プラスの場合は全国値を上回る値, 全国マイナス時は全国を下回る値

の伸び率がプラスの場合はそれを上回る伸び率を示した工業地区の数値について，全国値伸び率がマイナスの場合はそのマイナス幅が全国値よりも小さい値を示した工業地区の数値について，表4-9において太字で示している。

　1990～2000年代では，事業所数・出荷額とも多くの地区が全国を上回る減少率を示している。北大阪地区が全業種の事業所数において全国を下回っている。また，阪神（兵庫）地区の加工組立系業種出荷額においてマイナス幅が全国値－0.3％より小さく－0.2％である。

　一方，2000年から2010年にかけて，阪神地区および堺・南河内地区では事業所数および出荷額の全業種，加工組立系，基礎素材系いずれの値においても全国を上回る伸び率，あるいは全国の減少幅を下回る値となっている。また，横浜・川崎・横須賀地区の基礎素材系においても出荷額の伸び率が全国を上回っている。

　こうした変化について柏木（2008, p.7）は，2000年代中頃よりグローバルな分業が進むなかで，我が国の国内生産の高付加価値化が進み，加工組立系業種の形態が我が国の基幹的大企業の工場において変化している，と指摘する。つまり，堺市に立地したシャープディスプレイプロダクト㈱やダイハツ九州㈱の事例を踏まえ，基礎素材型産業とは異なるものの，大規模な用地と産業インフラ，関連産業集積からなる自己完結型の工程で「規模の経済」を発揮する装置系プラントが出現して臨海部に立地していると指摘する。また，中村（2010, p.16）は，2008年以降の大阪湾岸におけるシャープ㈱の液晶パネル工場および薄膜太陽電池工場（堺市），パナソニック㈱のプラズマディスプレイ工場（尼崎市）などの新規立地の理由として臨海部の低未利用地の増加，「工業等制限法」および「工業再配置促進法」の廃止，景気回復に伴う製造現場の国内回帰志向，地方自治体の積極的な企業誘致を挙げている。さらに大阪臨海部の特有な理由として優れたエネルギーインフラ等を具備した大規模遊休地の存在，相対的に容易となった大都市圏若年労働力確保，物流インフラの充実を挙げている。しかし，2010年代に入って進んだ家電業界の再編により，これらの臨海部に立地した事業所の閉鎖も行われている。

　一方，東京（23区）地区は全国を大きく上回るスピードで減少し続けて

おり，1990年14.1兆円から2010年で3.5兆円と20年間で約4分の1に減少しており，製造業の衰退が著しい。

工業統計表の分析からも1990年代後半からの産業立地政策の転換は，大都市部の工業集積の崩壊に呼応して行われたことが見える。「工業（場）等制限法」にかかる主要8地区では，より都心部において製造業の衰退が顕著である一方で，都心部に隣接する臨海部における製造業の当時の復活が，統計上からも見える。

第5節　小　括──工業再配置政策の意義と限界──

これまでの工業再配置政策に関する先行研究のレビュー，そして「工業再配置法」の成立および廃止にかかるプレイヤー間の対立・協調関係を描き，同法にかかる定量的評価を行ってきた。これらを踏まえ工業再配置政策の意義と限界について2つの結論が導き出される。

第1は，工業再配置政策の福祉政策的評価である。工業再配置政策の当初の構想は，宮本（1973）らの指摘にもあるように高い成長率を前提とし基礎素材型産業の立地展開を含んでおり，成長政策の側面が非常に強いものであったと言える。しかし，重厚長大型産業から軽薄短小型産業への産業構造転換とともに，安定成長の時代を迎えた日本経済において，地域開発のあり方も大きく変化することとなった。こうした社会・経済環境の変化ともにあらためて工業再配置政策の性格を位置づけると以下のような結論が見出される。

工業再配置政策とは，川島（1988, p. 6）が指摘する本来の成熟資本主義段階で行われる地域政策として福祉政策の側面を強く持つ政策であったと結論づけることが可能である。つまり，「工業再配置促進法」の策定時のプレイヤー間の対立は，当時の公害や過疎過密の問題が社会的緊張を背景に深刻化しており，福祉政策として発動される条件に該当している。「工業再配置促進法」が，大都市の過集積地域から製造業を地方に移転させて過疎を同時に解消しようとしたことは，成長政策的側面を持ちつつも全国的視角から工業の再配置を通じて地域間の経済的不平等の是正を強く打ち出しており，そ

の福祉的側面を強く持つ政策であると言える。しかし,「工配法」に基づく2000年目標の「新工業再配置計画」の地域別目標値に対する達成状況をみると,立地条件の厳しい遠隔地への誘導には限界があったことが示された。

第2の結論は,経済のグローバル化に伴う工業再配置政策の限界に関係する。グローバル化により,従来の「国家」を軸とした福祉政策が大きく転換を迫られた。我が国においても,産業立地政策のみならず国土政策・地域政策も大きく変わることとなった。

国土全体の視点から過疎と過密の同時解消を目指す「工業再配置法」は,大都市部から地方圏への工業再配置とともに,高速交通ネットワーク整備とともに「国土の均衡ある発展」をメタ政策とする政策体系を強固なものとした。ケインズ型の経済政策である公共事業等による需要創出を地方圏で積極的に行い,整備されたインフラをもとに大都市圏から地方圏へ工業再配置を行う政策は,国土の均衡ある発展を目指すという福祉政策的側面を強く持っていたと言える。

しかし,福祉政策とは,国家の中に埋め込まれているものと言える。グローバル化に伴い企業が国境を越えて海外展開が進展すれば,必然的に崩壊せざるを得なくなるのである。工業再配置政策も福祉政策であるがゆえに,まさにその限界に直面したと言える。

[注]

1) 下河辺（1994, p.78）は,新産都市建設を振り返り,環境問題で以下のように言及している。「一番苦しさを受けたのは,前述したように,所得倍増計画が十年でGNPが二倍と思って用意してきたら,実績は三倍になったことによるものです……（中略）……経済政策者はあるいは喜んだかもしれないけど,インフラを担当しているわれわれの方は,苦杯をなめさせられてしまうのです。……（中略）……そのために環境上は大変な議論になるわけです。」

2) 「工業再配置促進法」が通産省の産業立地政策の理念法とも言うべき法律であると述べたのは理由がある。筆者が日本立地センター在職時に通産省立地政策課担当者から「工業再配置促進法」は理念法という言葉をたびたび聞き,担当者との共通認識のもとに調査研究に従事してきた。しかし,通産省の公式文書に「工業再配置促進法」は通産省の産業立地政策の理念法であると明記したものは見当たらない。理念とは,「1 ある物事についての,こうあるべきだという根本の考え。『憲法の—を尊重する』2 哲学で,純粋に理性によって立てられる超経験的な最高の理想的

概念。プラトンのイデアに由来。イデー」(デジタル大辞泉) と書かれている。

これを踏まえて以下の4つの理由から「工業再配置促進法」は通産省の産業立地政策の理念法というべき法律であると考える。第1に法律制定時に通産省の立地指導課長、法制定後に工業再配置課長を務めた濱岡は、この法律自体が、「工業の大きな流れが日本列島のなかでどういう方向で向くべきか、その方向づけをするのが、この法律のねらいである」(平松ほか、1993, p. 25 下線部引用者による) と発言している。そして「工業再配置促進法」に基づく工業再配置計画の位置づけが、工業の再配置の長期的な方向付けを示すものとなっており、①個別案件についての措置ではなく工業立地一般の問題としての性格が強いので、産業立地を所管する大臣としての通商産業大臣のみが定めること、②同計画は、工業の側のみからみた適正な配置ではなく、環境の保全、雇用の保全、関連施設の整備の可能性等、各方面からの判断を踏まえて適正なものを策定する必要から通産大臣が関係行政機関の長に協議し政府部内の調整を取るものとされている(日本立地センター、1973, p. 60)。また、同計画は、工業再配置のビジョンを具体的なガイド・ポストとして提示するものであり、その意義として①産業界に対する指導的役割、②地域社会における自主的な判断と選択に基づく開発と保全の具体的方向の決定のための巨視的情報の提供、③政府の工業再配置施策推進の指針、の3つが挙げられていることからである(同、pp. 67-68)。

第2に、通産省自身が1997年の産業構造審議会産業立地部会中間答申「内外の経済社会環境の変化を踏まえた今後の産業立地政策のあり方」において「我が国の産業立地政策は、これまで工場の移転等を通じて国内での産業の再配置を図る工業再配置政策を中心においてきた」(通商産業省産業構造審議会産業立地部会、1997, p. 3) と述べており、工業再配置政策が我が国の産業立地政策の中心にあり「産業立地政策は、産業の適正配置を全面に打ち出し、地域経済活性化を通じた『国土の均衡ある発展』を政策目標として進めてきた」(同、p. 1) としている点からである。

第3に、通産省にとって「工業再配置促進法」は、通産省専管の法律という裏付けをもって産業政策の枠に産業の立地のあり方を考えることを可能としたことである。前出の濱岡は、「工業再配置促進法」の法案をまとめる際に各省庁との調整が大変だったが、工配法はピッチャーであり、農村地域工業等導入促進法などいままでの地域立法はキャッチャーと説明してきたと発言している(平松ほか、1993, 下線部引用者による)。濱岡は、国土政策、地域政策は旧内務省というのが大きな流れで、産業政策のなかに立地というコンセプトを持ってくることは大変であったと述べている。そしてこの法律が通産省の専管であったことを画期的であると述べており、産業政策のなかで産業の立地のあり方を考えるということがはっきりと確立されたという意味では、「工業再配置促進法」は金字塔であり大きな意味を持つと述べている(この通産省と他省庁の関係性は、本章第2節で考察する)。さらに、「工業再配置促進法」の以前の1960年代に通産省が立案した工業立地調整法案、工業立地適正化法案は国会提出が見送られている。飯島(1993, pp. 16-18、および同、pp. 36-37) によれば工業立地調整法案、工業立地適正化法案の両法案も工業

の立地と規制を意図している。しかし，法案の国会提出が実現しなかったのは，建設省など他省庁との調整が難航し国会提出にまで至らなかったからと飯島は述べている。こうしたことから，「工業再配置促進法」は，通産省が工業の大きな流れを日本列島のなかでどういう方向に向くべきかを示すものであり，産業政策の枠から日本の工業立地の方向性を示す法律であったことを示している。

　第4に，通産省は，オイルショック後の企業立地の低迷時に工業再配置政策の強化を図るため，誘導地域のうち，1978年に遠隔地域（12道県）並びに繊維（50市町村），鉱山（8市町村），産炭地域（36市町村）を構造的衰退産業依存地域として特別誘導地域に指定し，工業再配置促進費補助金の補助単価および補助限度額の引き上げ等を行った（西岡，1991，pp. 271-273）。工業再配置政策をベースに構造的衰退産業依存地域を指定し補助金のかさ上げを図るという措置は，「工業再配置促進法」が，通産省による産業立地政策および地域振興政策の中心にあることを示すものと考えらえる。

3）宮本憲一による内発的発展論については，中村（2000）がその形成過程とその特徴について詳細に検討している。
4）大都市部における工業（場）の立地制限を行うことを目的に1959年には「首都圏の既成市街地における工業等の制限に関する法律」，1964年には「近畿圏の既成都市区域における工場等の制限に関する法律」が制定された。
5）長谷川（2000，pp. 34-35）は，地方自治体（横浜市）の立場から工業立地規制の影響を，以下のように述べている。まず工業（場）等制限法や工場立地法について「その結果，公害防止技術の進歩などにあわせて，都市環境が改善するなどの一定の成果はあった。しかし，工場立地法などの規制に伴い，京浜臨海部の立地企業はその後の社会経済環境変化に合わせた機能転換が十分にできなかったため，工場の老朽化・生産性の低下を招くとともに，工場の移転・縮小による大規模な遊休地が発生するなど空洞化の危機に直面することとなった……（中略）……工業等制限法では，工業等制限区域内の一定規模以上の工場や大学等の新増設を制限しており，本市の場合，工業等制限区域に指定された京浜臨海部をはじめとする市域の約半分で，原則として，作業場面積500㎡以上の工場の新増設ができなかった。既に立地している工場は大規模なＳ＆Ｂ（スクラップ・アンド・ビルド）を行うことはできず，京浜臨海部は工業専用地域であるにもかかわらず，工場跡地などでの工場の新設ができない状況にあった。その結果，遊休地が発生したほか，老朽化した工場のままでは生産性を上げることもできずに，この地域の工場は国内外の他地域の工場との競争力を低下させ，空洞化を促進させてしまったといえる。……（中略）……京浜臨海部は古くから形成された工業集積地であることから，ほとんどが既存工場で緑地面積率も一桁台であり，目標値の20％はあまりにハードルが高かった。多くの工場は緑地創出のためにまとまった空きスペースがなく，生産用地面積も減らせないことから，大規模なＳ＆Ｂを行わず，建屋や施設配置の現状維持を前提とした設備更新にとどめているため，工場の老朽化や生産性の低下を招いて活力を弱めると同時に，緑地も増やせない状況にあった」。

　こうした状況を踏まえ，産業界および地方自治体は，工業（場）等制限制度につ

いて見直しを求めている。平成 13 年 11 月 2 日国土審議会第二回近畿圏整備分科会資料 4「工場等制限制度をとりまく現状と課題について」国土交通省ホームページ（http://www.mlit.go.jp/singikai/kokudosin/kinki/2/images/shiryou4.pdf#search = '%E5%B7%A5%E5%A0%B4%E7%AD%89%E5%88%B6%E9%99%90%E5%88%B6%E5%BA%A6%E3%82%92%E3%81%A8%E3%82%8A%E3%81%BE%E3%81%8F%E7%8F%BE%E7%8A%B6%E3%81%A8%E8%AA%B2%E9%A1%8C%E3%81%AB%E3%81%A4%E3%81%84%E3%81%A6　2016.5.14 閲覧）では，平成 13 年度に総合規制改革会議，経済財政諮問会議，経済団体連合会，関西経済連合会，大阪府・京都府・大阪市・京都市・神戸市，東京都が工業（場）等制限法の見直しを求めていることが示されている。

6 ）この地域産業集積活性化法の制定を手がかりに工業等制限法の緩和や工場立地法の緑地率の規制緩和が進められた。また地域産業集積活性化法は 10 年間の時限立法であったが，その後，「企業立地の促進等による地域における産業集積形成及び活性化に関する法律」が制定され，企業立地促進法に基づく工場立地法の特例措置による緑地面積規制が緩和された。この緑地面積の規制緩和による産業集積に対する影響については梅村（2012）を参照。

7 ）キーティング（2003，pp. 129-130）は，第 2 次世界大戦後にヨーロッパ国家における中央政府が，地域の低開発や衰退の問題に対して資本を必要性の高い地域に投入する経済運営を行っており，この経済運営がほぼ完全雇用の時代に「ゼロサム政策」として提示された，と指摘する。つまり「貧しい区域は，追加投資を享受し，繁栄している区域は成長の圧迫感から解放され，国民経済としては活用されていない周辺部を動員することにより，利益を得ることが想定された。長期的な目的は，ヨーロッパ大の競争や世界市場に備えながら，衰退している地域を国民経済に再統合することにあった」と述べている。しかし，キーティングが指摘するゼロサム政策は，「ゼロサム社会」の提唱者である Thurow（1980）で使われているゼロサムとは考え方が異なる点に留意する必要がある。Thurow は，経済成長がない社会を前提に経済全体での所得分配は全体でゼロ和となり誰かが得をするためには誰かが損をするというゼロサムになるということを指摘しており，キーティングのゼロサムとは異なるものである。工業再配置計画は経済成長を前提としていることから，本書では，キーティングの使用したゼロサムではなくプラスサムを使用することとした。

8 ）「新産業立地政策研究会の趣旨」は，1996 年 4 月 8 日に開催された産業構造審議会第 1 回産業立地部会の配布資料 6「新産業立地政策研究会報告」の 3 ページに参考として書かれている。そこには，国民が真にゆとりと豊かさを享受できる豊かな地域社会の形成を図っていくため，①魅力ある雇用機会の確保，産業・生活基盤インフラの整備，規制緩和等，快適な質の高い地域環境の確保の在り方，②地域の特性やその主体的な取り組みを活かした地域づくりの推進の在り方，③経済の国際化に対応した地域社会の形成のあり方など，幅広い見地からの総合的な産業立地政策についての検討が必要，と書かれており，1993 年 10 月に発足し 8 回にわたる研究会が開催されたと記されている。また，新産業立地政策研究会の冒頭の挨拶で当時の

環境立地局長は，土地価格が上昇し，通産省の若手職員が家も買えないような状況では困るといった趣旨の発言をした。なぜこのようなことが記載できるかと言えば，この研究会の議事録作成業務，研究会の資料作成等について通産省とともに日本立地センターが通産省からの委託調査研究の一部として担っており，著者自身が担当者として研究会の会場の片隅で議事メモを取っていたからである。研究会の資料作成作業にあたり通産省の担当者から第2の『日本列島改造論』になるような壮大なビジョンづくりを行う等の指示があったことを記憶している。この研究会は，その後取りまとめに向けて連日連夜の作業が続いた。グローバル化の進展に対応した国内の産業再配置は非常に困難なテーマであり，第2の『日本列島改造論』のような壮大なビジョンを描く作業は困難を極めた。一つの方向性として製造業の海外展開が進むなかで，既存の地方圏に立地した工場の試作・開発機能の強化（開発工場化）とそのための広域的な産業・生活圏域の形成が一つのシナリオとして上げられ，これらの内容は一部新聞報道された（河北新報朝刊1994年4月30日「中枢都市中心に半日経済圏／通産省研究会が提唱／産業空洞化を防げ　開発研究型で受け皿を整備／仙台や広島，福岡などを想定」）。その成果として複数県にまたがる研究開発施設の整備を行う創造的経済発展基盤地域（スーパー・テクノ・ゾーン＝STZ　1994年）が打ち出された（朝日新聞1994年8月27日朝刊11面「地方の技術力強化へ　アジアとの競争にらみ　通産省構想」）。このときの検討内容は，産業研究所（1995）に一部がまとめられている。最終的には，1995年の新産業立地研究会報告書で提言された産業立地政策の転換を打ち出すこととなった。

また同研究会の後には，1996年4月に産業構造審議会産業立地部会が立ち上がった。当時の産業構造審議会産業立地部会では，グローバル化に対応した産業立地政策として自律的な産業集積に着目した政策づくりを目指し，産業立地政策の理念法である「工業再配置促進法」自体の見直しが意図されていた。しかし，工業再配置政策を実際に見直すことに通産省OBの地方自治体首長や関係機関から強い反発があったことを当時日本立地センター在職時に筆者自身が担当者から聞いている。同部会での検討は，環境立地局の幹部が6・7月の人事で総入れ替えとなり，部会の取りまとめ方針が転換され，緊急的な空洞化対策として地域産業集積活性化法の制定に繋がった。通産省環境立地局（1995）は，産業立地政策の転換を打ち出したが，実際の法律廃止は，通産省と地方自治体との間や関係機関との対立と協調の関係のなかで揺り戻しをしながら進んでいった。その後，中小企業政策の見直しや地方分権の動向を踏まえながら産業立地政策は見直されていくことになった。

9）藤原（2008, p.119）は，グローバリゼーションの進展が，政府の統治を過去のものとするものではなく，逆に市場の運用に関わるゲートキーパーとして政府の持つ機能を拡大する，と指摘した。藤原（2008, p.130）は，「市場という制度を維持するためには，情報の取捨とその選択に当たってのルールの制定・実施が必要となり，さらにそのように選択された情報をもとにして，特定の選択的規制の設定と実施を実現しなければならない。そして，そのような情報選択と選択的規制を図るためには，それを執り行う主体，すなわちゲートキーパーとしての政府が必要となる」と述べて市場の維持のために政府の役割が必要であることを指摘した。

10)「工業再配置促進法」第 2 条第 2 項第一号には，誘導地域において政令で定める市区町村の区域を除くと記されている。この区域は同法施行令第 3 条に規定されており，①国勢調査 1970 年の結果により市町村人口が 50 万人以上である，②同人口が 50 万人未満の場合　イ）人口 30 万人以上であって工業集積度が 2 以上または人口増加率が 1965 年と比べて 15% 以上の伸びがある，ロ）同人口が 20 万人以上 30 万人未満であって工業集積度 3 以上または，人口増加率が 1965 年と比べて 15% 以上の伸びがある，ハ）同人口が 10 万人以上 20 万人以上で工業集積度 3 以上である。具体的には，札幌市，室蘭市，仙台市，新居浜市，北九州市，福岡市，長崎市，大分市である。

なお，工業再配置計画における工業集積度は以下の算出方式で求める値である。（人口 1 人あたり粗付加価値額（市町村）÷ 人口 1 人あたり粗付加価値額（全国）＋ 可住地面積 1km^2 あたり製造品出荷額（市町村）÷ 可住地面積 1km^2 あたり製造品出荷額（全国））÷ 2 × 100。考え方としては，「人口あたりの生産性（労働生産性）」と「可住地面積あたりの出荷額（敷地生産性）」についてそれぞれ対全国を尺度にしてその比を算出し合計するという値である。全国を 100 とした尺度をこれによって設定し，地域の指定に活用している。これが地域の工業集積を示す指標として適切かどうかは，議論の余地がある。

第5章 テクノポリス法と地方圏工業振興
―― 地方自治体主導の産業立地政策の意義と限界 ――

第1節 はじめに

　本章では，1980年代および1990年代の日本の産業立地政策を特徴づけたテクノポリス政策を取り上げる。本章ではテクノポリス政策の評価を先行研究のレビューおよびテクノポリス政策の効果に関する検証を踏まえて行うものである。

　テクノポリス政策は「地域の文化・伝統と豊かな自然に先端技術産業の活力を導入し，『産』（先端技術産業群）『学』（学術研究機関・試験研究機関）『住』（潤いのある快適な生活環境）が調和した『まちづくり』を実現することにより，産業構造の知識集約化と高付加価値化の目標（創造的技術立国）と21世紀へ向けての地域開発の目標（定住構想）とを同時に達成しようとする戦略である」とされている（日本立地センター・テクノポリス'90建設構想委員会，1982，p. 1)。

　テクノポリス政策に関しては，研究者の間で失敗ないし否定的な評価が多く，成功したとの評価を与える見解は少数である。

　この政策に高い評価を与える代表的な見解は，西岡（1991）である。一方，期待どおり成果が上げられておらず失敗である，ないし成功しているとは言い難いとの立場を取る代表的な見解は，伊東（1998）および山﨑（1992）である。これらの見解に見られる問題点について第2節で指摘する。

　この問題点は，テクノポリス政策と言っても，その当初の構想と実際に展開された政策との間に違いがあることに注意していないということである[1]。

　第3節では，当初の構想ならびに地域指定，そして法律制定を巡る経緯を明らかにする。これを通じて，政策に関わるプレイヤー間の対立と協調関係について検討する。

第4節では，テクノポリス政策の評価に不可欠なその効果に関する定性的・定量的な分析を行う。そして第5節では，以上の検討を踏まえ冒頭の課題設定に対して応える。

第2節　先行研究の意義と限界

1．伊東 (1998) によるテクノポリス政策評価の意義と限界

　伊東 (1998) は，テクノポリス政策全般について研究を積み重ねた上で，日本のテクノポリス全般についてその政策理念および国による諸施策の展開の検証を行っている。特に第1章「テクノポリス政策の軌跡とその基本的問題」では，その実際の政策を丁寧にフォローし，その特徴と基本的問題を明らかにしている。伊東は，実際のいくつかのテクノポリス地域を訪問し，その実態を踏まえている点が注目される。さらに，これまでの研究で十分に照射されなかったテクノポリス開発機構の技術開発や研究開発事業も取り上げ，そのあり方について提言を行っている点も注目される。柳井 (1999，p. 107) は，「内発的開発の立場からテクノポリス政策全体の分析を踏まえた具体的政策提言がなされているところに大きな特色」と評している。こうした点からも伊東 (1998) は，我が国のテクノポリスに関する代表的な研究書と言える。

　その「はしがき」(pp. v‐vi) のなかでテクノポリス政策の分析に対する基本的見解が5点述べられている。要約すると以下のとおりである。

　①テクノポリスは，ソフトなインフラや地域企業の技術高度化のための事業が実施されており，新産業都市に比べて評価できる。②テクノポリスに対する国の助成は手薄く，国の行政指導によって地域ごとの特色が薄く画一的であり[2)]，そのため施策が地域や企業のニーズにあっておらず，先端技術産業の誘致や内発的開発が容易ではない地域も含んでいるという4つの基本的問題を有している。③このため，テクノポリスの産業開発は順調に進まず，「産」「学」「住」の調和のとれた「まちづくり」は1ヵ所もない。④国主導での地方の産業開発は限界があり，地域主導の開発の実現に向けた国の財政

支援の仕組みが重要である。⑤当面は，内発重視とテクノポリス開発機構の事業の見直し，地域の実態にあった取り組みの拡大，国の助成措置が必要である，以上の5点を指摘している。

伊東（1998）の見解には，2つの問題点が見られる。第1に，政策形成過程の分析の弱さが挙げられる。なぜなら国といっても各省庁には相互の利害関係が存在するため，国という一括りで分析ができないからである。政策形成過程をみるためには，その政策に利害関係を持つ各省庁がどのような立場を取ったのか見ておく必要がある。

第2に，伊東は国家プロジェクトの必要性を指摘する一方で，「内発的産業開発」という地域の主体性を主張している。伊東は，国による画一性がテクノポリスの問題点としているにもかかわらず，国家プロジェクトの必要性を主張するのは疑問である。こうした論点の背景には，あるべきテクノポリス政策の主体は，国か地方自治体のどちらであるべきかという問題が存在している。内発的発展を重視しているので，国による画一性を問題視しているのである。他方で「大都市圏への指向が強い先端技術産業の集積，その産業コンプレックスの形成を地方において西暦2000年までに築き上げるというテクノポリスの産業開発の目標を達成するには，地域を絞り国家プロジェクトとして遂行するような，確固たる方針・計画および国の政策措置が必要である」（伊東, 1998, p.31）とも主張する。また別の箇所においても「テクノポリスの建設，その産業開発は，当初の構想通り全国1カ所の『国家プロジェクト』として遂行されたならば，集中的な産業基盤投資・政策支援によって，おそらく相応の進展が約束されたであろう」（同, p.27）と述べている。つまり伊東（1998）の主張には，テクノポリスは国と地方のどちらが主導すべきか，読み取りづらいという問題点がある。

2．山﨑（1992）よるテクノポリス政策評価の意義と限界

山﨑（1992）は，テクノポリスについて以下のような評価を行っている。第1にそもそも構想時のテクノポリスが想定した臨空工業都市は幻想である。つまり，半導体等の部品生産工程の誘致はできても最終工程の誘致は難しいこと（山﨑, 1992, p.125），第2に南九州のテクノポリスの状況を踏ま

え「分工場の非集積性」,つまり低廉な賃金と安価な土地を求めて立地するが,集積が高まると賃金と地価が上昇し,地域の立地牽引力が弱化,消滅することを指摘した(山﨑,1992,pp.129-134)。第3に,研究開発機能の誘致策が弱いことを挙げている。特にその機能の首都圏からの移転を積極的に図ってこなかったことを指摘した(山﨑,1992,pp.134-143)。

　また山﨑は,そもそも産業立地政策について川島によるテーゼ即ち日本の産業立地政策は産業政策の側面を強く持ち,本来の地域開発政策ではないという主張に対して,次のような独自の主張を展開する。すなわち,産業立地政策が徹底した産業政策の一環に組み込まれてこなかったことに問題の本質があり,今後の産業立地政策の課題は,産業立地政策を産業政策体系のなかに組み込み,地域間競争を調整し,国家的視点から立地政策を展開する(山﨑,1992,p.143)。これは川島の主張と真っ向から対立し,つまり産業政策体系のなかに組み込まれない産業立地政策は機能しないと主張した。

　以上のような山﨑の主張にみられる第1の問題は,産業立地政策が産業政策体系に組み込まれなければならないと指摘している点である。山﨑は産業政策について中心的政策と周辺的政策に分け,この中心的政策には産業構造政策があるとしているが,産業政策とは何かについて体系的に明示はしていない(同)。

　また,第2の問題として国による地域間競争の調整を強調するあまり,地域の内発性を否定することにつながりかねないことが挙げられる。都道府県スケールにおいては,成長可能性のある産業も存在しており,これらの企業を育成するには,地域の産業に精通した政策担当者が不可欠である。これらの産業の多くは中小企業が占めており,その育成に地方自治体(都道府県・政令市)が大きな役割を担ってきた。地方の自主性や可能性という点にも注意が必要である。

3．西岡(1991)によるテクノポリス評価の意義と限界

　通産省の立地政策に関する正史とでも言うべき西岡(1991)はテクノポリス構想形成の経緯およびこの構想に対する国内外の評価について言及している。まず,テクノポリス構想が通産省・産業構造審議会(1980)『80年代の

通産政策ビジョン』に取り上げられるまでの検討経緯，構想の具体化および法制定について論述している[3]。

そして OECD 諸国からの反響が次のように述べられている。「経済の基調が変化し……（中略）……低開発地域への取組の足場を見失いつつあったヨーロッパ諸国の地域開発担当者たちには，日本の通産省のテクノポリスは斬新かつ挑戦的であって，そこから何を学びうるか否かの関心を呼び起こしたことは確かであった……（中略）……結論として，テクノポリス構想は，先進諸国において公害反対，環境保全活動，オイルショック，財政困難，ゼロ成長等が強く影響して地域開発が厚い壁にぶつかっていた状況の中で，新しい地域開発への道を提示したものとして，国際的にも高い評価を得た」（西岡，1991，p. 308）と言及した。

こうした西岡による評価は，伊東（1998）および山﨑（1992）と比して大きなギャップがある。通産省の正史であるため批判的視点に乏しいことが限界である。

4．その他のテクノポリス政策に関する評価と意義

その他のテクノポリス政策に関する評価として主要な文献は，以下のとおりである。

鈴木（1991）は，多くのテクノポリス地域では工業開発の目標を達成できておらず，進出企業と地域企業の技術移転は進んでいないと指摘し，ハイテク時代における地域振興を図るには，公的な試験研究機関の抜本的な拡充が必要と言及した。また，塚原（1994）は，テクノポリスの開発指標から評価すると，①計画目標を達成した地域が少ない，②全国平均を上回る指標の地域は各指標とも6割である，③高付加価値化を進展させた地域はほとんどない，④人口の停滞や減少を起こした地域が多い，という指摘をした。鈴木や塚原は，テクノポリスは工業開発の目標を達成できていないという厳しい評価を行っている。

田中（1996）は，東北4県，九州2県のテクノポリスを比較するなかで，テクノポリス構想が10年以上の歳月が経過し工業開発自体が外発から内発へとシフトする過程で，各地域の独自性が発揮されつつあると指摘した。テ

クノポリスは国による画一的な開発と評されるなかで，テクノポリス地域の独自性を指摘した研究は，注目される。

また，個別のテクノポリス地域に関する総合的研究としては，浜松地域を対象とした上原編（1992）がある。地方圏における先端的な工業集積を持つ浜松地域の産業集積とテクノポリス政策の展開やME化など複数の研究者による総合的分析が行われている。一方，関・加藤編（1994）は，北上川流域地域における産業集積の現状とテクノポリス政策の展開について検討しており，誘致した大企業のみならず「基盤的技術」を担う誘致中小企業の分析が行われ，地方圏における「基盤的技術」の集積形成と地方圏工業の課題を明らかにしようとしている。

5．テクノポリスに関する主要な英語論文・著書

西岡の記述は，テクノポリスのコンセプトがいかに世界的に評価されたかを示すものである。事実，テクノポリスは，ハイテク産業の集積を通じた地域開発手法として世界的に注目されたことが以下の文献から分かる。

まず，西岡は言及していないが，Tatsuno（1986）は日本の通産省による産業政策の考察を踏まえてテクノポリス政策の背景と展開についてまとめており，日本のテクノポリス政策を世界的に広める役割を果たした。Preer（1992）は，ハイテク産業集積による地域経済の発展が世界的に台頭した背景について検討しており，日本での造語になる「テクノポリス」がシリコンバレーおよびボストン近郊のRoute 128をモデルとするハイテク産業集積都市ないし地域であり，その形成を目指す地域開発政策が世界中に広がりつつあることを示した[4]。さらにSaxenian（1994）は，このシリコンバレーとRoute 128とでは1980年代後半からシリコンバレーが優位となり，その要因となった地域産業システムについて注目した。

また，Scott（1993）は，南カリフォルニアにおけるハイテク産業と地域開発について「テクノポリス」という用語を用いて解説した。Castells and Hall（1994）では，ハイテク産業の集積拠点として世界各地で建設されているテクノポールの最初の体系的調査であり，これらがどのように発展し，それぞれが何を達成しようとしているのか，どのように成功しているのか，あ

るいはいないのかを示しており，日本のテクノポリス政策も取り上げた。特に，仙台北部，信濃川，県北国東，熊本の4地域の建設計画に具体的に言及するとともに，「テクノポリス計画」全体を通じて首都圏周辺のテクノポリスを除いてその成果は順調とは言えないこと，さらに立地する事業所は大都市圏からの分工場という限界を持っていることを指摘している。

また，日本のテクノポリスについては，英語論文において以下のような研究が存在する。まず，Glasmeier（1988）は，「テクノポリス計画」について，先進工業国が先進的な産業を地域開発に適用する最も洗練された試みとして評価している。また，Fujita（1988）は，戦後日本の地域開発政策には1960年代の基礎素材型中心の成長優先政策と1980年代のテクノポリス政策の2つがあり，結果としてテクノポリスは，ハイテク産業による地域開発政策として意義があることを指摘した。一方，Ian（1990）は，日本のテクノポリス・プログラムの主な特徴である地域開発戦略と技術政策を考察し，信濃川地域を成功したテクノポリスとして評価した。

さらにSternberg（1995）は，日本におけるテクノポリス建設について主に1980年代のデータに基づき分析し，大都市圏に近いテクノポリスほど成功していると結論づけた。また，「テクノポリス法」が廃止された以降の研究成果としてAung（2001）は，テクノポリス開発における地域内の企業間および産学官の連携について郡山テクノポリス地域を取り上げ，地方圏の技術連携の形成には長い時間が必要であると主張した。

6．テクノポリス政策に関する先行研究の意義と限界

これまでの我が国のテクノポリス政策の見解を総合すると，テクノポリス政策の評価は以下の点で十分に行われていなかったことが言える。

第1に，政策形成・転換におけるプレイヤー間の利害関係の検証が必要である。特に，この利害関係のゆえに，当初の構想と実際に公的に決定されて展開された政策とは異なることへの注意が必要である。その転換のプロセスと実際の政策の違いを踏まえた政策分析と評価が必要である。

第2に，国の行政指導により，テクノポリス地域の計画が画一性を持ち，独自性をなくしているという主張の検証である。国による画一性といっても

全く同じコピーが26地域できるわけではない。テクノポリス地域が，国の指導のために画一化されてしまったのか，再検討が必要である。

第3に，「産学住の調和のとれたまちづくり」についての評価である。テクノポリス政策の目標像は，2つある[5]。1つは先端技術産業の集積形成，もう1つは産・学・住の調和のとれた「まちづくり」である。1ヵ所もないと伊東（1998）は結論づけているがその検証がなされていない。

第4に，地方圏における先端技術産業の集積は形成されたかの検証である。特に定量的分析は，データの制約からこれまでの先行研究で十分明らかにされなかった。そこで，筆者が（財）日本立地センター在職時に調査を担当した日本立地センター（2001）『高度技術産業集積地域状況等調査——地域の産業・技術集積等を基盤とする新事業創出可能性調査』（平成12年度経済産業省工業立地適正化等調査）に所収された，工業統計表等では公表されていないデータを用いて実施する。

第3節　テクノポリス政策の形成を巡るプレイヤー間の関係性

本節では，産業立地政策の形成・転換にかかるプレイヤー間の関係性を明らかにし，「テクノポリス法」の制定から展開に至る一連のプロセスを①通商産業省と地方自治体の関係と，②通商産業省と他省庁の関係で考察する。

1．通商産業省と地方自治体

テクノポリス構想の経緯とその具体化および法制定と指定についてのプロセスは，西岡（1991）がまとめている。通産省の正史としてまとめた西岡（1991）は，特に通産省内の検討について詳しい。また，小林・長岡（1993）；高橋（1993）；小長（1993）；石井ほか（1982）において政策担当者や構想に関わった研究者が座談会の場で当時の状況について語っている。これらをもとに，当初の構想時に1ヵ所であったテクノポリスが，最終的には26ヵ所となった経緯について組み立てると以下のようになる。

高橋（1993）は，テクノポリスという造語をひねり出した当時の担当課長の回想録である。当時，産業構造の転換に伴う地域振興の行き詰まりのなか

で，大平首相の田園都市国家構想とシリコンバレーを背景にこの構想がイメージ化されたことが記されている。ここでのテクノポリスは，工業再配置政策による地方圏開発モデルとして位置づけられている。テクノポリスの建設地は，大都市からの遠隔地であることが想定されていることが産業研究所（1980）の以下の論述から分かる。まず，産業研究所（1980）の9頁に示されたテクノポリスと大都市との関係を示す図に，テクノポリスと地方中枢都市とのアクセスは特急電車等の利用，その外側の三大都市圏とのアクセスは航空機等の利用が示されている。また，報告書にも，テクノポリスへのアクセスとして「大都市圏から遠隔地にあって，大都市圏を日帰り行動圏にするためには，是非とも空港が必要である」（産業研究所，1980, p. 9）と記されている。ただ，これには，山﨑（1992）が指摘した国の産業政策としてのテクノポリスが見られない。

　テクノポリス政策は，もともと『日本列島改造論』や工業再配置政策の流れを組むものである。小長（1993）のなかで聞き手の飯島貞一（日本立地センター常務理事）が，『日本列島改造論』および工業再配置政策の大きな柱である「25万都市構想」との関わりについて次のように述べている。「産業と都市を結びつけなければならないという思想が出てその後テクノポリスが出てきました。25万都市のときは中核となる団地にはまだ半導体とかハイテク産業が出てくる前で内陸性の産業を入れるということだったのが，その後新しい産業の米である半導体を使ったハイテク産業が出てきてこれを中心に母都市と結びつけて地域を開発するというのがテクノポリスだと思います」（小長，1993, p. 19）。要するにテクノポリス政策は，地方圏の産業振興にハイテク産業という新しく成長が見込める産業を持ち込んだ産業立地政策と言える。

　当初構想では1ヵ所だったものが26ヵ所になった理由については，石井ほか（1982）にそのヒントが見える。産業研究所（1980）の取りまとめを担った「テクノポリス90建設構想研究会」[6]の委員長を務めた東京大学の石井威望は，以下のように述べている。

　　産業とか技術の構造的な変化と，地方の各自治体においても長期的な新

しい計画についての方針が何か欲しいという状況があった……（中略）……次の新しい技術の方に重点があるべきでありますが，少なくとも80年代の主力となるエレクトロニクス，あるいはメカトロニクスと言われているものでも従来のものと大幅に違う……（中略）……当時は，それを受けて立つ母体の各地方自治体のポテンシャルを，どちらかと言えば，まだ低く見ておりまして，相当政府側がリードして強力に働きかけないと，みな暗黙のうちにそう思っていた（石井ほか，1982，p. 5）。

基本構想の内容自身は，そういう経過とともに変わってきました。たしか最初は，実験的な何か一つのモデル都市的なものであってインパクトを与えよう，それでみんなの意識なり流れをつくり出そうと考えていた（同，p. 6）。

つまり，通産省が地方自治体にエレクトロニクスやメカトロニクスといった新しい技術や産業への関心を高めてもらうために，実験的な一つのモデル的な都市づくりに取り組もうとしたのである。

構想当時の通産省立地公害局長の神谷もこれを裏付けるようにテクノポリス構想の地方からの盛り上がりを踏まえ「従いまして，当初考えていた，モデル的なものをつくって，皆さんに見ていただいて，その上で普及させていこうという2段階ロケットは必要なくなった」と述べている（同，p. 7）。そして神谷は，テクノポリス政策の位置づけを以下のように述べている。

基本構想から開発構想に移る際に，国の方としてどう絞るのか。最終的には一つ指定するのか，二つ指定するのかということでした……（中略）……まず絞ることありき，という考え方はとっていないということであります（同，p. 13）。

我々は，テクノポリスに二重性格を課しております。たとえば，大都市周辺の川崎がメカトロ都市になりたいといって努力している。我々もお手伝いしてノーハウも提供しようと思いますが，あそこは，地域開発的

な観点からの応援はしないわけです。今，我々が考えているのは，誘導地域，または誘導地域のような工業再配置的な観点から，まだ集積の足りないところをレベルアップしていこうと，こういう地域開発思想が含まれているわけで（同，pp. 15-16）。

各省庁間の協力問題等が出てくるわけですが，……（中略）……皆さんゼロシーリングからマイナスシーリングの苦しいところですから……（中略）……いろいろお願いしているが，追加的に国の施策という形でやっていただいている余力があるのかということです。ないとなれば，そういう形でなくてもいいが，別な面で事実上ご協力くださいということです（同，p. 19）。

ちなみに当初のテクノポリス構想における建設費用が三菱総合研究所(1981) に記載されている。この報告書は，「昭和55年度通商産業省委託工業立地適正化調査」として三菱総合研究所が通商産業省より受託した調査研究の成果である。産業研究所（1980）では，4万人と6万人のテクノポリスの人口を想定したケースの土地利用が示されている。三菱総合研究所(1981) はこのうち4万人のケースで想定し，新交通システムや情報システム，地域冷暖房システム等の実験的都市施設を含めて総事業費約5,400億円（実験的都市施設を除外しても約4,600億円），事業者と国・県・市町村の公共的事業費だけでも約3,600億円（同，2,800億円）にのぼると記載されている（三菱総合研究所，1981, pp. 59-60）。

通産省所管の工業再配置補助金は，会計検査院資料から昭和50年度に70億円を超えた程度に過ぎない[7]。通産省が当初構想したテクノポリス1ヵ所の建設費5,400億円がきわめて多額であることが分かる。

神谷の発言は，2つの点で当時の通産省のスタンスを示している。第1にテクノポリスは，工業再配置政策上の位置づけである。そのため，工業再配置政策上の見地から大都市圏[8]には，テクノポリスは指定しないということを明言するとともに，誘導地域においてテクノポリスを建設するとしていることである。つまり，もともと大都市圏から離れた工業集積度の低い地域に

おいてテクノポリスを構想していることである。これは，産業研究所（1980）でも明らかである。地方圏ではこうした工業集積度の低い地域が多く，まさに指定獲得に向けてその競争は当然激しさを増すことになる。

　テクノポリスが，工業再配置政策上の位置づけであることは，通産省にとってテクノポリス建設の完成像と現状とのギャップが大きくなることになる。同じ地方圏でも工業再配置計画上の「誘導地域」の「誘導地域除外都市」[9]とされた地方中枢都市等の都市や三大都市圏に近く工業集積が一定程度存在する「白地地域」に指定すれば，モデルとして成功させることは容易である。それをあえて避けようとしているからである。

　滝沢（1981）は，時事通信社という中央官庁の専門情報を扱うマスメディアという立場から，テクノポリス指定を巡る当時の状況を記している。まず，1981年度の国のテクノポリス建設調査が20地域で進められ，この20ヵ所が3つのグループに分けられていたと指摘している。第1グループには，函館，宇都宮，長岡，浜松，西播磨，県北国東，熊本，国分隼人の8地域が属する。地元の受け入れ態勢，計画準備体制などが他地域より進んでおり，1981年度中に基本構想と開発構想の一部を策定する地域である。第2グループは，秋田，富山，吉備高原，広島中央，宇部，久留米，佐世保，宮崎の8地域であり，1981年度中に基本構想のみを策定するところである。第3グループが，青森，御坊，香川県西部，鳥栖[10]の4地域である。通産省の示すテクノポリス適格要件に欠けるところがあるものの，地元の熱意をくんで調査地域に取り上げられたものであり，これらは「ミニ・テクノポリス」とも言われている地域も含めている（滝沢，1981，p.113）と記されている。

　当時の通産省の調査候補数として5ヵ所程度であったが，予算がついてみると自治体の思い入れがすさまじく，候補地域として名乗りを挙げたのは全国38地区，約100自治体に膨れ上がったと，滝沢は指摘した（同）。さらに「20地域ものところで調査がすすめられたあと，実際にモデル建設地域に指定されるのは，何ヵ所なのか。田中通産相は5〜6ヵ所との意向を表明しているが，自治体側からしてみれば，これほど不都合なことはない。地域の官民が一体になって構想を練り上げ，その揚げ句にポイではたまらないわけである」と自治体側からの声を紹介している（同）。

通産省は，産業研究所（1980）で示されたとおり，当初から誘導地域の拠点としてのイメージを持っており，その拡散が望ましいことを念頭に置いていた。上にみる地方自治体の要望を踏まえ，指定地域が増加していったと思われる。しかし新産業都市と同様に政治的圧力で通産省の意図に反する形になったという見解に対して異論を唱えるのが山﨑（1992, pp. 170-171）である。山﨑は，通産省が産業立地問題に関する監督権を握る理由として通産省の遠隔地における影響力拡大を意図したものであるという Okimoto（1989）の指摘を引用し，通産省出身の国会議員，知事を増やそうとしていると指摘した。

　地域指定に関しては，通産省の指定方針も変化した。構想当初では「工業再配置計画」上の誘導地域を想定していたが，白地地域も含まれるようになった。当時の工業再配置課長（小林）と同課企画班長（長岡）による対談でも以下のような発言がみられる（小林・長岡，1993）。

　　工配法とテクノポリスの接点の議論として白地地域を含んだテクノポリス構想は，誘導地域にマイナスではないかという議論も一部にはありましたが，テクノポリスは研究開発とか産業の頭脳を地方にも育てるという考え方から，大都市からの分散対策を考えれば白地地域の競合相手は大都市と考えられ，また白地地域でのテクノポリスの成功が誘導地域の産業展開にも有益であり，したがってテクノ法と工配法は矛盾していないという考えでコンセンサスができたと記憶しています（小林・長岡，1993, p. 40）。

　ここに示されている考え方に基づいていわゆる白地地域を含むテクノポリス指定が行われた。そうした点で前出の神谷が言及したテクノポリスの地域開発的視点，つまり当初よりテクノポリスは工業集積度の低い誘導地域に建設するという意図は，国土全体の産業配置という視点から見れば，変質したとも言える。

　図 5-1 は，通産省と地方自治体との関係性を示した図である。通産省は，後に詳解するがこの時期に「国民生活の充実」といった他省庁が関わる領域

図 5-1 テクノポリス政策を巡る通産省と地方自治体との関係性

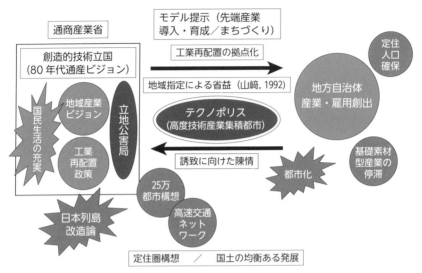

資料）筆者作成。

に進出し、これまでの守備範囲を広げようとしている（大薗, 1983）。機構改革による立地公害局の設置は、「工業再配置法」を契機とした通産省による国土政策への積極的関与であり、工業再配置政策・テクノポリス政策による国土の均衡ある発展を図ろうとするものである。そして「テクノポリス」を挟んで地方自治体が対峙している。地方自治体は、いかにして定住人口を確保するのか、基礎素材型産業を誘致した地域においては、構造転換を迫られていた。また、地方においても都市化が進行し、新しい都市づくりを目指そうとしていた時期である。当初 1 ヵ所と想定されたテクノポリスが実際の政策展開においては、結局のところ地方自治体からの熱い誘致・陳情を受けて予算はないが指定は行うことになったと言える。

2．通産省と他の中央省庁

通産省は、テクノポリス建設を巡り、他の中央省庁との対立・協調関係が生じた。共産党機関紙『前衛』における寺田（1983）の記述は、共産党国会

議員団事務所の一員としての視点から国会答弁や各省庁の資料をもとに中央省庁間の対立を描いている。寺田は，テクノポリス構想の立法化が，実は厳しい道のりであったことを指摘している。つまりこのテクノポリス構想はもともと新しい法律を必要としたわけではなかった，と以下のようにその理由を述べている。

> 山中通産大臣も「事務次官通達でやることができる」と国会で述べている通り，テクノポリス法という法律がなくても従来の法律の下でやれる事業であることははっきりしていた。……（中略）……それが法律化されたのは「国会議員の皆さんや与党の空気が，地方の，ことに知事さん，県議会あるいは商工会議所……の人たちの強い声があった」（寺田, 1983, p. 214）。

これを見ると，いかに法律化の道が険しかったかということが分かる。そして，政治的圧力により法律化が実現した，と言える。法律化がこのように厳しい道であったのは，法律化すれば財政的な裏付けを与えてしまうからである。

財政的な面で大蔵省が厳しい対応を見せていたことは，テクノポリス'90建設構想委員会R＆D分科会長を務めた今井賢一（一橋大学）が安倍晋太郎・宮崎勇との座談会のなかで，当時の渡辺大蔵大臣との話として以下のように紹介している。

> 渡辺大蔵大臣（当時）は「これはお金がかかるんじゃないか，いつも通産省にはだまされる。通産省は最初ね，あまり要らない，要らないと言って，だんだんお金が要るんだ」（安倍・今井・宮崎, 1982, p. 7）。

寺田（1983, p. 214）は，「『大蔵省は法制化』について，予算編成の過程で『法制化しない』ことで決着がついた，との立場をとっていたとも伝えられ」と記し，大蔵省が大変厳しいスタンスで臨んでいたことを記している[11]。

また，自治省のスタンスが示されている資料として，地方自治政策研究会

編（自治大臣官房企画室内）『昭和五十八年度国の重点施策の動向と地方公共団体の対応』がある。この地方自治政策研究会は，括弧書きにあるとおり自治省の大臣官房企画室内の団体である。同書は，テクノポリスについて①先端技術産業の立地の保証はなく，これまでの工業団地の開発と同じである，②国からの助成は期待できないことは確実であり，地元主体の地域開発の名の下に地方自治体に過大な負担がかかる虞があること，③テクノポリス構想は，現在通産省のみの政策であり，建設省や文部省が公共事業や教育研究機関の設置について全国的な視野で既に立案済みで，これらの計画を大幅に変更することは困難であること，④先端技術産業が立地した場合，どの程度地域経済振興のための刺激となるか疑問であること，を指摘した。

地方自治体が地域指定を受けるために通産省に対する陳情を活発化させたなかで，自治省の見解は，非常に冷ややかである。テクノポリスは，国の政策ではあるが単に通産省という一省庁の政策であり，建設省や文部省の公共事業や教育研究機関設置の計画の変更は難しい，との認識が示されている。

一方，大薗（1983）は，通産省に対する他省庁からの反発を以下のように記している[12]。つまり，テクノポリスは先端技術産業の育成と同時にそれを地方に植えつけることによって過密過疎問題をも解消しようとする大胆な取組みであり，地域開発，国土開発なら国土庁や建設省というよりもむしろ国を挙げての一大事業を畑違いの通産省が一省庁単独で持ち上げたので各省庁が一斉に反発したと述べている（大薗，1983, p. 60）。

さらに大薗（1983, p. 122）は，通産省が1973年の機構改革を通じて「産業振興」のみならず「国民生活の充実」を目指し，本来他省庁の管轄であった分野まで扱おうとしたと指摘している。

この機構改革については，通産省の正史である『通商産業政策史』にも述べられている。つまり1971年5月の産業構造審議会答申『70年代の通商産業政策』において示された国際化時代に対応した知識集約型産業構造の形成に向けて広範な産業の保護や育成政策が見直されると同時に公害対策，消費者保護行政，過密過疎対策が国内政策の重要な柱となった。こうした転換期を迎えた通商産業政策に対応して1973年に立地公害局の設置を含む全面的な機構改革が行われた（山崎，1991, pp. 510-521）。

通産省がこの機構改革の際に立地公害局を設置した背景には，列島改造を看板政策とした機構改革当時に内閣総理大臣となった田中角栄の影響があり，テクノポリス構想を推進する同局の新設は，国土庁や建設省，あるいは農林水産省の領域に足を入れたことを意味すると大薗は記述している（大薗，1983，p. 123）。

　前出の滝沢（1981，p. 116）は「通産省の構想自体も，単に先端技術産業の地方分散だけならともかく，学術，居住の各ゾーン，さらに母都市の社会・文化施設などの集積度とも絡めた都市づくりをめざしながら，これまでに関係省庁との間でほとんど調整していないというきらいがある」と述べている。

　一方，建設省は，大蔵省，自治省と比べてやや協調的な立場である。テクノポリスは，通産省単独で構想した政策であり，ポリス（都市）が関係するにもかかわらずその構想に建設省が関与した形跡が見当たらず，構想策定においては「蚊帳の外」であったと言える。こうしたなかで，建設省広報誌である『建設月報』37巻7号（1984年）にて建設省計画局長や熊本県知事，マスコミ，学識者を交えた座談会「建設行政とテクノポリス」を掲載している。このなかで同省計画局長が最後に発言し，建設省が関与する所以のものはまちづくりであり，その相当部分を建設省が所管している。同省が進める地方生活圏構想のなかの1つに位置づけるとともに，高速道路等の道路，住宅用地，下水道等の所管事業も当然重点的な実施を考えていかなければならないと述べた（川越ほか，1984，p. 25）。

　建設省側の担当者として光岡（1984，p. 45）は，「とくに『まちづくり』がテクノポリス建設に当って重要なことから，建設省所管公共事業の総合的計画的整備等を推進……（省略）……さらにテクノポリス建設に伴う土地利用の円滑化を図るため，開発許可制度の適切な運用を図る」と記しており，裁量の範囲で協調すると読み取れる。

　こうした通産省と中央省庁との関係性を示したものが図5-2である。通産省は，テクノポリスという地方圏の独自の地域開発モデルを提示し，地方自治体からの大きな反響を得たものの，各省庁は蚊帳の外であり冷ややかである。特に財政再建の立場から大蔵省，地方財政の観点から自治省が懸念（対

図 5-2 テクノポリス政策を巡る通産省と他省庁との関係性

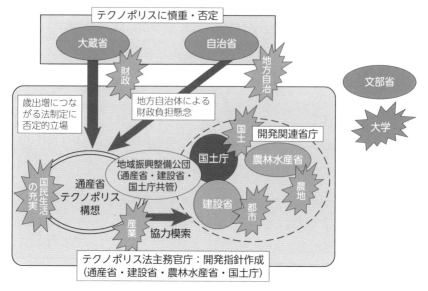

資料）筆者作成。

立）を示している。通産省にはテクノポリス政策を推進する独自の財源がほとんどなく、ポリスを担う建設省への期待を示すものの、建設省は構想時には「蚊帳の外」にあり同省は既存制度の枠組みによる対応（対立から協調）を示している。結局、建設省は、通産省とともに「テクノポリス法」の主務官庁の一つとなった。他の主務官庁として国土庁と農林水産省が加わった。国土庁は国土開発行政を担う官庁だからであり、農林水産省は地域開発に必要な大規模な農地転用を許可する官庁だからである。また、テクノポリス政策における都市建設では、地域振興整備公団による地方都市の郊外開発事業が活用された。同公団は、もともと産炭地域振興および工業再配置関連事業を担うために通産省所管の特殊法人として設立されたが、地方都市の郊外開発事業を追加して行うこととなり、建設省・国土庁もそれに伴い同公団を共管することとなった。

　テクノポリスにおける産学住の「学」を所管することから、大学を所管す

る文部省が主務官庁に入ることは，地方側から見れば当然と映るかもしれない。しかし，主務官庁から外れた。つまりテクノポリスの開発指針に文部省の意見は主務官庁ではないため相対的にみれば反映されないこととなる。つまりテクノポリスを巡って通産省との関係性は弱いと言える。

　中央省庁は，地方自治体からみれば国であってもそれぞれが全く異なる論理で動いている。そのため，国が一元的に地方圏工業振興のためにテクノポリス建設を支える体制を作ったわけではない。第4章で述べたように通産省は，過疎と過密の同時解消を図る工業再配置政策つまり「工業再配置計画」という国土全体のあり方を描き，その推進のための開発事業を担う特殊法人（地域振興整備公団）を所管する省庁にも加わり国の地域開発政策における存在感を高めた。そして通産省が立案したテクノポリス政策は，産業振興とまちづくりを目指すだけではなく，産業と大学・試験研究機関との連携を促すものとなった。大学を所管する文部省というこれまで開発政策にあまり縁のない省庁まで巻き込むこととなったのである。そして都市建設の権限のない通産省が直接的にこれに関わるためには，建設省との連携を図ることが求められた。ただし，そうした中央省庁間の縦割りは，地方自治体内でも同様であったと言える。小林・長岡（1993, p. 38）において長岡は，テクノポリスの基本構想は，従来の地方行政であまり関心が強くなかった産業と大学との交流，地方の公設試験場の活用など地方において学の活用や技術開発をどのように進めるべきかを，地方自治体が熱心に取り組む契機となったという点でも，テクノポリス政策の効果が大きかった，と指摘する。さらに，地方行政では，総合的な環境整備ということで住宅問題に取り組む人たちと産業立地の人たちが一緒に議論して，全体をまとめるという作業をよく行っていたと語っている。

　長岡の回想によれば，テクノポリス政策は，通産省が提案する地域開発モデルであり，地域の主体性が強調された分だけ，地方自治体側の企画調整能力が求められたことを示すものと言える。

　最後にテクノポリス政策を巡る通産省と他の中央省庁との関係性について類型化すると，①マイナスシーリング下において財政面から厳しく対立した大蔵省，自治省との関係性（対立），②「工業再配置促進法」により地域開

発政策において大きな役割を担うこととなった通産省と構想には蚊帳の外であったものの実際の都市の建設を担う建設省，国土計画を担う国土庁との関係性（対立そして協調），③テクノポリスの産学官の一角を占める「学」を所管しながらも，主務官庁から外れた文部省との関係性（弱い関係性）に類型化できる。

第4節　テクノポリス政策に関する定性的・定量的評価

1．国内産業の動向とテクノポリス政策の展開

　テクノポリス政策の構想とその政策実施までの主なプロセスは以下のとおりである。1980年に通産省によるテクノポリス構想の登場（産業研究所，1980），1983年に「テクノポリス法」の制定，同法施行令・指針提示もなされた。そして同法に基づく26地域の計画承認が1984年から1989年にかけて行われた[13]。その後，1991年には第2期計画の指針公示，1997年に第3期計画の指針公示が行われ，それに基づく各地域の第2期・第3期の計画が承認された（日本立地センター，1999b，p.10）。

　図5-3は，1980年代から1990年代にかけてのテクノポリス政策および地域産業振興・科学技術政策の展開についてまとめた図であり，上から「1.国内産業の動向」，「2.テクノポリス政策の展開」，「3.科学技術振興政策・大学関連政策の展開」，に分けて全体の流れを俯瞰できるように整理したものである。

国内産業の動向と産業政策

　「1.国内産業の動向」では，通産省の産業政策の展開を示している。まず10年ごとに通産省の政策ビジョンを示す『80年代の通産政策ビジョン』（1980年），『90年代の通産政策ビジョン』（1990年）があり，その間に『21世紀産業社会の基本構想』（1986年），『21世紀の産業構造』（1994年）[14]がそれぞれ出されている。これらのビジョンには次のような文言が示されている。

　まず『80年代の通産政策ビジョン』では，新しい国民的目標として「経

済大国」の国際的貢献，「資源小国」の克服，「活力」と「ゆとり」の両立を掲げている（通商産業省・産業構造審議会編，1980，pp. 15-23）。この3つの目標像の実現のために「相互依存時代の対外経済政策」，「経済安全保障の確立と技術立国への道」，「地域経済社会と産業／生活の質の向上」が対応している（同，p. 190）。この技術立国と地域経済社会と産業および生活の質向上に対応した政策がテクノポリスであり，テクノポリスが通産省の目指す新しい国民的目標を実現する政策であった（同，p. 190）。また産業構造の姿として1970年代に始まった知識集約化を確実なものとし，自主技術開発をはじめとした創造性の発揮を基調とした「創造的知識集約化の推進」を掲げた（同，pp. 124-125）。

さらに1986年には『21世紀産業社会の基本構想』を策定した。当時，日本の輸出の大宗を占める一般機械，電気機械，輸送機械は，経常収支の大幅黒字を生み出していた（通商産業省産業政策局編，1986，p. 27）。当時，この膨大な経常収支の対外経済不均衡が国際的な問題となり，先進国において保護主義的な風潮を刺激し，国際経済社会の円滑な運営を損なうおそれ（同，p. 19）が生じた。1985年のG5（先進5ヵ国財務省・中央銀行総裁会議）以降は，円高が進展しデフレ効果の克服と景気の持続的拡大の実現のため，内需拡大への要請が高まった時期でもあった（同，p. 93）。これに伴う政策キーワードも，輸入の拡大，海外直接投資，技術移転の推進による国際分業を通じた「国際協調化」，基盤的な基礎技術の創造的開発の推進と異分野の知識ストックを融合化し，新たな発展分野を開拓する「創造的知識融合化」が示された（同，p. 90-91）。

『90年代の通産政策ビジョン』では，戦後の国際社会が1989年のベルリンの壁崩壊を機とした東西冷戦構造の崩壊に伴う新たな国際関係の樹立を求めるなかで，世界の中の日本として外への貢献と内なる改革を述べている。内なる改革とは，国内の諸制度・慣行等について自由・公正の理念の一層の徹底であり，その重要性を指摘した。そして90年代通商産業政策の3つの目標を「国際社会への貢献による自己改革の推進」，「ゆとりと豊かさのある生活の実現」，「長期的な経済発展基盤の確保」を示した。

1994年の『21世紀の産業構造』では，ダイナミックな国際的競争の時代

図 5-3 テクノポリス政策および地域産業振興・科学技術振興政策の展開

		1980 年	1985 年
1. 国内産業の動向		・自動車・電気機械等対米輸出の増大 →貿易摩擦	・プラザ合意による円高進展と海外直接投資の増加，国内産業への影響
	産業政策の展開 産業構造審議会 答申等	「80 年代の通産政策ビジョン」(1980 年) ○経済大国の国際的貢献（相互依存時代の対外政策） ○「資源小国」の制約の克服（経済安全保障の確立と技術立国への道） ○「活力」と「ゆとり」の両立（地域経済社会と産業／生活の質向上） →産業構造：創造的知識集約化の推進	「21 世紀産業社会の基本構想」(1986 年) ○産業構造の「創造的知識融合化」，「国際協調化」
	品目別工業出荷額上位6位までの製品 資料）「工業統計表」 (品目編)	1980 年 ①乗用車　　　　　5.5 兆円 ②C 重油　　　　　4.1 兆円 ③自動車部品　　　4.0 兆円 ④自動車ガソリン　2.8 兆円 ⑤トラック　　　　2.5 兆円 ⑥ 医薬品製剤　　　2.4 兆円	1985 年 ①軽・小型自動車　7.6 兆円 ②自動車ガソリン　3.3 兆円 ③トラック　　　　3.1 兆円 ④ 医薬品製剤　　　3.0 兆円 ⑤ 半導体集積回路　2.5 兆円 ⑥ 磁気録画再生装置 2.3 兆円
	円相場の動向[1] 海外現地生産比率[2] 国内工場立地件数[3]	1980 年 237.7 円 ー 2,081 件	1985 年 254.1 円 ー (2.6％：1986 年値) 2,529 件
2. テクノポリス政策の展開		・テクノポリス構想（1980 年） ・高度技術工業集積地域開発法制定 (1983 年) 同法施行令・指針提示（同） ・先発 20 地域承認（1984〜1985 年）	・後発 6 地域承認（1986〜87 年）
	第 1 期〜第 3 期の各期の特徴		第 1 期 ・先端技術産業の導入と必要なハイテクパーク等の立地環境整備

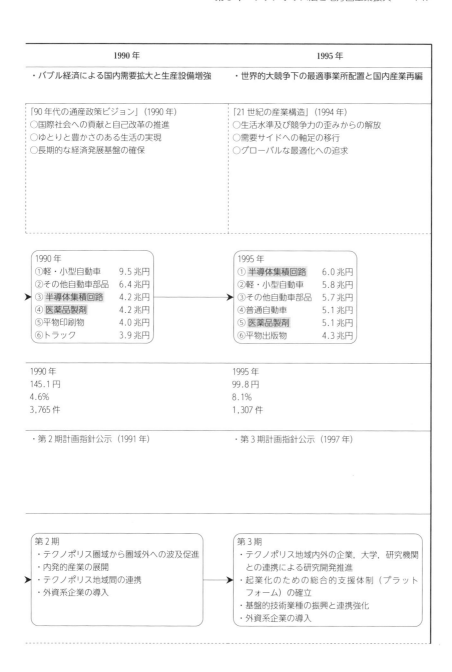

	公設試験研究所等研究開発関連施設の新増設		・北海道立工業技術センター（1986年函館） ・富山県工業技術センター中央研究所（1986年富山） ・熊本テクノポリスセンター（1986年熊本） ・鹿児島県工業技術センター（1987年国分隼人） ・青森県産業技術開発センター（1988年青森） ・長崎県工業技術センター（1989年環大村湾）
	リサーチコア 頭脳立地法産業 高度化施設		・恵庭リサーチパークセンター（1989年道央） ・久留米リサーチセンター（1989年久留米・鳥栖）
	テクノポリス開発機構		（法定事業） ・研修指導，債務保証，調査研究事業（1983年） ・研究開発・助成事業（1986年）
	法定事業件数[4] （研究開発シェア）	1983年 65件 3.1%	1985年 406件 4.7%
	基金総額[5]		1989年 393.8億円
	・工業出荷額[6] （テクノポリス地域） （対全国シェア）	1980年 20.2兆円 (9.5%)	1985年 25.7兆円 (9.3%)
	・技術先端型出荷額[7] （テクノポリス地域） （対全国シェア）	1980年 1.7兆円 (9.2%)	1985年 4.7兆円 (12.7%)
3．科学技術振興政策・大学関連政策の展開		・大学における民間等との共同研究制度 （1983年：文部省）	・地域共同研究センターの開設（1987年：文部省）
	国立大学等の民間等との共同研究数[8]	1983年 56件	1985年 216件

資料）この資料は，筆者が（財）日本立地センター研究員在職時に本資料を作成し，1998年6月9～10日に山形市で開催された1998年度第1回テクノポリス開発機構連絡会議の事務局報告のなかで「テクノポリス開発機構の今後の方向性」として報告したものを一部修正したものである。

注1）円相場は各年1月の月中平均　日本銀行ホームページ　https://www.stat-search.boj.or.jp/ssi/html/nme_R020MM.3234.20160827184220.02.html　2016.8.25閲覧

注2）海外現地生産比率は，内閣府『企業行動に関するアンケート調査』

注3）工場立地件数は，経済産業省『工場立地動向調査』

注4）日本立地センター（1997）『テクノポリス推進調査研究報告書』p. 13　所収資料

・香川県工業技術センター（1990年香川） ・テクノプラザ愛媛（1991年愛媛） ・福島県ハイテクプラザ（1992年郡山） ・秋田県高度技術研究所（1992年秋田） ・レーザー応用工学センター（1992年信濃川） ・坂城テクノセンター（1992年浅間） ・山梨県工業技術センター（1992年山梨） ・山形県高度技術研究開発センター（1993年山形） ・超高温材料研究センター（1993年宇部） ・大分県総合技術センター（1994年県北国東）	・テクノサポート岡山（1995年吉備高原） ・大型放射光施設（1997年西播磨） ・宮崎県工業技術センター（1998宮崎）
・21世紀プラザ（1990年仙台北部） ・富山県産業創造センター（1991年富山） ・浜名湖頭脳センター（1992年浜松） ・富山県総合情報センター（1992年富山） ・広島テクノプラザ（1992広島中央） ・鹿児島頭脳センター（1993年国分隼人）	・香川産業頭脳センター（1995年香川）
・地域産業活性化基金（1991年）	・中小創造活動促進法に基づくベンチャー基金設置（1995年）
1990年 1,126件 4.5%	1995年 840件 7.3%
1993年 555.2億円	1995年 617.5億円
1990年 33.4兆円 (9.3%)	1994年 35.2兆円 (10.9%)
1990年 6.2兆円 (12.1%)	1994年 6.5兆円 (13.7%)
・地域流動研究（1990年：科学技術庁）	・ベンチャービジネスラボラトリー（1995年：文部省） ・科学技術基本法（1995年） ・地域研究開発促進拠点支援制度（1996年） ・地域結集型共同研究事業（1997年）
1990年 869件	1994年 1,488件

注5）テクノポリス開発機構連絡会事務局資料（事務局：日本立地センター）
注6）日本立地センター（1997）『テクノポリス推進調査研究報告書』p. 7　所収資料（1980年価格による数値である）
注7）注6に同じ（1980年価格による数値である）　技術先端型とは工場立地動向調査による以下の業種　医薬品、通信・同関連機器、電子計算機・同付属装置、電子応用装置・電子計測器、電子・通信機器用部品、医療用機器・医療用品、光学機械・レンズ
注8）文部省（1998）『教育白書（平成10年版）』大蔵省印刷局　http://www.mext.go.jp/b_menu/hakusho/html/hpad199801/hpad199801_2_230.html　2016.8.25閲覧

に突入し我が国産業の国際競争力の低下，既存産業の成熟化・新規産業の展開の遅れ，製造業の海外展開の加速と産業空洞化の懸念，雇用不安，閉塞感・将来に対する不透明感から経済構造改革を推進する一環として，新たなパラダイムに立脚した産業政策が必要との認識から提言が行われている（通商産業省産業政策局編，1994，p.6）。ここでは「生活水準及び競争力の歪みからの解放」，「需要サイドへの軸足の移行」，「グローバルな最適化の追求」の3つを示しており，グローバルな最適分業構造を見据えて市場機能強化に向けた規制緩和・制度改革・民間慣行の見直し等を示している（同，pp.6-7）。

　1980年代から1990年代の円相場をみると大きく変動した。1980年には1ドル237.7円，1985年には1ドル254.1円であったが，1990年には1ドル145.1円，1995年に99.8円と為替レートは急上昇した（出典：図5-3　注1を参照）。これに伴い製造業の海外現地生産比率も1986年には2.6%から1990年には4.6%，1995年には8.1%まで上昇した（出典：図5-3　注2参照）。こうした急速な我が国産業の環境変化のなかで，『工業統計表』の「品目編」における上位品目にも変化がみられた。テクノポリス政策に関連する業種の中で，1980年には1,871品目のうち上位5業種に入るものはなく，続く第6位に医薬品製剤2.4兆円が入るにすぎなかった。しかし，1985年には半導体集積回路も第5位に入った。そして1995年には半導体集積回路は6.0兆円となり第1位となった。テクノポリスで想定した先端技術産業が我が国製造業を牽引していたと言える。

テクノポリス政策の展開

　テクノポリス法の第4条には，主務大臣（通商産業省，建設省，農林水産省，国土庁）による開発指針の作成が求められるとともに第5条では，開発指針に基づいて都道府県が計画を策定するものと定められた。開発指針は，いわば開発計画のマニュアルであり，①マクロ情勢，②地域指定，③事業期間，④各事業の目標，実施方法，⑤事業実施方法（産学官の協力等）等の内容について関係各省庁と協議しながら国の基本的考え方を示すこととしている（藤田，1983，p.28）。

　この指針により，各テクノポリス候補地域は1990年度を目標にした第1

期計画の作成が進められた。第1期計画では，主に施設整備等のハード面の充実が図られ，特にテクノポリスの「テクノ」面に重点が置かれることとなった（通商産業省立地政策課，1992, p. 49）。

1991年3月に公表された第2期開発指針では，①目標年次を1995年度に設定，②地場産業等の地域企業の技術高度化の推進，③個性化の重視，④高度技術の起業化等の推進，⑤地域間交流の促進，⑥魅力ある地域づくりの推進が盛り込まれた。これにより第2期計画では，テクノポリス地域内の企業の技術高度化や周辺地域への波及等の内発的視点や魅力ある地域づくりへの視点が加わり，テクノポリス地域では，テクノポリス開発機構による法定事業に加え，地域産業活性化基金の創設とこれを活用した商品開発・販路拡大・人材育成等の事業も図られた（日本立地センター，1999b, pp. 13-14）。

また1997年4月に公表した第3期の指針では，目標年次を2000年度として①テクノポリス地域内外の企業，大学，試験研究機関等と企業等との連携による研究開発の強化，②地域に蓄積されている技術の活用等による起業化のための総合的支援体制の確立，③基盤的技術業種の振興と連携強化，④外資系企業の導入が盛り込まれ，各地域で起業化のための体制づくりが進んだ（同，p. 15）。

テクノポリス開発機構は，「テクノポリス法」に基づき各テクノポリス地域に1つ設立され，各地のテクノポリス建設の中核を担う機構である。法定事業として研修指導，債務保証，調査研究，研究開発・助成の4事業があり，それに対応した基金が各地で設立され，それをもとに事業が行われた。テクノポリス開発機構の基金総額は，1989年には398.3億円だったが1995年には617.5億円と増大した。法定事業件数も1985年406件から1995年には840件へと増大した。さらに法定事業に加えて1991年の「地域産業活性化基金」がテクノポリス開発機構に設置されたことにより地域技術の起業化事業が行われた。加えて「中小企業の創造的事業活動の促進に関する臨時措置法」（1995年法律第47号，略称「中小企業創造活動促進法」）に基づき，テクノポリス開発機構にベンチャーキャピタル（以下，VCと略することもある）基金を設置する県が9県に及んだ。法定事業以外でもテクノポリス開発機構が地域産業振興の中心的役割を担いはじめた。

科学技術振興政策・大学関連政策の展開

　テクノポリス開発機構は，テクノポリス政策の枠組みだけではなく産学官連携の増加するなかで大学および科学技術政策に積極的に関わり始め，科学技術庁からの研究開発支援の受け皿になる等，これを契機にそれぞれのテクノポリス開発機構の個性化が加速することになった。

　まず，文部省は，1983年に「大学における民間等との共同研究制度」の調査を開始し，1987年には「地域共同研究センターの開設」を行い，産学官連携のための取組みや施設の整備が各地で進んだ[15]。特に浜松および熊本地域では，テクノポリスの中心地区に大学敷地外の地域共同研究センターの設置が行われた。

　科学技術庁は，地域における科学技術シーズの深耕を進めるためのプロジェクトである「生活・地域流動研究」（1990年）をスタートさせた[16]。1995年には科学技術の振興のための基本法である「科学技術基本法」（1995年法律第130号）が制定され，地域における科学技術振興策の展開の努力の必要性が盛り込まれた。また，翌年には，「地域研究開発拠点支援制度（RSP）」，続いて「地域結集型共同研究事業」（1997年）が展開された[17]。このうちRSP事業に6つのテクノポリス開発機構（熊本地域は別財団であるが実質的に1つの財団として運営されており，これを加えれば7機構）が主体的に関わり事業が行われた。

関連政策の展開

　地域における新産業創造は，テクノポリスのみならず中小企業政策でも積極的に取り組まれるようになった。1995年には「中小企業創造活動促進法」が制定された。また，1997年には「地域産業集積活性化法」が制定され，地域の製造業を支える基盤的技術業種の育成・振興が求められた。

　各地の主要な研究開発施設の整備も進展し，工業技術センターの整備とともに1986年には「民間事業者の能力の活用による特定施設の整備の促進に関する臨時措置法」（1986年法律77号，略称「民活法」）によるリサーチコア（研究開発・企業化基盤施設）が整備されることになった。また，自然科学研究所や情報サービス業の地方展開を目指す「頭脳立地法」の指定地域と重複

するテクノポリス地域は13地域存在した。これら地域では，同法による第3セクター施設の整備や団地造成もテクノポリス建設と一体的に実施された[18]。

2．定性的視点からみたテクノポリスの個性化・自立化

筆者が日本立地センター在職時に責任者を務めたプロジェクトチームによって取りまとめられた日本立地センター（1999b）（『テクノポリス・頭脳立地構想推進の歩み』）は，各地で進められたテクノポリス建設の成果を明らかにすることを目指したものであり，A4判316頁（別に資料編485頁分あり）に及ぶ文献である。これを含めて各地域のテクノポリス建設における研究開発施設の取組みをみると以下のとおりである。

テクノポリス開発機構の変化

テクノポリス開発機構は，当初のテクノポリス圏域を対象とした「テクノポリス法」の枠内の事業から，テクノポリス圏域外への波及や科学技術政策との連動，自らの研究開発機能の強化に取り組んできた。

表5-1は，1997年時点におけるテクノポリス開発機構の法定事業関連および法定事業以外の機能について比較したものである。函館，山形，浜松，広島中央，宇部，香川，愛媛，熊本の各地域のテクノポリス開発機構は付設の研究所を保有し，自らが地域産業の創造のための技術シーズの開発や地域企業の技術支援等に取り組んでいる[19]。

また，26の開発機構のうち7つが前出の「地域研究開発拠点支援制度（RSP）」事業に取り組んでいる。また，広島中央では地域結集型事業にも取り組んでいる。「中小企業創造活動促進法」に基づくVC基金も北上川，宇都宮，甲府，宇部，愛媛，環大村湾，県北国東，宮崎，国分隼人の各地域の機構に設置されている。貸研究室・貸工場事業等のインキュベーター機能を持つ機構が6つあり，信濃川，浜松，吉備高原，広島中央，愛媛，環大村湾の各地域の機構で取り組んでいる[20]。このようにテクノポリス開発機構は法定事業以外にも各地域の産業集積の特性を踏まえて科学技術振興の中核機関としての位置づけやベンチャー企業の育成に向けた事業を展開しており，地域産業創造の中心的役割を担ってきた。テクノポリス開発機構は，テクノ

表5-1 テクノポリス開発機構の法定事業以外の諸機能

	付設研究所	科学技術振興 RSP	科学技術振興 地域結集	VC	貸研究室・貸工場	再編過程・再編の方向
(財) 道央テクノポリス開発機構						
(財) テクノポリス函館技術振興会	○					
(財) 青森テクノポリス開発機構						
(財) 岩手県高度技術振興協会		○		○		
(財) 秋田テクノポリス開発機構						
(財) 宮城県高度技術振興財団		○				他の産業支援機関との統合検討
(財) 山形県テクノポリス財団	○	○				
(財) 郡山地域テクノポリス推進機構						
(財) 信濃川テクノポリス推進開発機構					○	
(財) 栃木県産業技術振興協会				○		頭脳3セクと組織上の一元化
(財) 山梨21世紀産業開発機構				○		
(財) 浅間テクノポリス開発機構						
(財) 浜松地域テクノポリス推進機構	○	○			○	
(財) 富山技術開発財団						
(財) 播磨テクノポリス財団						他の産業支援機関との統合検討
岡山新技術振興財団				○		
(財) 広島県産業技術振興機構	○	○	○		○	
(財) 山口県産業技術開発機構	○			○		
(財) 香川県産業技術振興財団	○					
(財) 愛媛県産業技術振興財団	○			○	○	
(財) 久留米・鳥栖地域技術振興センター						
(財) 長崎県産業技術振興財団		○		○	○	全県財団へ移行 (1995)
(財) 大分県技術振興財団				○		同上
(財) 熊本テクノポリス技術開発基金	○	(○)				熊本県テクノポリス財団も存在
(財) 宮崎県産業技術情報センター				○		
(財) 鹿児島県新産業育成財団				○		全県財団へ移行 (1993)

資料) 図5-3と同様に筆者が説明用資料として作成したものを一部修正

ポリス建設の中核的推進機関として元来テクノポリス圏域を対象とした事業を想定していたが，こうした道県の産業振興の中心的役割を果たすため，テクノポリス圏域のみではなく，全県を事業対象とする財団への移行や他の産業支援機関との統合を模索した。

テクノポリスは，その建設のために各地域で設立されたテクノポリス開発

機構の取組みからみても確実に内発的な個性化・自立化に向かいつつあった。こうしたテクノポリス開発機構の機能変化は，産業集積や他の産業支援機関との関係など各地域の特性に応じたものである。また，大学および科学技術政策との連動は，テクノポリス政策が各地域レベルで科学技術庁・文部省との政策に独自に連動し，進化していく動きでもあったと言える。

研究開発機能の強化と内発性

　1990年を目標年次とする第1期計画では，特に先端技術産業の導入と必要なハイテクパーク等の立地環境整備が進められ，「北海道立工業技術センター」の整備（1986年：函館地域），「富山工業技術センター中央研究所」（1986年：富山地域）など公設試験研究機関（略称，公設試）の再編・整備や熊本テクノリサーチパーク内に熊本テクノポリスセンター（1986年：熊本地域）などの拠点施設が整備された（図5-3参照）。

　また，前出の「民活法」によるリサーチコア整備（道央・仙台北部・信濃川・久留米鳥栖・富山の5地域）や前出の「頭脳立地法」による産業高度化施設整備（富山・浜松・国分隼人・広島中央・香川の5地域）を活用し，テクノポリス地域内における新産業創造拠点が形成された。

　まず，各地域において新規に公設試等の研究開発施設や大学の整備が進められた。1984～1990年まで（テクノ前期：第1期計画に相当）に公設試等の整備数は17，大学（新大学・新学部・移転整備）の整備数は11となった。また，1991～1995年まで（テクノ中期：第2期計画に相当）に公設試等の整備数は24，大学の整備数は18，1996～1999年まで（テクノ後期：概ね第3期計画に相当）に公設試等の整備数は12，大学の整備数は17にも及んだ。

　特にテクノ中期以降になると，各地で特色ある研究テーマに基づいた研究開発施設が整備された。秋田地域の高度技術研究所，山形地域の生物ラジカル研究所，信濃川地域のレーザー応用工学，浅間地域のマルチメディア研究センター，宇部地域の超高温材料研究所などである。こうしたテクノポリス地域の独自の研究テーマによる取組みは，各地域の個性化を示すものとも言える。

この点について田中（1996）は，秋田，青森，山形，北上川流域，県北国東，国分隼人の各6地域のテクノポリス建設を比較し，研究開発戦略や地域企業の育成に地域の独自性が発揮されていることを明らかにした。また，根岸（1998e）は，各地のテクノポリス開発機構が中心となり，他の産業支援機関や公設試験研究機関・大学等が連携し，各地の独自性を発揮しながら新たな産業創造の場が形成されつつあることを広島中央・北上川流域・仙台北部の各地域を事例に指摘した。

また，各テクノポリス地域の間で，製造業（全業種）の出荷額の大きさにより企業誘致と地域内企業の育成の比重の違いや研究開発戦略の違いがみられる。日本立地センター（1995）によるテクノポリス所在道県の担当課を対象としたアンケート結果によれば，地域外からの企業誘致と地域内企業の育成に対する効果の認識は，それぞれ異なっている[21]。

特に，テクノポリス地域では，出荷額の大きい信濃川，浜松の2つの地域が内発効果に一定の効果があったと「強く認識」と回答している（日本立地センター，1995, p.74）。

こうしたことから伊東（1998）の指摘する国主導の計画づくりにより地域の独自性が発揮できないという指摘は，あたらないと言える。

また鈴木（1997a, 1997b, 1997c）によれば，浜松地域と同様に富山地域もテクノポリスの内発型として独自の展開がみられることを指摘している。日本立地センター（1997）においても浜松地域の異業種交流の歴史およびテクノポリス開発機構が果たした役割について，異業種交流から設立された2つの協同組合のヒアリングを含めてまとめている（日本立地センター，1997, pp.83-95）。

産学住の調和のとれたまちづくり

テクノポリス政策の目標の柱である「産学住の調和のとれたまちづくり」が実現できたかについて以下のような検証を行った。

テクノポリスの理想像は，産業研究所（1980）のサブタイトルにあるとおり「技術と文化に根ざす新しい『まち』づくり」である。産業研究所（1980）は，最初に「Ⅰ　テクノポリスの基本性格」のなかで以下のように

述べている。

> テクノポリスは，一つの有機的に結合された機能ゾーン群により構成される柔構造のコミュニティであり，産（＝電子，機械産業等先端的技術分野），学（＝各種研究施設，工学系大学），住（＝人間再成）の各分野が豊かな伝統と美しい自然をもつ地域社会に調和的に溶け込んだ，全く新しい発想により建設が進められる「まち」づくりである（産業研究所，1980，p. 1）。

また，テクノポリス構想の特性の１つとして「産・学・住の一体化した『まち』」が挙げられている。

> テクノポリスの構成要素としては，第１に民間の活力と頭脳を最大限に生かし，ポリスの中核を形成する先端技術産業群の生産施設よりなるインダストリー・ゾーンを配置する。第２にインダストリー・ゾーンと相互に啓発しつつ，未来を志向する超技術を含む研究センターとしての大学，共同研究施設，企業の中央研究所とこれらの機能をサポートする高度利用の情報処理センター，図書館等よりなるアカデミー・ゾーンを配置し，更に第３に，これらに対する就業者等を主体とする人間居住のためのハビテーション・ゾーンを配置する（産業研究所，1980，p. 2）。

産学住の調和のとれた「まち」に，大都市とは異なり職住近接した豊かなまちであることが示されている。

日本立地センター・テクノポリス'90建設構想委員会（1982）は，各地域から示されたテクノポリス整備基本構想の内容を空間的側面から整理している。そこでは，「テクノポリスの建設が，母都市の高次な都市機能を活用しつつ，新たな産業と都市を形成することに特徴がある，としている。そのため，母都市と新しいテクノポリス区との関係をいかに設定するかによってテクノポリスの内容は大幅に違ってくる。すなわち，母都市と新しいテクノポリス区との機能分担関係について母都市周辺に諸機能を配置し，母都市を中

核とする一体的なテクノポリスを形成しようとする方向と,母都市の高次機能に依存しつつも新しく導入される産・学・住機能を集約化することによって,ある程度自立的なテクノポリスを形成しようとする方向に大別できる」(日本立地センター・テクノポリス'90建設構想委員会,1982,p. 143)(下線部は引用者による)と述べており,前者を母都市依存型(B型),後者を新都市型(A型)として類型を試みている。A型のうち「開発区域が母都市から離れ(約20km以上),母都市とは独立した新都市の形成を指向する」を「A-1　新都市型:自立都市形成型(西播磨,吉備高原,広島中央,国分隼人)」,「母都市近郊で産・学・住が一体となる新市街地を開発し母都市の副都心としての機能を果たす」を「A-2　新都市型:副都心形成型(青森,長岡,宇都宮,浜松,富山)」としている。そしてB型のうち「母都市および周辺に諸機能を配置し母都市を中核として一体的なテクノポリスを形成する」を「B-1　母都市依存型:母都市中核型(函館,秋田,久留米・鳥栖,宮崎)」,「母都市および周辺の既存集積を活用し多極型のテクノポリスを形成する」を「B-2　母都市依存型:多角都市型(大分,香川,宇部,長崎,熊本)」と類型化した。この類型化は,上記報告書の作成時点におけるテクノポリス基本構想をもとに行っており,道央,北上川,仙台北部,山形,郡山,甲府,浅間,愛媛の各地域は含まれていない。

　テクノポリス構想の理想型とも言うべき産学住の一体化を目指す地域は,この段階でAの新都市型である。新都市型は都市としての自立性を持っている。一方,B型の地域は,基本構想段階から母都市の機能を中核とする,ないしは当初から多核型のテクノポリスを目指している。つまりB型の地域は,当初から建設する都市(ポリス)の自立性は低く,その機能も弱いことになる。

　この「産・学・住の一体化したまちづくり」という視点で各地域のテクノポリスの状況を取りまとめたものが表5-2である。開発構想および開発計画から見て産学住が一体化した「まち」として「新都市」ないし「テクノポリス開発区」の設定が明示的なものを「○」,あまり明示的ではないものを「△」,明示されていないものを(当初から産学住のゾーンの一体化を考慮していない)「×」の3類型に分けてみると,B型の地域はその多くが「×」

となっている。もともとB型は，産学住の一体化を目指しておらず，多核型（分散型）開発であり，当初のテクノポリス構想が目指す「まち」のイメージとは異なるものと言える。また，基本構想による空間配置の類型が行われていない地域にも仙台北部地域を除き「×」が多い。類型化されなかった地域は，基本構想の策定が遅れた地域である。通産省が地域指定の承認に際して必ずしも当初の新都市型を求めず，多核ないし母都市の周辺開発というテクノポリス建設を認めてきたこととも言える。また，新都市ないしテクノポリス区の建設においては，地域振興整備公団事業の活用が多く見られる。秋田，信濃川，浜松，吉備高原，広島中央，久留米・鳥栖，宮崎の各地域は，都市建設として産業用地および住宅用地の整備を地域振興整備公団事業にて進めている。

こうした新都市ないしテクノポリス区における産業および理工系大学・研究機関の立地，住居の建設状況について，googleマップ，産業用地や住宅用地に関する地方自治体等の入居募集資料を用いて確認すると，仙台北部，宇都宮，浜松，広島中央の4つの地域において産学住のいずれにおいても一定の立地があり，その近接性から調和のとれた「まち」が形成されたと言える。

一方，函館，富山，宇部，宮崎の4つの地域においては，産業の立地がテクノポリス区および周辺において少ない状況にある。また，秋田地域については住居の建設は進展しつつもその周辺に理工系大学や産業の立地が進んでいない。信濃川地域は，実験的都市である長岡ニュータウン計画に比べて産業および住居の建設が大幅に進んでいない。西播磨地域は，大型放射光施設SPring-8を軸に産業の立地は進むものの住居の建設は進んでいない。吉備高原地域は，産業の立地も一部みられるが，住居には課題も多い。宇部地域も産業の立地が弱い。国分隼人地域は，産業の立地も一部みられつつも，住居建設に課題がある。

産学住の調和のとれたまちづくりは，その開発にあたっての構想段階からそのあり方が地域の事情に応じて異なってきたと言える。

表 5-2 各テクノポリス地域におけるテクノポリス区の整備状況

地域名	母都市	主要な「産」の整備	主要な「学」の新設・移転（理工系大学・公設試験研究機関）	主要な「住」の整備
道央	札幌市（圏域外）	恵庭リサーチ・ビジネスパーク，恵庭テクノパーク等	千歳科学技術大学	－
函館	函館市	函館テクノパーク	北海道立工業技術センター・公立はこだて未来大学	旭岡ニュータウン
青森	青森市	青森中核工業団地	青森大学工学部・青森公立大学・青森県産業技術開発センター	戸山団地
北上川流域	盛岡市（圏域外）	江刺中核工業団地，北上工業団地	－	－
仙台北部	仙台市	仙台北部中核工業団地・泉パークタウン（産業系）	宮城県立産業技術センター	泉パークタウン
秋田	秋田市	秋田新都市（産業区）	秋田県立大学	秋田新都市（御所野ニュータウン）
山形	山形市	米沢八幡原中核工業団地	－	－
郡山	郡山市	郡山西部第一・第二工業団地	福島ハイテクプラザ	郡山東部ニュータウン
宇都宮	宇都宮市	清原工業団地，芳賀工業団地	帝京大学理工学部	宇都宮テクノポリス地区
信濃川	長岡市	長岡新産業センター・雲出地区工業団地	長岡科学技術大学	長岡ニュータウン
甲府	甲府市	甲府南部工業団地	山梨県工業技術センター	－
浅間	長野市（圏域外）	上田リサーチパーク	－	－
浜松	浜松市	都田地区（工業用地）	静岡県浜松工業技術センター・静岡大学地域共同研究センター（都田地区）	都田地区（住宅用地）
富山	富山市	富山八尾中核工業団地	富山県立大学	太閤山住宅団地
西播磨	姫路市	播磨科学公園都市（産業）	県立姫路工業大学・大型放射光施設（SPring－8）	播磨科学公園都市（住宅）
吉備高原	岡山市	吉備高原都市（産業）	岡山県生物科学総合研究所	吉備高原都市（住宅）
広島中央	呉市	賀茂学園都市（産業）	広島大学・近畿大学工学部	賀茂学園都市（住宅）
宇部	宇部市	宇部新都市（産業）	山口県産業技術センター	宇部新都市（住宅）
香川	高松市	香川インテリジェントパーク	香川大学工学部	－
愛媛	松山市	東予インダストリアルパーク	－	東部丘陵地住宅団地
久留米・鳥栖	久留米市	広川工業団地・鳥栖北部丘陵新都市（産業）	－	鳥栖北部丘陵新都市（住宅）
環大村湾	佐世保市	大村ハイテクパーク・諫早中核工業団地	長崎県工業技術センター	－
県北国東	大分市（圏域外）・別府市（圏域外）	大分北部中核工業団地	大分県産業科学技術センター	－
熊本	熊本市	熊本テクノリサーチパーク	県テクノポリス財団附属電子応用機械技術研究所	－
宮崎	宮崎市	宮崎学園都市（産業）	宮崎大学・宮崎県工業センター	宮崎学園都市（住宅）
国分隼人	鹿児島市	国分上野原テクノパーク	鹿児島県工業技術センター	隼人ガーデンシティ

資料）本資料は，日本立地センター発行の『産業立地』に掲載された各テクノポリス地域の開発構想および計画の概要資料および日本立地センター（1995），同（1999）に掲載の各テクノポリス地域の事業・施設整備に関する資料および地図，日本立地センター・テクノポリス'90建設構想委員会（1982）のテクノポリス建設にかかる空間整備の類型資料（同，pp. 143-144）より筆者が作成した。

第 5 章 テクノポリス法と地方圏工業振興

日本立地センター・テクノポリス'90構想委員会(1987)の空間整備類型	「新都市」ないし「テクノポリス開発区」の設定	テクノポリス区(新都市・開発区・ゾーン)への立地			総合評価	地域振興整備公団事業(主要な工業再配置・テクノポリス・頭脳立地関連事業)	備 考
		産業の立地	学(理工系大学・研究機関)の立地	住居の建設			
-	×	-	-	-	×	-	千歳,恵庭,苫小牧と分散
B-1	○	×	○	○	△	-	産業の立地弱い
A-2	△	×	×	×	×	青森中核工業団地	開発構想が進まず
-	×	-	-	-	×	江刺中核工業団地	北上・花巻の分散
-	○	○	○	○	○	仙台北部中核工業団地	泉パークタウンは民間(三菱地所)事業
B-1	△	×	×	○	△	秋田新都市	学機能に理工系大学なし
-	×	-	-	-	×	米沢八幡原中核工業団地・アルカディアソフトパーク	米沢・天童・山形の分散開発
-	×	-	-	-	×	郡山ウエストソフトパーク	産学と住が分離
A-2	○	○	○	○	○	頭脳立地法3セク整備	自動車関連研究部門立地,宇都宮大学工学部はテクノポリス地区から5km圏内
A-2	○	×	○	○	△	長岡ニュータウン	居住人口伸び悩む
-	×	-	-	-	×	-	住機能整備弱い
-	×	-	-	-	×	-	坂城・上田,佐久に分散
A-2	○	○	○	○	○	頭脳立地法3セク整備・浜北新都市	浜北新都市は建設遅れる
A-2	○	△	○	○	△	富山八尾中核工業団地・富山イノベーションパーク・頭脳立地3セク整備	産と学・住の近接性が不十分
A-1	○	○	△	△	△	-	居住人口伸び悩む
A-1	○	△	○	△	△	吉備高原都市	産・住も立地進まず
A-1	○	△	○	○	△	賀茂学園都市	地域公団事業
B-2	○	△	○	○	△	宇部新都市	産業の立地が弱い
B-2	×	-	-	-	×	頭脳立地法3セク整備	旧高松空港跡地活用したインテリジェントパークは大学・旧工業技術院等の研究集積形成
-	×	-	-	-	×	-	
B-1	×	-	-	-	×	広川中核工業団地・鳥栖北部丘陵新都市	久留米・鳥栖・広川の分散開発
B-2	×	-	-	-	×	諫早中核工業団地	佐世保・大村・諫早の分散開発
B-2	×	-	-	-	×	大分北部中核工業団地	広域点在型テクノポリスのため産業区と大学・都市が分離
B-2	×	-	-	-	×	熊本中核工業団地	リサーチパークと住居の分離
B-1	○	△	○	○	△	宮崎学園都市	産業の立地弱い
A-1	○	△	○	△	△	頭脳立地法3セク整備	隼人ガーデンシティ建設が進まず

産学住の近接性は,学と産と住の各ゾーンが概ね5km内で計画されたかについてgoogleマップを用いて検証した。
学については,都市建設・まちづくりという視点から既存の大学ではなく,新設・移転されたものに限定している。

3．テクノポリスの定量的評価

先端技術産業とテクノポリス政策

テクノポリス構想における先端技術産業の範囲は，日本立地センター・テクノポリス'90建設構想委員会（1982）のなかで以下の14業種が設定された。①航空機および航空機部品，②宇宙産業，③光産業，④バイオテクノロジー利用産業，⑤メカトロニクス－メディカルエレクトロニクス機器，⑥メカトロニクス－産業用ロボット，⑦エレクトロニクス－IC産業，⑧エレクトロニクス－コンピューター産業，⑨エレクトロニクス－ワードプロセッサー，⑩新材料産業－金属系新材料，⑪新材料産業－ファインセラミクス，⑫ファインケミカルズ（医薬品），⑬産業機械，⑭ソフトウェア産業（情報処理産業）としている。

これらを踏まえ，工業統計表を用いて定量的分析が可能な業種を抽出し，「航空機・宇宙産業」，「メディカルエレクトロニクス」，「産業用ロボット」，「IC産業（集積回路）」，「コンピュータ産業」，「ファインケミカルズ」，「新材料産業」に組み替えて業種別の出荷額を算出し，テクノポリス構想が策定された1980年と「テクノポリス法」が廃止された1998年とを，テクノポリス地域（合計）と全国に分けて比較したものが表5-3である。

まず製造業（全業種）をみると，テクノポリス地域（合計）は，1980年の20.2兆円から98年の33.1兆円と年平均3.9%の伸びを示した。一方，全国では年平均2.9%の伸びに留まり，テクノポリス地域が上回った。

業種別にみると「航空・宇宙産業」，「メディカルエレクトロニクス」，「IC産業（集積回路）」，「コンピュータ産業」，「ファインケミカルズ」，「新材料産業」はテクノポリス地域が全国の伸び率を上回った。

また，テクノポリス地域の対全国シェアについて1980年と1998年を比較すると，「IC産業」14.4%から25.7%と大きく伸ばしている。同様に「コンピュータ産業」は2.7%から11.0%，「メディカルエレクトロニクス」3.0%から9.0%，「航空機・宇宙産業」2.5%から7.6%と伸ばしている。1998年のテクノポリス地域の全業種における対全国シェアは10.8%である。これに比べて「産業用ロボット」27.8%，「IC産業（集積回路）」25.7%の

表 5-3 テクノポリス地域および全国の先端技術産業の出荷額の動向

	業種	出荷額 (名目値：億円)		年平均伸び率（%）	対全国シェア（%）	
		1980年	1998年	(%)	1980年	1998年
テクノポリス地域（合計）	航空機・宇宙産業	88	852	13.4	2.5	7.6
	メディカルエレクトロニクス	115	813	11.5	3.0	9.0
	産業用ロボット	×	1,341	—	—	27.8
	IC産業（集積回路）	1,383	17,721	15.2	14.4	25.7
	コンピュータ産業	436	9,836	18.9	2.7	11.0
	ファインケミカルズ	2,801	7,267	5.4	9.7	12.2
	新材料産業	2,656	6,133	4.8	5.8	8.3
	製造業全業種	202,130	330,535	2.8	9.5	10.8
全国	航空機・宇宙産業	3,475	11,155	6.7	—	—
	メディカルエレクトロニクス	3,874	9,051	4.8	—	—
	産業用ロボット	100	4,830	24.0	—	—
	IC産業（集積回路）	9,623	69,077	11.6	—	—
	コンピュータ産業	15,863	89,348	10.1	—	—
	ファインケミカルズ	28,925	59,629	4.1	—	—
	新材料産業	45,800	73,946	2.7	—	—
	製造業全業種	2,121,243	3,058,400	2.1	—	—

資料）日本立地センター（2001）所収の資料より筆者作成。
　各業種は，工業統計表を用いて以下の日本標準産業分類（平成5年10月改定）に対応させて集計・算出している。
　航空機・宇宙産業：「315　航空機・同附属品製造業」「3199　他に分類されない輸送用機械器具製造業」
　メディカル・エレクトロニクス：「323　医療用機器・医療用品製造業」
　産業用ロボット：「2998　産業用ロボット製造業」
　IC産業：「3083　集積回路製造業」
　コンピュータ産業：「376　電子計算機・同付属装置製造業」
　ファインケミカルズ：「206　医薬品製造業」「2097　試薬製造業」
　新材料産業：「223　工業用プラスチック製品製造業」「251　ガラス・同製品製造業」「254　陶磁器・同関連製品製造業」「256　炭素・黒鉛製品製造業」「272　非鉄金属第二次精錬・精製業」「279　その他の非鉄金属製造業」

2つの業種は，相対的に比率が高い業種であることが分かる。

テクノポリス地域における「集積回路製造業」

　上記の2業種のうち「IC産業（集積回路）」は，1998年において6.9兆円の出荷額に及ぶ1980年代以降の日本の製造業を牽引してきた業種のひと

表5-4 テクノポリス（全地域）における集積回路製造業の指標

地域		実数				1事業所あたり		
		事業所数(箇所)	従業者数(人)	出荷額(億円)	付加価値額(億円)	従業者数(人)	出荷額(億円)	付加価値額(億円)
1998年	テクノポリス（合計）	53	39,609	17,721	5,909	747	334	111
	全国	234	156,392	69,077	21,371	668	295	91
	大都市圏	54	43,556	21,479	6,116	807	398	113
	地方圏	180	112,836	47,598	15,254	627	264	85
1980年	テクノポリス（合計）	19	8,753	1,383	498	461	73	26
	全国	81	42,806	9,623	4,463	528	119	55
	大都市圏	18	19,462	5,861	2,795	1,081	326	155
	地方圏	63	23,344	3,762	1,668	371	60	26

資料）日本立地センター（2001）所収資料より筆者作成。
注）大都市圏：東京，神奈川，千葉，埼玉，愛知，京都，大阪，兵庫の都府県
　　地方圏：大都市圏以外の道県

つである。

　表5-4は，テクノポリス地域および全国における「集積回路製造業」の事業所数，従業者数，出荷額，付加価値額および1事業所あたりの従業者数，出荷額，付加価値額を示したものである。1980年と1998年を比較すると，事業所数では，テクノポリス（全地域）19ヵ所から53ヵ所（約2.8倍），全国では81ヵ所から234ヵ所（約2.9倍）に増加した。さらに1事業所あたり換算して従業者数，出荷額，付加価値額を比較すると，1980年では3つの指標全てにおいてテクノポリスが全国を下回ったが，1998年にはテクノポリスが全国を上回った。

　また，表5-5は，各テクノポリス地域における集積回路製造業の事業所数を示したものである。1980年には，全テクノポリス地域には，この部門の事業所数が合計19ヵ所あった。このうち九州は11ヵ所（熊本地域6，国分隼人地域3，県北国東地域2），東北4ヵ所（北上川流域2，山形2）と九州および東北合わせて15ヵ所とその多くを占めた。

　1998年には全テクノポリス地域では合計53ヵ所となり，九州・東北以外に19ヵ所となり事業所立地が分散的に広がった。

　表5-6は，集積回路製造業事業所数3ヵ所以上のテクノポリス地域の指標（1998年）である。事業所数3ヵ所以上の地域は，北上川流域地域（3ヵ所），

表 5-5 テクノポリス地域における集積回路製造業の事業所数

地域	1980 年	1998 年	地域	1980 年	1998 年
道央	—	1	西播磨	—	—
函館	1	1	吉備高原	—	1
青森	—	1	広島中央	—	1
北上川流域	2	3	宇部	—	3
仙台北部	—	5	香川	1	1
秋田	—	1	愛媛	—	2
山形	2	4	久留米・鳥栖	—	—
郡山	—	1	環大村湾	—	1
宇都宮	1	2	熊本	6	8
信濃川	—	1	県北国東	2	7
富山	1	2	宮崎	—	1
甲府	—	2	国分隼人	3	2
浅間	—	2	テクノポリス計	19	53
浜松	—	—	全国	81	234

資料)日本立地センター(2001)所収資料より筆者作成。

表 5-6 集積回路製造業事業所数 3 以上のテクノポリス地域の指標(1998 年)

地域	実数				全国に占めるシェア			
	事業所数 (箇所)	従業者数 (人)	出荷額 (億円)	付加価値額 (億円)	事業所数 %	従業者数 %	出荷額 %	付加価値額 %
北上川	3	5,690	1,462	397	1.3	3.6	2.1	1.9
仙台北部	5	3,486	1,616	840	2.1	2.2	2.3	3.9
山形	4	2,416	1,061	320	1.7	1.5	1.5	1.5
宇部	3	2,234	713	148	1.3	1.4	1.0	0.7
熊本	8	5,087	2,597	412	3.4	3.3	3.8	1.9
県北国東	7	3,340	3,039	1,025	3.0	2.1	4.4	4.8
上記 6 地域計	30	22,253	10,488	3,143	12.8	14.2	15.2	14.7
テクノポリス(全地域)	53	39,609	17,721	5,909	22.6	25.3	25.7	27.7

資料)日本立地センター(2001)所収資料より筆者作成。

仙台北部地域(5ヵ所),山形地域(4ヵ所),宇部地域(3ヵ所),熊本地域(8ヵ所),県北国東(7ヵ所)である。これら 6 地域の出荷額の合計値の対全国シェアは,15.2%である。テクノポリス地域(全地域)では 25.7%であり,上の 6 地域のシェアの高さが示されている。特に,県北国東地域は 4.4%,熊本地域は 3.8%とテクノポリス地域のなかでも高く,2 地域計

表 5-7 集積回路製造業の集積する代表的なテクノポリス地域

地域名	1998年 製造業出荷額（億円）	集積回路出荷額（億円）	製造業出荷額に占める集積回路のシェア	主要事業所名	設立年	従業員数（人）	工程	工場の概況
県北国東	7,804	3,039	38.9%	日本テキサスインスツルメンツ日出工場	1973	1,400	前	CSPの開発・製造拠点
				杵築東芝エレクトロニクス	1983	700	後	システムLSI，ASICの組み立て・検査。東芝・大分工場で前処理するシステムLSIの後工程
				大分日本電気	1983	390	後	MOSIC，LSI組み立て，九州日本電気100%出資
				ソニー大分	1984	950	後	ソニー長崎，国分で前処理されたMOSロジックを中心としたIC，LSIの組み立て
熊本	12,892	2,597	20.1%	三菱電機熊本製作所	1967	1,000	一貫	DRAM，フラッシュメモリー
				九州日本電気	1969	3,400	一貫	システムLSI等。我が国の半導体工場の中心的存在
仙台北部	12,042	1,616	13.4%	東北セミコンダクタ	1987	1,500	一貫	8，16，32bit MCU等のロジック製品。当初，東芝・モトローラのJVだったが2000年よりモトローラ単独へ移行
				宮城沖電気	1988	950	一貫	DRAM，ASIC
北上川流域	8,354	1,462	17.5%	岩手東芝エレクトロニクス	1973	3,350	一貫	MCU，CCD一貫，MPU等生産。東芝ロジックICの量産拠点
				富士通岩手工場	1980	2,000	一貫	16/64MDRAM，フラッシュメモリー，MCU等

資料）日本立地センター（2001）所収資料および産業タイムズ社（2000）より筆者作成。

8.2%に達する。他方，従業者数でみると，上記6地域で22,253人（対全国シェア14.2%）である。特に北上川地域5,690人（対全国シェア3.6%），熊本5,087人（対全国シェア3.3%）が5,000人を超える地域であり，大きな雇用が創出されていたことが示されている。

表5-7は，集積回路製造業の集積する代表的なテクノポリス地域とその地域に立地する主な事業所の概要である。

その設立年をみると，1960年代には，熊本地域の三菱電機熊本製作所（1967年），九州日本電気（1969年），1970年代には，県北国東地域の日本テ

キサスインスツルメンツ日出工場（1973年），北上川流域地域の岩手東芝エレクトロニクス（1973年）が立地した。この熊本地域，北上川流域地域の事業所立地は，シリコンアイランド九州，シリコンロード東北と称されたIC産業集積の先駆けとなった。

1980年代には，北上川流域地域に富士通岩手工場（1980年），県北国東地域に杵築東芝エレクトロニクス（1983年），大分日本電気（1983年），ソニー大分（1984年）と相次いで立地が進んだ。その後，仙台北部地域に東北セミコンダクタ（1987年），宮城沖電気（1988年）と続いた。

地域的な特徴をみると，まず九州の県北国東地域は，集積回路製造業の出荷額が他地域と比して大きく，全業種に占めるシェアも高い。しかし，80年代前半に立地した3つの事業所の製造工程を見ると，後工程のみしか立地していない。九州内に立地する各社の主力工場にて前工程が行われ，労働集約的な工程である後工程が県北国東地域で担われている。また，これら後工程工場の従業員数でみた規模は，他地域の一貫生産工場と比較して相対的に小規模である。こうしたことから，県北国東地域の集積回路製造業は，労働集約的で相対的に小規模であり農村工業導入的色彩が強い。また，仙台北部地域に80年代後半に立地した2つの主要事業所は，前工程・後工程の一貫生産工場である。しかしながら北上川流域地域と比して同地域の従業員数でみた事業所規模は小さい。

一方，熊本地域は，1960年代に2つの主要事業所が立地しており，その一つの九州日本電気は，従業員数3,400名の我が国半導体工業の中心的存在とみなされる工場となった。両事業所の製造工程も前工程・後工程の一貫生産である。同様に，北上川流域地域には，2つの主要事業所が1973年および1980年と早い時期に立地しており，その一つである岩手東芝エレクトロニクスは，従業員数3,350名，前工程・後工程の一貫生産のIC生産の量産拠点である。熊本地域および北上川流域は，こうした大手メーカーの地方圏の拠点工場が早くから立地しており，それぞれ九州・東北の半導体生産の中核的拠点になったと言える。

図 5-4 テクノポリス地域における工業集積度と出荷額の年平均伸び率
(1980〜1998 年)

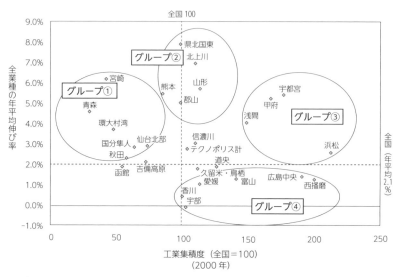

資料）日本立地センター (2001) の所収データより筆者作成。

各テクノポリス地域の出荷額の変化

図 5-4 は，各テクノポリス地域および全国における出荷額（全業種）年平均伸び率（1980〜1998 年)[22]を縦軸に工業集積度（2000 年)[22]を横軸に図示したものである。まず縦軸である出荷額（全業種）の年平均伸び率の全国値は 2.1％である。また横軸である工業集積度の全国値は 100 である。この 2 つの全国値を踏まえてテクノポリス地域を 4 つのグループに分けて分析すると以下のとおりである。

縦軸つまり出荷額（全業種）の年平均伸び率を基準にみると，上回った地域が 17 地域，下回った地域が 9 地域（函館，香川，宇部，久留米・鳥栖，愛媛，道央，富山，広島中央，西播磨）である。前者の地域は，工業集積度の大きさから大きく 3 つにグループ化できる。まずグループ①のように工業集積度がもともと低く，「テクノポリス計画」を通じて工業出荷額を伸ばしてきた地域であり，宮崎，青森，環大村湾，国分隼人の各地域が該当する。

図 5-5 技術先端型（8 業種）と全業種出荷額の年平均伸び率（1980〜1998 年）

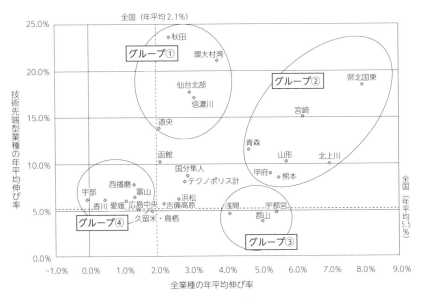

資料）日本立地センター（2001）所収データより筆者作成。

これらは，大都市圏から離れた九州・東北のテクノポリス地域である。次にグループ②のように工業集積度が全国値の前後であり，工業出荷額の伸びが相対的に高かった県北国東，北上川流域，山形，熊本，郡山の各地域が該当する。東北・九州でも相対的には工業集積度が高く，企業誘致が進んでいた地域である。さらにグループ③には工業集積度がもともと高い地域であり，浅間，甲府，宇都宮，浜松の各地域が属する。これらは関東またはその近くに位置する。最後にグループ④に含まれるのは，製造業（全業種）の年平均伸び率が全国を下回るとともに，工業集積度が全国値を上回る地域である。香川，宇部，愛媛，富山，広島中央，西播磨の各地域が該当する。このグループには中四国のテクノポリス（5 地域）のうち 4 地域が含まれており，これらは基礎素材型産業からの転換を目指していた地域である。

図 5-5 は，1980 年から 1998 年までの出荷額の年平均伸び率について通産

省の工場立地動向調査に基づく「技術先端型」8業種[23]を縦軸，製造業（全業種）を横軸において各テクノポリス地域を位置づけたものである。

まず縦軸でみると，技術先端型業種の年平均伸び率の全国値は5.5％である。これを上回った地域は21地域，下回った地域は5地域である。

グループ①は，技術先端型業種の伸びが高いものの，全業種の伸びが全国を若干上回っているに過ぎない地域である。これには，秋田，環大村湾，仙台北部，信濃川，道央の各地域が該当する。秋田地域はTDK，環大村湾はソニー，仙台北部はモトローラ，沖電気等の立地から技術先端型業種の著しい伸びを示したものの，基礎素材系（鉄鋼，非鉄金属・紙・パルプ，石油）や木材，造船等の不振から全業種での伸びがあまり見られなかった地域である。次にグループ②は，技術先端型の業種の伸びが高く，これらが全業種の伸びと相関した地域であり，東北・九州のテクノポリスが該当する。県北国東地域にはNEC，東芝，ソニー，宮崎地域の沖電気，富士通等が挙げられる。そしてグループ③は，もともと首都圏およびその近傍に位置した地域であり，技術先端型業種の伸びは低かったものの，その他の加工組立系業種等の伸びが見られた地域である。これには，浅間，宇都宮，郡山地域が該当する。最後にグループ④は，技術先端型業種の伸びは全国を上回りつつも相対的には伸びが低く，全業種の伸びは全国以下の地域である。グループ④は図5-4のグループと同一である。結局のところ先端技術産業の成長は期待されたほど実現せず，製造業（全業種）も伸び悩んだと言える。

第5節　小　括——テクノポリス政策が目指した理想と成果および限界——

これまでの考察を踏まえてテクノポリス政策を総括すると以下の結論を導き出すことができる。

第1に，1980年に打ち出されたテクノポリス構想は，「工業再配置法」の理念に基づき当初より三大都市圏から離れた遠隔地において「産学住の調和のとれたまちづくり」の理想的な都市像の建設を目指していた。人口4万人の理想の新都市建設に5,400億円の投資が必要との試算がされていた。しかし，財政難から法律の制定も危ぶまれる状況にあった。また，最終的には

26ヵ所の地域指定が行われたが，当初の新都市建設は，少しずつ後退していき，特に追加指定地域ではほとんど全く重視されなかった。

　第2に，こうした当初のテクノポリス構想からの理想像の後退は，政策主体のプレイヤー間の対立・協調から形成されたものである。まず国における主な対立・協調関係は，①マイナスシーリング下における財政から厳しく対立した大蔵省・自治省との関係性（対立），②「工業再配置促進法」により地域開発政策において大きな役割を担うこととなった通産省と実際の都市の建設を担う建設省，国土計画を担う国土庁との関係性（対立そして協調），③産学連携に当時疎かった文部省にみられるような蚊帳の外の省庁との関係性（弱い関係性）の3つが存在した。また，通産省と地方自治体との関係においても，地域指定を巡る考え方での対立・協調を経て当初の1ヵ所から26ヵ所へと大きく理想から後退した。

　第3に，定性的・定量的に評価すると，各地域のテクノポリス建設は，研究者により国による画一化が指摘されていた。しかし，各地域の独自の研究戦略に基づいた研究機関の整備やテクノポリス開発機構の取組みを通じて，各地域のテクノポリスは次第に独自性が発揮されてきた，と言える。

　第4に，当初の構想に掲げた「産学住の調和のとれたまちづくり」が実現できた地域は，一部に限られたと言える。

　第5に，先端技術産業の集積については，東北・九州のテクノポリスの多くの地域で，同産業の出荷額の伸びが全国を上回るとともに全業種においても同様の地域が多かったことから，地方圏工業の拠点が形成されたと言える。しかし，中四国のテクノポリスでは，先端技術産業の立地が期待ほど伸びず，産業構造の転換には限界があったと言える。しかし，こうした東北・九州地域の先端型産業の立地が進みつつも，労働力確保を優先し研究開発機能を伴うものではなかった点にも注意する必要がある。

[注]
1）当初のテクノポリス構想とは，1980年代をリードする技術と文化に根ざした都市づくりを推進すべきという問題意識の下に財団法人産業研究所の企画として「テクノポリス90建設構想研究会」が組織され，1980年7月に取りまとめられたもので

ある。

　財団法人産業研究所とは，1976年に設立された通産省の外郭団体であり，同省の政策形成にかかる委託調査を行う財団法人である。その研究のための資金として，同省所管の日本自転車振興会補助金が活用され，大臣官房企画室が研究テーマの設定に関与していた。同研究所と大臣官房企画室の関係については，大臣官房企画室による研究資金管理問題が報じられた『朝日新聞』(2005年06月23日夕刊「経産省，数千万円の裏金管理　大臣官房企画室，研究費を流用」) にて以下のような記載がある。「同省大臣官房の元幹部ら関係者の話などによると，同省の政策立案を担う同室では，旧通産省だった00年以前の時期，外郭団体の財団法人『産業研究所』に対し，経済社会の基盤，機械産業，対外政策など様々な分野の年間の研究案を提示。その案が採用されると，テーマごとに選んだ専門の大学教授やシンクタンクの研究員らとともに研究会を立ち上げていた。……(中略)……同研究所の調査・研究事業は，経産省所管の特殊法人・日本自転車振興会の補助金をもとにしている。同振興会は，競輪の収益金で運営され，研究事業や，青少年の育成事業など，公益事業に補助を実施している。同研究所は毎年10月までに翌年度の研究テーマを決定し，一括して同振興会に補助金を申請。同振興会が申請内容を審査して補助金額を決めている。同研究所は毎年50〜60件の研究事業を実施している」。

　高橋 (1993) には研究会の予算について企画室に工面してもらった旨が記載されている。産業研究所 (1980) の表紙の裏には，「日本小型自動車振興会からオートレース収益金の一部である機械振興資金の補助を受けて作成したものである」と記載されている。日本小型自動車振興会も経済産業省所管の外郭団体 (特殊法人) である。同会は，2008年には日本自転車振興会を引き継いだ法人 (現在の公益財団法人JKA) にその業務を引き継いで解散している。また，産業研究所は，事務次官や局長経験者が民間への天下り禁止期間に顧問等の役職に就任する通産省の外郭団体 (財団法人) でもあった。

2) 伊東 (1998, pp. 80-81) は以下のように主張する。「テクノポリス法をはじめ，主務官庁の行政指導を含む国の一連のテクノポリス政策が各地域のテクノポリス建設を，相互に類似した画一的なものに導いていることである。テクノポリスについては構想段階から地域の主体性・主導性が強調されているが，それは，計画内容や建設への創意・工夫よりも，むしろ地方自治体の財政資金の投入，民間資金の積極的活用等，資金面において地域の主体性・主導性がフルに発揮されることを求めてのことであった。実際においては，地域の主体性・主導性といっても，それは国の意向に沿う範囲内のことであって，テクノポリスは国の主導性の強いものとなっている。県が定める開発計画は，国の開発指針に従うだけではなく，主務官庁の助言・指導・審査等を通じて国の意向を取り入れざるをえない仕組みになっている。この結果，各地のテクノポリス計画は，国の主導性の強い，相互に類似した画一的な内容となっている。従ってまた，計画に基づき進められている各地域のテクノポリス建設の態様も，互いに似通ったものに帰している。さらに，テクノポリス開発機構にしても，現行の事業体系は，法定4事業のほか，国の補助を受けて開始された地域技術起業化推進事業，地域技術波及促進事業など，法的規制や国の補助・行政指

導のもとに組み立てられており，画一的で総花的な内容を有している。このため，必ずしも地域企業の実態やニーズを反映したものとなっていない。こうしたことも，テクノポリス開発機構が十分な開発効果を発揮するに至っていないことの一因となっているのである。」

3）産業研究所（1980）と通産省・産業構造審議会（1980）『80年代の通産政策ビジョン』とは以下のような関係がある。

　藤田（1983, p. 24）は，テクノポリス構想の経緯に関する表を示している。これによれば，1979年に通産省内の検討が行われ，1980年3月に「80年代の通産政策ビジョン」として盛り込まれたことが示されている。その間の経緯については，当時の担当の工業再配置課課長補佐であった佐瀬（1982）に詳しく書かれている。佐瀬（1982, p. 6）では，産業研究所（1980）を取りまとめた「テクノポリス90」建設構想研究会委員長の石井威望（東京大学工学部教授）との話から当時の状況が覗える。委員長となった石井に当時の工業再配置課長と同課長補佐であった佐瀬が訪問した日は1980年1月17日であり，この日第1回の委員会が2月8日と決まったと書かれている。この段階では，できたてのテクノポリスのアイデアを引っ下げてというと聞こえは良いが，組立前のパーツを寄せ集めて，それを学識経験者に練り上げてもらおうという虫のいいお願いをしたと佐瀬（1982, p. 6）は書いている。第1回委員会では，事務局作成の構想の骨子が提示された（同，p. 7）。1980年3月の『80年代の通産政策ビジョン』では，地域振興の具体的な事例として以下のように説明されている。「テクノポリス（技術集積都市）とは，電子・機械等の技術先端部門を中心とした産業部門とアカデミー部門，さらに居住部門を同一地域内で有機的に結合したものである。この構想は，産業，学術部門を先導しつつ地域振興を図り，同時に新しい地域文化を創造しようとするものである。土地とインフラストラクチャーの整備を中心としたこれまでの地域開発とは，発想において異なるものであり，80年代以降の新しいモデルとなるものである」（通産省・産業構造審議会，1980, p. 117）。

　また，構想当時の工業再配置課長であった高橋（1993）は，テクノポリスの着想について当時の状況について述べている。

4）Preer（1992, p. 2）は，この新しいハイテク地域がテクノポリスという名称を得たと指摘し，このテクノポリスという名称が日本の久留米市長に由来するとTatsuno（1986）が述べていると注記している（Preer, 1992, p. 9）。しかし，テクノポリス構想を策定した当時の担当課長であった高橋（1993）は，通産省による造語であることを述べている。

5）テクノポリス建設の目標は2つある。①先端技術産業集積と②まちづくりである。この点について三和総合研究所の江島・野田（1999, p. 42）は，その評価にあたって「当該政策は産業面における効果（テクノ）を期待するのみならず先端的な都市開発（ポリス）を期待する点において一概に（狭義の意味において）産業政策と同義とは言い切れない部分がある」と指摘する。

6）「テクノポリス90建設構想研究会」のメンバーは以下のとおりである。委員長：石井威望，委員：丹羽冨士雄（筑波大学助教授），杉山武彦（一橋大学講師），町山公

孝（鹿島建設），山田勝康（清水建設），林洋太郎（三井不動産），藤岡和賀夫（電通），伊藤裕夫（電通），伊藤吉美（日本興業銀行），石川淳一郎（日本債券信用銀行），林新一郎（住友信託銀行），幹事：三輪公夫（日本立地センター），原田実（地域振興整備公団）。委員は学から3名，建設・不動産業界から3名，金融機関から3名，広告業から2名であった。学以外のメンバーをみると産業界から先端技術産業の関係者がおらず，建設・不動産関係と銀行および広告代理店という構成は，新たな都市づくりのコンセプトを構想する委員会であり，先端技術産業の成長政策としての色合いは薄く感じられる。構想自体もそうした内容となっている。

7) この資料は，会計検査院のホームページに掲載されている「平成15年度決算検査報告第4章特定検査対象に関する検査状況　第10産業再配置促進費補助金について」(http://report.jbaudit.go.jp/org/h15/2003-h15-0990-0.htm　2016.3.22閲覧)からの引用である。

8) 神谷は，メカトロ都市を目指す川崎市について「大都市周辺の川崎市」と述べており，川崎市は，テクノポリスとしては地域開発の観点から応援しないと言及している。地域開発的観点つまり工業再配置的な観点で見れば，川崎市内には工業再配置計画における移転促進地域が存在する。移転促進地域は二大都市圏に加えて中京大都市圏を含んでおり，三大都市圏は当初から除外し，工業集積度の低い誘導地域を軸にテクノポリスを建設しようとする意図が分かる。

9) 「工業再配置促進法」第2条第2項第一号には，誘導地域において政令で定める市区町村の区域を除くと記されている。この区域は同法施行令第3条に規定されており，①国勢調査1970年の結果により市町村人口が50万人以上である，②同人口が50万人未満の場合　イ）人口30万人以上であって工業集積度が2以上または人口増加率が1965年と比べて15%以上の伸びがある，ロ）同人口が20万人以上30万人未満であって工業集積度3以上または，人口増加率が1965年と比べて15%以上の伸びがある，ハ）同人口が10万人以上20万人未満で工業集積度3以上である。具体的には，札幌市，室蘭市，仙台市，新居浜市，北九州市，福岡市，長崎市，大分市である。

　なお，工業再配置計画における工業集積度は以下の算出方式で求める値である。（人口1人あたり粗付加価値額（市町村）÷人口1人あたり粗付加価値額（全国）＋可住地面積1km^{2}あたり製造品出荷額（市町村）÷可住地面積1km^{2}あたり製造品出荷額（全国））÷2×100。考え方としては，「人口あたりの生産性（労働生産性）」と「可住地面積あたりの出荷額（敷地生産性）」についてそれぞれ対全国を尺度にしてその比を算出し合計するという値である。全国を100とした尺度をこれによって設定し，地域の指定に活用している。これが地域の工業集積を示す指標として適切かどうかは，議論の余地がある。

10) 佐賀県の鳥栖地域は，後になって福岡県久留米地域と県境を越えて同じエリアとしてテクノポリス指定を受けた。また御坊は最終的に指定を受けることはできなかった。

11) 寺田は，文中のかっこ書きにて大蔵省との調整が難航したために，当時のテクノポリス構想を推進する通産省の課長が自殺した事件について言及している（寺田，

1983, p. 214）。この点についてはジャーナリストである大薗（1983）も触れている（大薗，1983, p. 52）。
12) 大薗（1983）は，この著作をまとめるにあたって約70人に対する取材を行ったことを「あとがき」（同，p. 341）にて述べている。
13) 開発計画の承認は日本立地センター（1999b, p. 10）によると以下のとおりである。1984年3月：新潟県（長岡），富山県（富山），静岡県（浜松），広島県（広島中央），山口県（宇部），熊本県（熊本），大分県（県北国東），宮崎県（宮崎），鹿児島県（国分隼人）。同年5月：秋田県（秋田），栃木県（宇都宮），7月：北海道（函館），8月：岡山県（吉備高原），9月：福岡県・佐賀県（久留米・鳥栖）。1985年3月：環大村湾，8月：青森県（青森），9月：兵庫県（西播磨），12月：香川県（香川），1986年12月：宮城県（仙台北部），福島県（郡山）（以上までを先発地域と称する）。1987年3月に開発指針改正を行い，1987年度以降承認（後発地域）における開発計画目標年次を1995年とした。1987年9月：岩手県（北上川流域），山形県（山形），12月：長野県（浅間），1988年2月：山梨県（甲府），4月：愛媛県，5月：開発計画変更（新潟県：長岡から信濃川へ名称および区域変更），1989年2月：北海道（道央）。
14) これらの4つは，産業構造審議会（部会ないし部会小委員会）の答申ないし報告書である。
15) 国立大学と民間等との共同研究については，1983年度から文部省の調査が開始されている。また，国立大学における地域共同研究センターは1987年から始まっている。http://www.mext.go.jp/a_menu/shinkou/sangaku/sangakub/sangakub3.htm　2016.4.11閲覧。
16) 科学技術庁の生活・地域流動研究については科学技術庁編（1992）『科学技術白書──科学技術の地域展開（平成4年版）』大蔵省印刷局を参照。http://www.mext.go.jp/b_menu/hakusho/html/hpaa199201/hpaa199201_2_025.html　2016.4.11閲覧。
17) 国立研究開発法人科学技術振興機構によるRSP（地域研究開発促進拠点支援）事業および地域結集型研究の説明は以下の通りである。
　「地域における科学技術基盤の形成には，研究開発活動をリードするコーディネート機能の充実が不可欠とされます。地域研究開発促進拠点支援事業は，都道府県が地域の科学技術活動の活発化を図るために設立した財団等をコーディネート活動の拠点として整備するにあたり，国全体の科学技術基盤形成の視点から，科学技術振興事業団が科学技術コーディネータを委嘱し，かかる拠点の活動を支援するものです。コーディネート活動には幅広い内容が求められるため，本事業には，地域における産学官の連携の状況に応じて，異なる2つのタイプがあります。一つは，地域における産学官の人や研究情報の交流を活発化するネットワーク構築型で，もう一つが，既に地域に産学官のネットワークを持つ地域において，地域の大学等の研究シーズを育成・活用する研究成果育成型です」（出典：http://www.jst.go.jp/chiiki/rsp/index.html#gaiyo　2016.3.31閲覧）。
　また地域結集型研究開発についても同様に以下の解説がある。

「地域として企業化の必要性の高い分野の個別的研究開発課題を集中的に取扱う産学官の共同研究事業であり，大学等の基礎的研究により創出された技術シーズを基にした試作品の開発等，新技術・新産業の創出に資する企業化に向けた研究開発を実施するプログラムです」(出典：http://www.jst.go.jp/chiiki/kesshu/index.html 2016.3.31 閲覧)。

18) 1988年5月に制定された頭脳立地法の指定地域は，(財) 日本立地センター (1999b, p. 28) によると以下である。1989年3月に静岡県 (浜松＊)，富山県 (富山＊)，徳島県 (徳島)，青森県 (八戸)，1990年2月に山梨県 (山梨＊)，鹿児島県 (鹿児島＊)，石川県 (石川)，岡山県 (岡山＊)，同年3月に和歌山県 (和歌山)，鳥取県 (鳥取)，福岡県 (北九州)，広島県 (広島＊)，同年8月に茨城県 (水戸)，大分県 (大分＊)，沖縄県，1991年3月福島県 (郡山＊)，同年9月北海道 (旭川)，群馬県 (群馬)，1992年4月山形県 (山形＊)，6月山口県 (山口＊)，香川県 (香川＊)，長崎県 (長崎＊)，岐阜県 (岐阜)，岩手県 (盛岡)，栃木県 (宇都宮＊)，宮崎県 (宮崎＊)。指定地域は 26 地域である。うちテクノポリスと圏域が重なる地域 (＊) は，13 地域である。地域振興整備公団は，指定地域において研究所，ソフトウェア業，情報処理サービス業の集積のための業務用地の造成，産業高度化に資する研究開発，研修のための施設の出資ができる。

　頭脳立地政策は，テクノポリス政策の目指した先端技術産業の集積促進の対象でもある研究所やその延長上にあるソフトウェア業および情報サービス業の立地を対象としている。そのため頭脳立地政策は，テクノポリス政策からみれば同政策を補完する政策であるとも言える。

19) テクノポリス開発機構による研究所の運営としては，函館地域では，テクノポリス開発機構が北海道立工業技術センター (公設民営) の管理運営を行い，山形地域では，生物ラジカル研究所が設置された。浜松地域では，1991年にテクノポリス開発機構が 1983 年に浜松にて設立された (財) 電子化機械技術研究所を統合しテクノポリス推進のための体制強化を図った。広島中央地域では，広島県産業科学技術研究所，愛媛地域では，ハイ・イノベーション研究所，香川地域では，高温高圧流体研究所が設置された。

20) テクノポリス政策を含む地域産業政策とインキュベーター機能のあり方については根岸 (1998d) を参照されたい。また，インキュベーター運営における人と組織のあり方については，根岸 (1998a, 1998b, 1998c) を参照されたい。

21) 日本立地センター (1995) は，テクノポリス所在道府県のテクノポリス担当課へのアンケート結果を集計するなかで，テクノポリス地域を出荷額の大きさ (1991年，1980年価格) に応じて①出荷額2兆円以上 (宇都宮，浜松，信濃川，西播磨，愛媛)，②出荷額1兆円～2兆円 (山形，仙台北部，郡山，甲府，浅間，吉備高原，広島中央，宇部，香川)，③出荷額5千億円～1兆円 (道央，北上川，久留米・鳥栖，県北国東，熊本，国分隼人)，④出荷額3千億円～5千億円 (函館，青森，秋田，環大村湾，宮崎) と区分した。26 地域の平均出荷額は約 1.4 兆円である。出荷額の大きさでみると，大都市圏や瀬戸内の地域が大きく，東北・北海道および九州にある各地域は全て1兆円を下回る。アンケート結果では，企業誘致について一

定の効果ありと「強く認識」していると回答した地域は，宇都宮，山形，甲府，熊本の4地域であり，「認識」していると回答した地域は，18地域である。また，一定の地域企業の育成効果ありと「強く認識している」のは信濃川と浜松の2地域である。また，認識しているとの回答は，11地域である。筆者は，当時日本立地センターの研究員としてこの調査報告書作成チームのメンバーであった。テクノポリス政策は先端技術産業の集積促進を目指してきた。そこでは，製造業（全業種）によるグループ化と一括りにしたが，先端技術産業のグループ化の方が望ましいと思われる。なお，日本立地センター（1995）では，企業誘致を導入，地域内企業の育成を内発という用語で表現している。

22）工業集積度の算出式は注9を参照。
23）通産省の工場立地動向調査では，以下の小分類8業種を「技術先端型」としていた。「206　医薬品製造業」，「304　通信・同関連機器製造業」，「305　電子計算機・同付属装置製造業」，「306　電子応用装置製造業」，「307　電気計測器製造業」，「308　電子・通信機器用部品製造業」，「323　医療用機器・医療用品製造業」，「325　光学機器・レンズ製造業」（日本標準産業分類　平成5年10月改定）。

第6章　九州経済の構造変化と産業立地政策
―― 産炭地域振興と自動車産業の誘致 ――

第1節　はじめに

　九州経済調査協会（2012, p. 12）は，九州経済が長年の「移入」超の構造から「移出」超へと構造転換し，その要因として九州内に乗用車と半導体素子・集積回路の集積が形成されたことを指摘した。2000年代後半以降，北部九州地域は我が国自動車産業の主要生産拠点の一つに成長したが，その中心に位置するのはかつて石炭産業で繁栄した筑豊地域である。

　1950年代の後半以降に始まった石炭から石油へのエネルギー消費構造の変化は，石炭鉱業の不況とこれに対応した合理化をもたらすこととなった。これにより国内各地の石炭鉱山は，大量かつ急激な合理化を受け，後に閉山されることとなった。石炭鉱山に依存する地域は，急速な人口減少，失業者の滞留，炭鉱労働者の消費生活に依存してきた商店やサービス業の経営危機等の問題に直面した（九州経済産業局，2001, p. 50；能，1969, pp. 18-22；矢田，1994, p. 4）。そのため，政府は，1961年に「産炭地域振興臨時措置法」を制定した。同法第2条は「石炭鉱業の不況による疲弊の著しい石炭産出地域およびこれに隣接する地域のうち当該石炭産出地域における鉱工業等の振興と密接な関連を有する地域」を産炭地域とし，国は238市町村を指定した（地域振興整備公団，1994, p. 243）[1]。同法に基づき国・地方自治体は，産炭地域における産業構造の転換に向けて工業団地の造成を始めとするインフラ整備や税制・補助金・融資等を通じて企業誘致を積極的に進めてきた（矢田，1994, pp. 5-11；地域振興整備公団，1994, pp. 239-305）。

　この産炭地域振興の取組みは，イギリスを典型とする本来の産業立地政策の概念，つまり著しい人口減少や失業者の大量発生などの地域問題が発生し，「その部分的解決や緩和が体制維持の見地からも看過できない状態に立

ちいたった段階で，立地の私的選定に国家が介入して行う産業の配置に関する政策」(川島，1971, p.66) に近いイメージである。通産省石炭局炭政課の池田・飛永 (1962, pp.88-89) は，イギリス・フランス・西ドイツ・ベルギーなどの事例を踏まえて，諸外国における工場の地方分散と失業多発地帯の再開発を有機的に結合することの意義について言及している。

　我が国の産炭地域振興政策に関する先行研究は，いくつか存在する。国の産炭地域政策の歴史や評価に関する研究として笹生 (2000)；矢田 (1994)；岩本 (2010)；中西 (2005) がある。これらの研究は，産炭地域振興政策の歴史やその総括を試みたものであり，個別地域については深い言及をしていない。また，筑豊地域における産炭地域振興については，土井 (1969)；蔦川 (1974)；上野 (1997a, 1997b, 1997c) がある。これらは，筑豊地域の限定した産炭地域振興について考察しているが，筑豊地域の工業導入の総括的評価は行っていない。

　自動車産業の全国的立地展開のなかでの九州自動車産業に関する先行研究に高木 (1991)；小川 (1994)；藤川 (2001, 2002, 2012)；高木・岡本・野田 (2005)；平田・小柳 (2006)；城戸 (2007)；居城 (2007)；居城・目代 (2013) がある。これらは，九州における自動車産業立地の進展に注目して，その時々の現状や九州でのさらなる自動車産業成長を図ろうとする場合の問題点を指摘したものであって，国や地方自治体による産業立地政策との関連の解明を研究目的にしたものではない。

　そこで本章では，産炭地域振興における産業立地政策の意義と限界を明らかにするため以下の3つの考察を行う。

　まず，①産炭地域対策として取り組まれてきた筑豊地域における工業団地造成と企業誘致の意義と限界について先行研究やヒアリングおよび工業統計表に基づきこれを明らかにする。次に，②九州地域の自動車産業の集積の特徴を先行研究から明らかにするとともに，リーマンショック以降の完成車メーカーによる九州拠点の意味づけの違いを明らかにする。これは，国内の一大集積拠点としての自律性という視点から九州の自動車産業振興と産業立地政策を考えるために必要な作業である。そして，③北部九州地域の産炭地域を事例に，産業構造転換に果たす産業立地政策の役割と，そこでの地方自

治体の行動の意義を明らかにする。

第2節　産炭地域振興と産業立地政策

1．産炭地域振興政策と産業立地政策

　産炭地域振興対策は，「産炭法」および同法に基づく政令により策定された産炭地域振興計画並びに実施計画に基づきなされた（九州経済産業局，2001，p.50）。

　同対策は，企業誘致・産業振興，基盤整備及び地方財政支援の三本柱から形成されている（同，p.89-91）。特に産炭地域振興事業団（後の地域振興整備公団産炭地域振興部門）は，産炭地域における企業誘致・産業振興のために，工業団地造成と融資等を行って企業の誘致と雇用の創出に取り組んできた。

　1961年度から2000年度までの国の産炭地域振興予算の合計は2,906億円であり，この内訳で多いのは「産炭地域振興臨時交付金」1,138億円（39.2％）である。次いで「地域振興整備公団出資金」および「同公団補給金」，「同公団補給資金交付金」による同公団関係計840億円（28.9％）である（同，p.92）。

　1962年度に設立された産炭地域振興事業団（後の地域振興整備公団産炭地域振興部門）による2000年3月までの工業団地造成および譲渡の状況をみると全国で140団地が造成され，完成面積3,980ha うち譲渡対象面積3,231ha である（九州経済産業局，2001，p.101）。このうち譲渡済面積は2,870ha，譲渡率は89％と高い。九州は，工業団地数87，完成面積1,746ha うち譲渡対象面積1,473ha であり，譲渡済面積1,378ha，譲渡率94％と全国を上回っている。このうち福岡県は譲渡対象面積ベースで85％を占めており，譲渡率97％の高水準である（九州経済産業局，2001，p.101）。

　1962年度から1999年度までの産炭地域振興事業団（のちの地域振興整備公団）による設備資金等の融資または工業団地の譲渡を受けて進出した企業の新規雇用数をみたものが表6-1である（九州経済産業局，2001，p.94）。

表6-1 産炭地域振興事業団（地域振興整備公団）による企業誘致・雇用創出
（1962〜1999年度）

	進出企業数（社）	新規雇用者数（人）	うち炭鉱離職者関係数（人）
全　国	2,419	141,554	60,582
九　州	1,159	83,834	34,285
福岡県	846	50,355	21,336

資料）九州経済産業局（2001），p. 94 より筆者作成。
注）産炭地域振興事業団の事業を引き継いだ地域振興事業団（産炭地域振興部門）の数字を含む）。
産炭地域振興事業団（地域振興整備公団産炭地域振興部門）による設備資金等の融資または工業団地の譲渡を受けて進出した企業による数字である。

　この数値でみると産炭地域振興対策による企業誘致と雇用創出は成功したように見えるかもしれない。しかし，矢田（1994, p. 10）は，地域振興整備公団資料に基づいて1962年度から1992年度の全国の炭鉱常用労働者の減少数が22.6万人であり，地域振興整備公団の支援を受けて創出された新規雇用数である14.0万人に対するその比率は62％であること，さらに新規創出された雇用機会にアクセスできた炭鉱労働者すなわち本人とその子弟の人数は6.0万人でしかなく，これは，22.6万人に対して27％に過ぎないということを指摘し，同公団の努力で失業の大半を吸収できたとは言えない，と述べている。
　しかし炭鉱離職者の雇用対策については，池田・飛永（1962）が指摘するように1959年制定の「炭鉱労働者等の雇用安定等に関する臨時措置法」（1959年法律第199号　略称「炭鉱離職者臨時措置法」）による他地域への移住促進が行われている。蔦川（1974, pp. 11-12）は，産炭地域の失業者がこの「炭鉱離職者臨時措置法」による広域職業紹介制度が展開されたことにより，炭鉱離職者のかなりの部分が全国的に分散されたと指摘する。九州地域では，雇用促進事業団資料から全九州の合理化による炭鉱離職者は107,475人となっており，同法による移住資金受給者は51,776人であることから，約半分にも及ぶことを指摘している。

矢田は，産炭地域政策の評価を行うにあたり全国の産炭地域の市町村の人口および財政力指数の変化を分析し，以下のように市場メカニズムを踏まえた地域政策の必要性を提起している。つまり，成長産業の立地条件に恵まれた首都圏近くの常磐や瀬戸内ベルトの宇部は，新しいリーディング産業の定着が可能であり産炭地域振興として有効である。また，急成長都市である札幌市に隣接する石狩の一部や福岡市に近い福岡炭田は各成長都市の郊外化の影響を受けて人口増加と財政改善も可能であった。しかし，成長地域からかけはなれて新たな成長産業の立地の対象となりえない地域は，新規産業の誘致や人口定着に無理があった，と指摘した。そして，成長産業の立地可能な地域や成長地域に隣接した地域は，積極的な地域振興を図るべきだが，成長産業の立地が見込めない地域は，人口流出を是認しつつ，産業撤退後の縮小均衡の確立を目指すべきであり，建前よりも市場メカニズムを見通した本音の政策が望まれると締めくくっている（矢田，1994，p.25）。

ただし，矢田の考察には，宇部や福岡炭田に言及しつつも筑豊地域については何も触れられていない。矢田の考察が行われた1994年頃は，トヨタ九州株式会社（以下，トヨタ九州と略す）が立地した直後である。筑豊地域が，矢田の指摘した市場メカニズムに反せず成長産業（＝自動車産業）の立地地点となり得た条件について考察する必要がある。自動車産業は，完成車メーカーを頂点とした裾野の広い産業であり，部品メーカーによる部品供給なくして完成車の組立ては成立しえない。九州経済産業局（2004，p.22）が示した九州の地元調達率は51％であった。居城・目代（2013，p.37）は，北九州市産業経済局中小企業振興課（2012，p.56）の資料から，完成車メーカーによる部品の地元調達率は6〜7割に達しており，福岡県が策定した「北部九州自動車150万台先進生産拠点プロジェクト」の地元調達率7割の目標は達成しつつあるとした。この域内調達率の向上には，新たな1次ないし2次部品メーカーの立地や地場メーカーの2次・3次部品メーカーとしての参入などが背景にある。

居城・目代（2013，p.28）は，九州の自動車関連産業に参入している地元企業は，基本的には2次あるいは3次以降の部品メーカーであり，九州に進出した1次部品メーカーへ部品や治工具を供給していると指摘する。そして

九州の地元企業による自動車産業への参入は，①日産自動車（株）（以下，日産と略す）（1970年代～1980年代），②トヨタ自動車（株）（以下，トヨタと略す）（1990年代初頭），③ダイハツ工業（株）（以下，ダイハツと略す）（中津・久留米），トヨタ（第二・苅田・小倉）の立地が続いた2000年代半ばの3つの時期があり，①は先行参入，②は自動車産業に対する不確実性低下と絶対的需要増大に伴う参入，③完成車工場の増加に伴う大幅な参入増加と位置づけた[2]。九州地域産業活性化センター（2006, pp.15-18）には，2006年時点で九州7県に863件の自動車産業が立地し，そのうち福岡県内に393件（45.5％）うち地場企業は220であり，福岡県内では北九州市が最多であるデータが掲載されている。また，地場部品メーカーの分析では，トヨタ九州へ最終的に納品される34社のうち26社の製造部品が最終的に日産九州工場へ納入されており，日産あるいはその1次サプライヤーが築いた調達基盤をトヨタが活用する実態を明らかにしている（同，2006, p.86）。こうした地場企業の参入について九州地域産業活性化センター（2006, p.96-98）は，地方自治体主催の商談会をきっかけとする参入，設備から部品の設計・加工による参入，射出成形における弱電からの参入，鉄鋼協力メーカーからの参入を紹介しており6つの事例のうち5つが福岡県の事例である。こうした先行研究から筑豊地域への自動車産業立地について北部九州の産業集積が寄与してきたことが分かる。

2．産炭地域振興と筑豊地域

自動車産業の集積が形成された筑豊地域は，人口約41.7万人，面積984.56km^{2}のエリアである[3]。自動車産業が筑豊地域に誘致され，北部九州地域の製造業の中核として成長していくプロセスには，産炭地域対策の経過と密接な関係がある[4]。「産炭法」は，国（通産省）が「産炭地域振興基本計画」「（以下，「基本計画」と略すこともある）を策定することとなっており，道知事および県知事が同計画に基づく「産炭地域振興実施計画」（以下，「実施計画」と略すこともある）案の策定を行い，国に提出することとしている。「基本計画」では，産炭地域振興の目標や振興すべき鉱工業，必要な基盤整備，「産炭地域振興実施計画」に関する地域区分等を定めており，これまで

法律の延長とともに「基本計画」4回,「実施計画」5回が策定されるとともに，この間に地域指定の見直しも行われてきた（笹生, 2000, pp. 135-176）。

「実施計画」（筑豊地域）において具体的に自動車産業の導入の記載が最初に行われたのは，1967年8月18日の改訂に際してである。1967年の改訂前である1963年11月4日に策定された「実施計画」では，炭田地帯において鉱工業の中核として振興すべき業種に機械金属工業が記載されている。そして，機械金属工業は，北九州工業地帯の後背地として十分に活用できる直方地区を中心とし，当面，既存の中小規模の機械金属工業の再編成，集団化を図ることにより，北九州工業地帯との結びつきを強化するとともに，この直方地区への工場分散を促進し，大規模機械工業の振興の基礎を確立する，と記載されている（通商産業省, 1963, p.8）。すなわち直方地区に大規模機械工業の振興の基礎づくりを北九州工業地帯の後背地として行うことが述べられている。

一方，1967年の改訂では，地域振興の方向において以下の記述がみられる。直方と遠賀の両地区においては，北九州工業地帯との関連を高めつつ，直方市周辺を中心として機械工業，金属工業，消費財工業等の積極的な導入育成を図るものとする。とくに，筑豊地域の振興拠点としてこの地区に将来，自動車工業などの大規模機械工業を導入することを目途としてその立地について調査を行い，必要な基盤の確立に努める，と記載された（通商産業省, 1967, p.43）。九州経済調査協会（1965）は，1964年度の「産炭地域振興委託調査」（福岡通商産業局[5]委託）であり，産炭地域の戦略産業である機械工業の導入・育成について検討している。「九州機械工業の展開方向と政策課題」と題された最後の章では，新規機械工業の導入業種に自動車産業が含まれており，特殊車・バス専門のノックダウン工場であれば産炭地域であっても輸送基盤がしっかりあれば導入困難ではないとしている。またこれら機械工業導入にあたって本格的な大工場の場合には相当膨大な敷地面積が必要であり，計画されている産炭地域振興対策の用地では対応できないと指摘した（同, 1965, pp. 81-93）。翌年の九州経済調査協会（1966, p. 128）は1965年度の「産炭地域振興委託調査」（福岡通商産業局委託）を受けた報告書であり，自動車産業導入が最も望ましい業種とした。しかし，産炭地域は

おろか九州全体でも，自動車産業の新規設備投資動向や集積メリットを生かした生産体制のもとでは当面は困難であろうと指摘した。また，自動車産業など本格的大企業が立地するには用地が少ないと指摘した（同, p. 131）。

　筑豊地域への自動車工業の導入について福岡県からの委託調査を担当した日本立地センターの下玉里（1968）は，その導入検討のきっかけが2つあったと指摘する。第1に1965年の九州経済同友会による「九州開発構想」において戦略産業の導入として自動車工業の「導入扶植」が挙げられた。第2に「産炭法」の期間延長（1966年6月に1971年11月までの5年間の延長を内容とする一部改正）に伴う「産炭地域振興実施計画」の改訂において将来自動車工業などの大規模機械工業の導入を目標とした調査において産業基盤の確立等の諸措置の推進が打ち出されたと指摘した（同, p. 14）。そして，自動車工業の立地的性格を整理して以下のようにその可能性について言及した。まず自動車工業は，量産工業でありエンジンその他のユニット部品の生産では工場を専門化する方向にある。日本の場合は各企業とも工場の専門化が進み，これらユニット部品関係は集中生産を行い組立工場に配給することから，当時においては分散立地の可能性が少なく，筑豊に一貫生産工場が立地する可能性は少ないと述べた。そして，分散立地が考えられるとすればノックダウン工場に近いものと指摘した。そして，筑豊地域への立地について九州自動車工業研究会および産炭地域振興事業団の調査でもノックダウン工場の立地の可能性があると指摘した。特に九州自動車工業研究会の調査結果として1975年頃にノックダウン工場の立地可能性を指摘した。しかし業界代表による視察では，否定しないまでも再検討を促しているとした（同, pp. 16-19）。

　事業団の工業団地造成事業の中でトヨタの立地した宮田団地は，九州で最も大きな面積（約215 ha）であり全国でも最大級である。1967年1月に福岡県・宮田町・若宮町が産炭地域振興事業団に対して土地造成希望の申し込みを行い，1968年7月に通商産業大臣承認が行われた（地域振興整備公団, 1994, pp. 276-277）。日本の自動車組立工場の面積は，トヨタ・日産の事例からみると概ね100 ha級（トヨタ堤工場　93 ha）から300 ha級（トヨタ田原工場　370 ha，日産栃木工場　300 ha）の大きさ（根岸, 1999, p. 344）であ

表6-2 福岡県における造成済み工業用地の分譲状況

	造成済み工業団地			臨海・内陸区分別 (ha)		事業主体別 (ha)			
	団地数	団地面積 (ha)	工場用地分譲率 (%)	臨海面積	内陸面積	中小機構・都市機構	県	市町村	その他
福岡	39	749	92.1	186	546	240	16	379	114
筑後	39	533	92.0	0	533	178	0	319	35
筑豊	82	1,434	91.6	0	1,434	1,006	37	363	27
北九州	48	1,758	93.7	1,224	534	233	651	773	101
県計	208	4,474	92.8	1,410	3,047	1,658	705	1,834	277

資料）福岡県商工部企業立地課『平成23年度版福岡県の工業団地』より筆者作成。
　　　端数処理にて合計一致しない場合あり。

り，自動車工場誘致が可能な大きさであったことが分かる。

　産炭地域振興事業団による工業団地造成は，一般土地造成とぼた山処理事業の2つがある。ぼた山処理事業は，産炭地域における環境整備，災害防止，さらに見捨てられた土地の再生を図るという目的をもって，ぼた山を崩して工業団地造成を図る，とされている。またこのぼた山処理事業は，炭鉱離職者の安定雇用を目的ともしていた。全国の1962年度から1971年度にかけての事業（1972年度3月末現在）のうち，一般土地造成事業は50件，総面積1,540ha，ぼた山処理事業は53件，総面積1,316haであった（産炭地域振興事業団，1972，pp.79-83）。

　表6-2は，福岡県内の工業団地造成状況をまとめたものである。これによると2011年度現在で造成済み団地は全県で208団地，団地総面積4,474haであり，そのうち筑豊地域は，82団地（39.4%），団地総面積1,434ha（32.1%）である。筑豊地域で団地数が多いのは，旧産炭地域振興事業団（1962年設立，1972年に工業再配置・産炭地域振興公団に改組，1974年に地方都市整備事業を担うことにより地域振興整備公団に名称変更，2004年に地域振興整備公団廃止後は，事業を中小企業基盤整備機構に移管）により工業団地整備が積極的に進められたからである。旧産炭地域振興事業団・旧地域振興整備公団による造成総面積は筑豊地域の70.0%を占めており，その役割の大きさ

が示されている。また，筑豊地域は，県内の内陸団地総面積の47.1%を占めており，これらの団地は，「産炭地域振興実施計画」に掲げられた機械工業をはじめとする企業誘致の受け皿として期待されてきた。

　福岡県商工部企業立地課（2012）によると旧産炭地域振興事業団・旧地域振興整備公団による事業は1960年代後半～1970年代が中心である。一方，市町村は，1970年代後半および1990年代以降が中心である。特に，同事業団の工業団地造成事業は，筑豊地域における工業導入の拠点となる大規模造成を行ってきた。まず，「産炭地域振興実施計画」（1967年改訂）にて将来大規模機械工業を導入すると位置づけられた直方および遠賀地区にてトヨタ九州の立地した宮田団地（1968年造成開始）がある。同計画では，この大規模機械工業導入によって直方および遠賀地区を内陸工業の振興拠点とすることが記されている（通商産業省，1967，p.44）。同じく1968年造成開始の白鳥団地は，三井鉱山田川三抗のぼた山処理事業として整備され，田川地区における中核的な工業導入拠点の役割を担っている。田川市の中心部に78 haの面積を保有し，自動車関連，物流，食品等の企業誘致に寄与している。一方，飯塚市には，三菱鉱業飯塚炭鉱跡地のぼた山処理事業として1967年に同事業団が造成を開始した飯塚団地（110 ha）が整備されており，食料品および土木製品等の業種が立地する飯塚地区の工業導入拠点として機能している。

　劉（2006，pp.54-57）は，筑豊地域の産業構造転換が同地域内で一律に進んだものではなく，工場誘致を巡る地域格差を反映したものであったことを明らかにした。劉はこの過程を①政策依存型段階（1962～1975年），②政策活用段階（1976～2000年），③自力模索期（2001年～）の3つに分けて企業立地と産業構造転換を検討している。①においては企業立地も活発であり，1967～1977年度の10年間で筑豊の新規立地件数は292社，資本金1,000～5,000万円未満の中小企業中心であった。また，1億円以上の大企業も50社立地したこと，その背景に労働集約型工業立地が全国的にみられたことを述べている。特に古くから鉄工業の町工場が集積している直方市への機械金属系の工場立地が多かったことを指摘した。しかし，②に入り第1次石油危機（1973年）をきっかけとした長期不況により企業進出が激減し，製造業は基

礎素材型から加工組立型へと転換した。その後の円高による海外生産の増加により既存企業の閉鎖が進み，特に，田川市，山田市はその影響が大きかった，と述べた。③では，筑豊地域内に企業立地に関する地域格差が生じていることを指摘した。福岡市経済生活圏に隣接する筑豊西部の嘉飯山地区[6]および北九州市と福岡市の中間の直鞍地区[7]において企業立地が多く，工場立地条件が一番厳しい筑豊東部の田川地区が最も少ないと述べた。

3．筑豊地域における田川市の事例

　筑豊最大の炭鉱である三井田川鉱業所を抱えた田川市は，筑豊地域を代表する都市の1つである。最盛期の1950年代には人口10万人を超えていたが，2010年には半分の約5万人まで減少した。三井田川鉱業所は1964年に閉鎖されたため，田川市は雇用確保のため企業誘致の取組みを強化してきた。

　1962年に田川市は「田川市工場誘致条例」（後に田川市工場等誘致条例）を制定し，企業誘致を積極的に進め始めた。さらに市内には田川市ないし旧産炭地域振興事業団が工業団地造成を行い，企業誘致の受け皿づくりを行ってきた。筆者が2012年11月に田川市役所を訪問し担当課からのヒアリングを行った際に提供された田川市産業振興部作成資料によると1963年には横島団地（造成主体：田川市：5.9 ha），秋里団地（田川市：1.8 ha），位登団地（旧産炭地域振興事業団：2.7 ha），1964年には夏吉工業団地（旧産炭地域振興事業団：11.2 ha　用地部分のみ），東町団地（旧産炭地域振興事業団：12.7 ha　用地部分のみ），1965年には川宮団地（田川市：2.1 ha），1966年には大原団地（田川市：1.2 ha），1969年には，田川団地（田川市：11.7 ha），白鳥工業団地（旧産炭地域振興事業団：57.5 ha　用地部分のみ），1971年には板谷団地（田川市：13.4 ha），1979年には望岳台団地（田川市：13.6 ha）の11団地が造成された。これらの工業団地の造成時期は，閉山直前の1963年から閉山後の1966年までに集中している。また，造成主体が旧産炭地域振興事業団によるものは全て10 haを超えており，特に面積の大きい白鳥工業団地には35社が立地している。同団地内には2008年に大手ディスカウントスーパー会社（株）トライアルカンパニーによる物流セン

表6-3 田川市の製造業の動向

	1990年 (a)	2000年 (b)	2010年 (c)	(a)−(b)	(b)−(c)
出荷額（億円）	1,037	726	587	−311	−139
従業員数（人）	5,582	3,096	2,574	−2,486	−522
事業所数（箇所）	138	73	60	−65	−13

資料）工業統計表（市区町村編）より筆者作成。

ターが建設されて約1,300人の雇用が生まれた。

　田川市は，1962年制定の「工場（等）誘致条例」を2004年に大幅に改正し「田川市企業の誘致及び育成に関する条例」を施行した。田川市資料によれば旧条例による奨励措置を受けた企業は47社である。うち進出企業は21社，地場企業は26社の計47社，雇用者数は概ね進出企業1,000名，地場企業1,000名程度である（田川市産業振興部提供資料とヒアリングによる）。

　表6-3は，工業統計表からみた田川市の製造業の動向である。1990年から2000年そして2010年と出荷額，従業員数，事業所数とも減少し続けており，特に1990年から2000年の減少幅が大きい。これは，繊維，衣服・その他の繊維製品，電気機械器具等の事業所の閉鎖によるものであり，劉(2006)の指摘のとおり田川市の製造業は他地域と比較して厳しい状況にある。

　一方，自動車産業の誘致・育成という点では，日立化成オートモーティブプロダクツ（株）（射出成形）が1974年に九州日立化成工業（株）として設立され，1975年に射出成形工場を新設，1977年より日産向け製品の製造を行っている（田川団地，従業員数450名）[8]。また1977年に横浜市に本社のある大塚工機（株）（パーキングブレーキ）が立地した（団地外立地，従業員数41名）。また同年に高熱炉工業（株）（真空熱処理）が創業した（団地外立地，従業員数41名）。さらに市内で1968年に縫製業として創業した（株）ナルミが1980年から自動車用内装用縫製に参入し，1990年には白鳥工業団地に工場を新築移転している（白鳥団地，従業員数141名）。さらに1990年に東京に本社を置く（株）ミトヨ（樹脂成型）が立地し（白鳥団地，

従業員数43名），1992年には三重県に本社を持つ（株）ユニテクノ九州工場（自動車小物プレス）が立地した（公益施設用団地，51名）（各社の従業員数は，田川市ヒアリング時の同市提供資料である田川市産業振興部企業・雇用対策課作成『田川市内自動車関連企業のご案内』に記載された数値である）。

北部九州地域に自動車産業の集積が進むなかで，2008年に田川市は企業誘致・育成戦略プランを策定した。企業誘致の重点業種を自動車関連（プレス・プラスチック・内装部品），流通関連（農業・運輸通信・食料品製造）として取組みを進めている。

4．自動車産業の誘致による筑豊地域の工業構造の変化

筑豊地域の自動車産業集積に大きなインパクトを与えたのは，1992年の旧宮田町（現在の宮若市）に設立されたトヨタ九州である。宮田工場は，2012年時点で従業員数約7,000名，生産能力約43万台（北部九州自動車150万台先進拠点推進会議，2012）の規模を持つ。この宮田工場は，旧産炭地域振興事業団による宮田団地（造成開始1968年，団地面積215 ha）の有田地区のほとんどを占めた。宮田工場には，隣接した高速道路（九州自動車道）に宮田スマートICも設置される等の環境整備も進んでいる。トヨタは，1970年代初頭のマイカーブームと労働力不足から本拠地（愛知県）以外の新しい生産拠点を展開する計画を持っており，その候補地として宮田町が上がっていた。しかし石油ショック後の不況により計画は凍結となった（越後，2010，p. 152，猿渡，2000，pp. 54-55）。その後のバブル経済期に国内需要の高まりとそれによる生産拡大，労働力不足が続いたことから，再度新規工場建設の検討が行われ，トヨタ九州はトヨタ100％出資の会社として宮田町に設立され操業を開始した。

猿渡（2000, pp. 54-55）は，トヨタの立地選択について直接の理由として①広大な土地，②以前の進出計画の2つであると指摘した。さらにトヨタが必要とする用地面積は，九州内では宮田団地と北九州市の響灘埋立地しかなかったと指摘した。また，上記以外の理由として①工業集積地としての北九州市およびその周辺，②居住地域としての福北都市圏の存在，③福北都市圏を利用した労働力確保，の3つを指摘した。

表6-4 筑豊地区における工業出荷額・従業員数上位業種（中分類）の変化
(1980/2010年)

出荷額（億円）						従業員数（人）					
1980年		(%)	2010年		(%)	1980年		(%)	2010年		(%)
①窯業土石製品	1,041	25	①輸送機械器具	9,065	63	①窯業土石製品	4,937	16	①輸送機械器具	8,726	26
②一般機械器具	535	13	②電気機械器具*	816	6	②食料品	4,193	14	②食料品	5,213	16
③電気機械器具	500	12	③プラスチック製品*	757	5	③一般機械器具	4,047	13	③電気機械器具	3,852	12
④食料品	471	11	④食料品	727	5	④電気機械器具	3,326	11	④金属製品	2,859	9
⑤金属製品	389	9	⑤金属製品	708	5	⑤金属製品	2,352	8	⑤プラスチック製品*	2,852	9
全業種計	4,188	100	全業種計	14,336	100	全業種計	30,975	100	全業種計	33,163	100

資料）工業統計表　工業地区編より筆者作成。
注）食料品には飲料・たばこ含む。2010年の出荷額には電気機械器具は情報通信機械器具除く（秘匿値）。
　　一般機械器具は業務機械器具除く（秘匿値）。
　　プラスチック製品は1980年には標準産業分類の中分類には存在しない。

　トヨタ九州は，当初マークⅡ等のセダン車から生産を開始した。その後，トヨタ九州が自社努力によって高度な技術を蓄積しそれが親会社から評価されたことから，1997年頃から海外向け輸出拠点として位置づけられ，当時の海外専用高級車ブランドであるLEXUSの生産に関わることとなった（越後，2010，pp. 152-153）。

　トヨタ九州をはじめとした自動車産業の立地は筑豊地域に大きなインパクトを与えたが，これを工業統計表によって検証すると以下のとおりである。まず工業統計表の工業地区編（筑豊地区）の出荷額および従業員数（産業中分類別の上位5業種）を1980年と2010年で比較したものが表6-4である[9]。まず出荷額は全国と比して大幅な伸びを示しており，特に，輸送用機械器具の増加が顕著である。一方，筑豊地域を代表する産業の一つであるセメントが含まれる窯業土石は約半分まで大幅に減少，同様に一般機械器具も上位5業種外となった。従業者数も同様の動きを見せている。

　また，自動車産業の集積とともに金属製品やプラスチック製品等の関連業

表 6-5　九州地域における輸送機械製造業の動向

		出荷額（億円）			従業者数（人）		
		1980年	2010年	年平均伸び率	1980年	2010年	年平均伸び率
全業種	福岡県	57,892	82,076	1.2%	286,433	218,092	-0.9%
	うち筑豊地区	4,188	14,336	4.2%	30,975	33,163	0.2%
	佐賀県	8,662	16,670	2.2%	64,196	59,699	-0.2%
	長崎県	8,217	17,401	2.5%	76,294	58,349	-0.9%
	熊本県	12,876	25,209	2.3%	96,566	91,960	-0.2%
	大分県	20,960	40,791	2.2%	67,197	67,094	0.0%
	宮崎県	8,408	13,120	1.5%	60,997	56,181	-0.3%
	鹿児島県	10,297	18,145	1.9%	78,297	72,080	-0.3%
	九州7県計	127,314	213,413	1.7%	729,980	623,455	-0.5%
	全国	2,121,243	2,891,077	1.0%	10,291,917	7,663,847	-1.0%
輸送機械	福岡県	3,947	23,481	6.1%	9,911	22,252	2.7%
	うち筑豊地区	46	9,065	19.3%	208	8,726	13.3%
	佐賀県	324	2,190	6.6%	2,078	3,274	1.5%
	長崎県	849	5,273	6.3%	7,643	8,272	0.3%
	熊本県	1,513	4,175	3.4%	6,064	10,861	2.0%
	大分県	542	4,749	7.5%	2,480	7,989	4.0%
	宮崎県	74	501	6.6%	1,107	2,683	3.0%
	鹿児島県	57	124	2.6%	609	585	-0.1%
	九州7県計	7,306	40,492	5.9%	29,892	55,916	2.1%
	全国	248,965	542,136	2.6%	888,840	948,824	0.2%
全業種に占める輸送機械シェア	福岡県	6.8%	28.6%	―	3.5%	10.2%	―
	うち筑豊地区	1.1%	63.2%	―	0.7%	26.3%	―
	佐賀県	3.7%	13.1%	―	3.2%	5.5%	―
	長崎県	10.3%	30.3%	―	10.0%	14.2%	―
	熊本県	11.8%	16.6%	―	6.3%	11.8%	―
	大分県	2.6%	11.6%	―	3.7%	11.9%	―
	宮崎県	0.9%	3.8%	―	1.8%	4.8%	―
	鹿児島県	0.6%	0.7%	―	0.8%	0.8%	―
	九州7県計	5.7%	19.0%	―	4.1%	9.0%	―
	全国	11.7%	18.8%	―	8.6%	12.4%	―
全国に占める九州7県のシェア	全業種	6.0%	7.4%	―	7.1%	8.1%	―
	輸送機械	2.9%	7.5%	―	3.4%	5.9%	―

資料）工業統計表より筆者作成。
注）長崎県の「輸送機械」に船舶・同修理が多く含まれていることに注意する必要がある。

種が出荷額，従業者数とも増加した。さらに食料品（飲料・たばこ含む）は，「産炭地域振興実施計画」（1967年改訂）において九州市場を対象として筑豊地域全体において振興を図る業種（通商産業省，1967, p.44）として位置づけられてきたが，これらの増加も注目される。しかしながら筑豊地域の製造業の雇用は，産業構造転換のなかで窯業土石の大幅減少等もあり，その伸びは若干の増加に留まることとなった。

九州各県および筑豊地域の自動車産業の集積状況について工業統計表を用いて1980年と2010年で比較したものが表6-5である。筑豊地区の工業出荷額は，前出のとおり全国を上回る伸びを示しており，この30年間の年率でみると全業種4.2%，輸送用機械器具19.3%の伸びを示している。また従業員数も全業種0.2%，輸送用機械器具13.3%の伸びを示している。これらの値は，九州各県と比較しても高い。

九州各県の輸送用機械器具の集積を比較すると北部九州（福岡・佐賀・大分，ただし長崎は造船関係が主）と南九州（熊本・宮崎・鹿児島）では，出荷額のボリュームに違いが見られ，特に宮崎県および鹿児島県は1,000億円にも満たない状況にある。また，1980年から2010年にかけての全業種に占める輸送用機械器具のシェアの変化をみると，筑豊地域は，出荷額で1.1%から63.2%，従業員数で0.7%から26.3%とそのシェアを伸ばした。福岡県および北部九州全体でも輸送用機械器具はシェアを高めており，福岡県が出荷額で6.8%から28.6%，従業員数でも3.5%から10.2%と同様の傾向が見られる。

こうした点からもこの30年間で自動車産業の立地が北部九州の産業構造に大きなインパクトを与えてきたことが見える。

第3節　北部九州における自動車産業の誘致・育成と地方自治体

1．自動車産業の成長と事業所再編

九州の自動車産業は，1970年代後半の第1次ブーム，1990年代前半の第2次ブーム，2000年代中頃からの第3次ブームの3つの新増設ブームがある

（高木・岡本・野田，2005，p. 17）。これらのブームを通じて北部九州は，1975年の日産に始まり，トヨタ九州，ダイハツ九州と完成車メーカー3社が立地することにより「わが国第3の自動車生産拠点」（同）となった。こうした相次ぐ九州への完成車メーカーの立地は，自動車部品メーカーの誘致と地場企業からの参入を加速させ，この地域での自動車産業の裾野を拡大させてきた。この30年以上かけて北部九州が我が国の第3の自動車生産拠点となった理由を理解するには，自動車産業の成長と事業所再編について考察が必要である。

藤川（2012）は，我が国の自動車産業の成長プロセスを4つのステージに分類した。その4つとは，①輸出による安定成長期（1974～1980年），②国内販売による安定成長期（1981～1990年），③停滞期（1991～2001年），④輸出による再成長期（2002～2008年）である。①1970年には600万台に満たなかった国内生産が輸出を通じて1970年代末には1,000万台に達し，②貿易摩擦に伴い輸出から海外生産への転換が進んだものの，バブル経済を背景に最盛期には国内生産1,400万台に迫った。しかし，③バブル崩壊後に国内販売不調の故に最盛期から約400万台減少し1,000万台を下回る水準まで落ち込み，④90年代半ばに400万台までに減少した輸出が再び600万台の輸出に回復した。

こうした自動車産業の発展と組立工場の立地をみると，1970～1980年代の安定成長期には，拡大する生産に対応して既存集積地の近くに（トヨタ：田原工場1979年，マツダ：防府工場1982年），または遠隔地（日産：九州（苅田）工場1975年）に新たな拠点づくりが行われた。さらに1990年代に③の段階に入ると生産台数の大幅削減が進められた。まず，設備が老朽化した既存集積地に立地していた工場が閉鎖された（日産：座間工場閉鎖1995年，村山工場閉鎖2001年）。こうした既存集積地のスクラップの一方でトヨタ（トヨタ九州：宮田工場1992年，関東自動車：岩手工場1993年），ダイハツ（ダイハツ九州：中津工場2004年）等にみられるように三大都市圏から離れた遠隔地である九州・東北に工場が建設された（根岸，1999；藤川，2012）。

その理由は，高木（1991，p. 3）および小林（2007，pp. 7-9）が指摘するよ

うに人材確保の必要性である。バブル経済期そして輸出拡大期において既存自動産業集積地における人材確保が困難となるとともに，特に2000年代以降の輸出再拡大期においては，相対的に賃金水準の低い新興自動車産業集積地を活用することによってグローバルな競争力の確保を狙おうとしてきた（小林，2007, p. 8）。

2．北部九州地域への自動車産業集積

　九州に立地した完成車メーカー3社は，次第に設備投資を行いその生産能力を高めてきた。北部九州自動車150万台先進生産拠点推進会議（2012）および九州経済産業局（2009, pp. 16-17）によれば，日産が九州初の完成車組立を行う苅田工場（生産能力28万台）を1975年に建設した（完成車生産は1976年開始）。1992年には第2工場を増設し，生産能力計53万台となった。続いて2009年には日産車体が湘南工場から日産車体九州として日産九州苅田工場敷地内に移転し，計65万台の生産能力を保有した。次にトヨタは，1992年に宮田工場の操業を開始し20万台の生産能力となったが2005年に第2生産ラインを稼働し43万台とした。さらに同年にエンジンの苅田工場，2008年に同苅田第2工場とHV（ハイブリッドヴィークル）部品の小倉工場の建設が続いた。一方ダイハツ九州（2006年6月まではダイハツ車体（株））は，2004年に中津工場（23万台），2007年に同第2工場により生産能力計46万台となり，さらに2008年にエンジン生産の久留米工場と増設が続いた。これにより北部九州は藤川による4つのステージの「④輸出による再成長期」に150万台の生産能力を保有する一大生産拠点へと成長した。

　藤川（2001）は，トヨタ九州とその1次サプライヤーの大部分が戦略的な意思決定部門を欠いた分工場であり，域内リンケージが乏しいことを指摘した。城戸（2007, pp. 47-52）は，九州には自動車関連の事業所が863社あり，最も多いのは福岡県393件（45.5%），これに大分県136件（15.8%）と熊本県126件（14.6%）が続き，上記3県で全体の4分の3を占めていると指摘する。そして九州内の1次サプライヤー122社は，日産の立地前後である1985年まで（第1期）に55社，トヨタの立地前後である1986〜1997年（第2期）に36社，ダイハツの立地前後の1998年以降（第3期）に22社が

立地しているものの第2期と第3期の立地上の違いがあるとする。つまり，第2期に，高速道路の整備や人手不足で九州全体に広がった1次部品メーカーの立地も，第3期には福岡県，大分県への集中が顕著であるとする。その局地化の理由として，①人材不足の相対的緩和，②農村部の人材供給力の低下，③請負業・人材派遣業の浸透，④北九州市等の既存集積地の立地コスト低下を挙げている。

　一方，平田・小柳（2006, pp. 13-17）は，九州内の部品メーカーの実態についてトヨタ九州・日産九州の2社から域内調達されているのは車体部品であり，特に地場の2次・3次部品メーカーは，異形，重量物で輸送費負担の大きい車体部品であることを指摘した。そして域内調達されていない部品の多くがエンジン部品，電装部品，駆動・懸架系部品といった高機能部品であり，その大部分は1次部品メーカーが開発・設計・生産の主導権を握っていると指摘した。また，居城（2007, pp. 309-319）も平田・小柳と同様の理由を述べた上で高機能部品メーカーの九州立地が進むためには，これら企業が新規投資して採算確保ができるだけの自動車生産の規模が必要であると指摘した。

　一方，北部九州の自動車生産台数が2006年度の101万台から2011年度の130万台を超える水準まで上昇したなかで，居城・目代（2013, pp. 37-39）は，完成車メーカーの地元調達率が金額ベースで6～7割に達しており「北部九州自動車150万台先進生産拠点プロジェクト」が提示した目標は達成したと指摘する。しかし，九州における車両・部品開発の不在は地域の部品企業にとって競争劣位の要因となりうると指摘した。

　こうして九州の自動車産業集積は，完成車メーカーの相次ぐ立地とそれを通じて1次部品メーカーの立地や2次・3次部品メーカーの立地，地場企業の参入によって集積が高まってきた。地場企業の参入には，前出の九州地域産業活性化センター（2006）で示された地方自治体のあっせんや系列を超えた取引拡大，同じく前出の居城・目代（2013, p. 28）によって示された完成車メーカーの立地が続いたことによる需要増大等によるところも大きかったと言える。しかし，1次部品メーカーが鍵を握る高機能部品にかかる集積については課題があると言える。

図6-1 九州における完成車メーカー集積と戦略

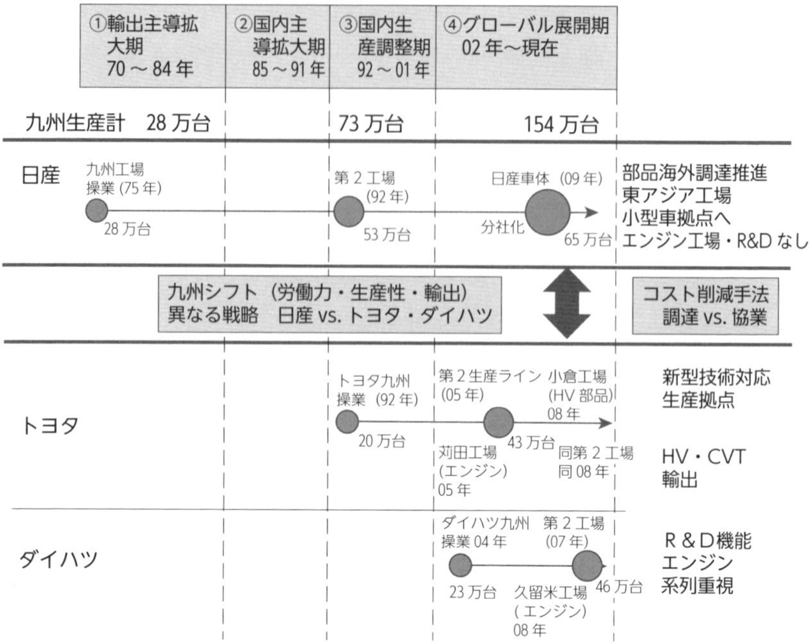

	①輸出主導拡大期 70〜84年	②国内主導拡大期 85〜91年	③国内生産調整期 92〜01年	④グローバル展開期 02年〜現在	
九州生産計	28万台		73万台	154万台	
日産	九州工場操業(75年) 28万台		第2工場(92年) 53万台	日産車体(09年) 分社化 65万台	部品海外調達推進 東アジア工場 小型車拠点へ エンジン工場・R&Dなし

九州シフト(労働力・生産性・輸出) 異なる戦略 日産 vs. トヨタ・ダイハツ ⇔ コスト削減手法 調達 vs. 協業

トヨタ			トヨタ九州操業(92年) 20万台	第2生産ライン(05年) 苅田工場(エンジン)05年 43万台	小倉工場(HV部品)08年 同第2工場 同08年	新型技術対応 生産拠点 HV・CVT 輸出
ダイハツ				ダイハツ九州操業04年 23万台	第2工場(07年) 久留米工場(エンジン)08年 46万台	R&D機能 エンジン 系列重視

資料) 筆者作成。

3. 九州に立地する完成車メーカーの九州戦略

　このように北部九州の自動車産業は，90年代以降の三大都市圏の既存工場のスクラップと地方圏への立地という国内再編過程を通じて一大集積拠点となった。その中核となる九州内に立地した完成車メーカーの九州戦略は，対照的な2つのグループに分けることができる。図6-1は，2つのグループとその違いを示したものである。

　その1つである日産の九州シフト戦略を示したものが図6-2である。日産は，ルノーとの提携を契機に系列解体を積極的に進め，世界的スケールで最適な調達・生産に向けた事業所配置戦略を行ってきた。1999年にリバイバルプランを打ち出し，村山工場の閉鎖（2001年）を行い，その後は追浜工

図6-2 日産の九州シフト戦略

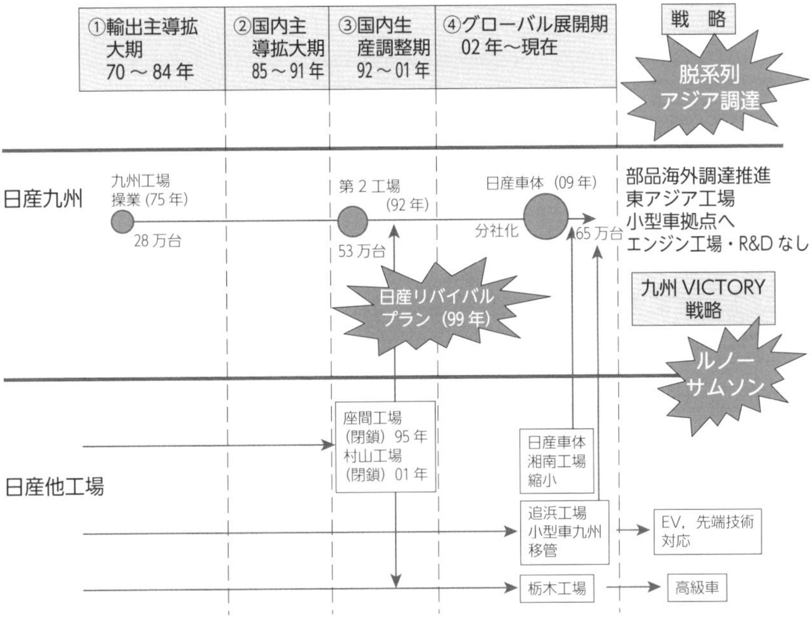

場の小型車を九州工場に移管，追浜工場を電気自動車の工場とした。さらに，日産車体の湘南工場を縮小し九州工場に移管させ，栃木工場を高級車製造とした（日本経済新聞2010.12.2）。

日産は，労働力の安さを活かすため九州工場を2011年に子会社化した。そして，国内生産100万台の維持を図り，生産の半分を九州工場が担うものと位置づけた。また同工場は「九州はアジア域内の『準海外』と捉える」，「『東アジア』の量産工場，当社がつくっているのはグローバルカーで九州独自の設計・開発はない」）（日本経済新聞2013.1.8 児玉日産九州社長インタビュー記事）とアジアにおける量産工場と位置づけている。そして，調達率については「調達目標は地元（九州）4割　海外4割　望ましい」として2012年初め時点で海外調達は25％程度であり，韓国を増やす，とインタ

ビューに答えている（日本経済新聞　2012.1.25　児玉日産九州社長インタビュー記事）。

　このように日産九州は，部品の海外調達を推進し，国内工場であるが東アジア工場として小型車の生産拠点と位置づけをしている。しかし，それは日産グループ全体の戦略の中での日産九州の位置づけであることは言うまでもない。日産九州には，エンジン工場やR＆D機能はなく，小型車組立拠点として海外工場とのコスト競争に勝ち抜くことが求められている。こうした日産九州の取組みは，分社前から「九州ビクトリー」と呼ばれるコスト削減戦略として展開され，分社による韓国や中国の割安部品を積極活用する狙いがあるとされた（日本経済新聞2010.10.6）。さらに，日産九州は，日産のアジア戦略に組み込まれており，その一例がルノーサムスン（韓国：2000年ルノー傘下）との関係である。ルノーサムスン釜山工場の13万台の生産能力の余力を活かし，円高時に輸出用SUV（多目的スポーツ車）車を日産九州から釜山に移管し，韓国FTAを活用して釜山から海外輸出を図ろうとする取組みである（日経産業新聞2012.7.23）。また日産は，円高対策で海外調達率を3割から4割に引き上げることを打ち出し，アジアに近い日産九州と日産車体九州を中心にアジアからの部品調達を高め，2013年に九州で生産する新型SUV用部品全体の半分以上が海外調達になる見通しを持ち，ルノーサムスンの調達先の活用や2014年建設予定の日産の大連工場との共通部品の採用で調達規模を拡大し，コストを引き下げる考えであると報道された（日本経済新聞2012.8.28）。これを支える下関－釜山間シームレス物流システムの運用（公道通行）も行われており，「日中韓の部品を相互融通するため，物流トライアングルをどう機能させていくかを考えなければならない」（日産九州児玉社長）としている（日本経済新聞2012.8.28）。

　アジア全体を見据えた部品調達は，日産による「シームレス物流システム」がその可能性を広めた（日経産業新聞2013.6.6）。こうした九州における海外からの自動車部品の調達とその進展について先行研究も存在する。男澤（2011）は，日韓両国関係者のヒアリングを行い，アジア経済の発展に伴う自動車部品需要の高まりから国境を越えたその部品物流の可能性に期待している。さらに，久米・根本（2009）は，国際的な競争力向上に向けて広域

図6-3 トヨタ・ダイハツの九州シフト戦略

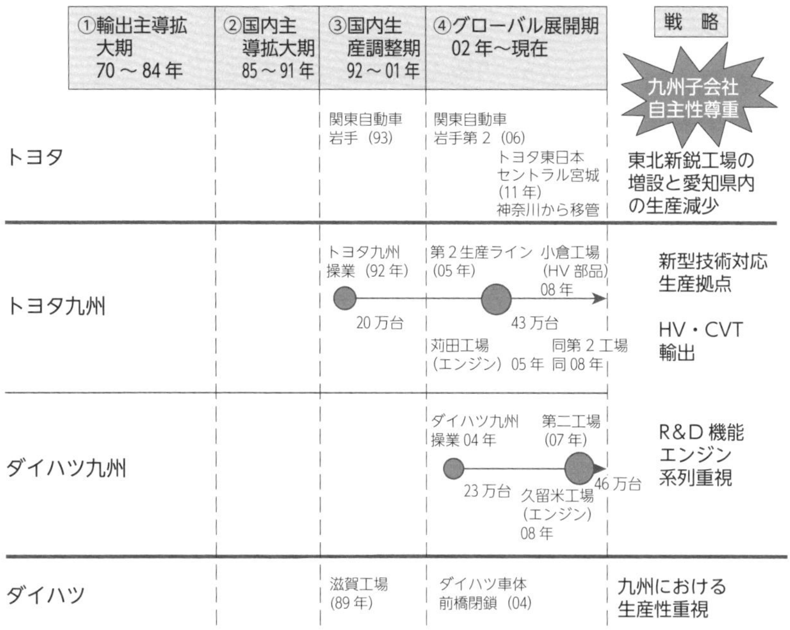

	①輸出主導拡大期 70〜84年	②国内主導拡大期 85〜91年	③国内生産調整期 92〜01年	④グローバル展開期 02年〜現在	戦　略 九州子会社 自主性尊重
トヨタ			関東自動車 岩手 (93)	関東自動車 岩手第2 (06) トヨタ東日本 セントラル宮城 (11年) 神奈川から移管	東北新鋭工場の増設と愛知県内の生産減少
トヨタ九州			トヨタ九州 操業 (92年) 20万台	第2生産ライン (05年) 小倉工場 (HV部品) 08年 43万台 苅田工場 同第2工場 (エンジン) 05年 同08年	新型技術対応 生産拠点 HV・CVT 輸出
ダイハツ九州				ダイハツ九州 操業04年 第二工場 (07年) 23万台 46万台 久留米工場 (エンジン) 08年	R&D機能 エンジン 系列重視
ダイハツ			滋賀工場 (89年)	ダイハツ車体 前橋閉鎖 (04)	九州における生産性重視

資料）筆者作成。

的・国際的な部品調達の効果的・効率的実施が重要であり，そのため海上輸送を活用した，九州における自動車部品調達物流について提言を行っている。

　一方，トヨタおよびダイハツは，日産とは異なる戦略を取っている（図6-3）。トヨタは，国内生産300万台体制の維持に向けて「トヨタ東日本」にて小型車，本拠地である中部地方にて中型車・商用車，「トヨタ九州」にて高級車であるレクサスという生産体制を築いている（日本経済新聞2012.6.30）。またレクサスの低価格車の九州生産の開始（日本経済新聞2012.4.14）や九州初の特別仕様車開発など高価格高級車製造一本鎗からのシフトや独自開発などの動きもみられつつある（日経産業新聞2012.10.3）。さらにトヨタ九州の金子社長は「いずれフルモデルチェンジ（全面改良）も

九州主導で」と意気込み，トヨタ九州の本社工場敷地内に 2016 年 3 月に開発・設計拠点「テクニカルセンター」を完成させた（日本経済新聞 2016.3.19）。そこでは，完成車のマイナーチェンジの際のアッパーボディの設計を行い，中京地区に次ぐ国内の開発拠点を目指すとしている。そして金子社長は「地場の部品会社とともに技術を高めたい」とし，完成度の高いクルマを設計するには，技術・技能を持った部品会社との協力が欠かせないとしている（日経産業新聞 2015.12.1）。このようにトヨタ九州が開発部門に力を入れる理由の一つに生産の低迷が挙げられている。同社の生産台数は 2007 年の 44 万台をピークにここ数年 30 万台前後で推移し主力車種の北米移管が進むなかで「売れる車は自らの手でつくらなければならない」（同社首脳）との危機感が示された（日本経済新聞 2014.5.2）。

　また，ダイハツも九州内の開発機能の強化に動き出した。ダイハツは軽自動車の激しい燃費競争を背景に，2014 年 3 月にエンジン生産の中核であるダイハツ九州久留米工場内に「久留米開発センター」を 100 名の体制で開設しエンジンの他にパワートレイン全般の開発に利用すると発表した（日経産業新聞 2012.12.28）。この久留米開発センターは，ダイハツ本体の施設として久留米工場の隣接地に設置し，「グリーンアジア国際戦略総合特区」制度を活用すると報道された（日本経済新聞 2012.12.28）。ただし他方においてダイハツ九州の車両開発・設計拠点を福岡市内に 2010 年に 100 名体制で立ち上げる（日本経済新聞 2008.4.18）と報道されたが，その後，リーマンショック後の経済情勢の変化を踏まえ開発センターの設立計画は凍結となった（日本経済新聞 2012.1.27）。またダイハツ九州は，最新鋭の第 2 工場による高生産性ライン（日本経済新聞 2011.12.15），ダイハツ本体からの一部部品の調達権限移管（日経産業新聞 2010.6.18）を通じてコスト削減を図ってきた。さらにコスト競争力を高めるために 2011 年に上海に調達子会社を設立し，ダイハツ九州向けの中国製部品を海上輸送で調達する仕組みを導入した（日経産業新聞 2013.6.6）。

　こうしてみると，九州内に立地する完成車メーカーの九州戦略は，日産の「脱系列・アジア調達」戦略とトヨタ・ダイハツの「九州子会社自主性尊重」戦略の 2 つに分けられる。生産拠点の生き残りに向けたコスト競争力向上に

対して完成車メーカーのアプローチに違いがみられる。

　こうした戦略の違いはあるが，日産のアジア重視そしてトヨタおよびダイハツに見られる生産と開発が一体となった自律的な拠点形成という企業戦略は，北部九州全体の自律的地域産業集積の形成にとっても重要な意味を持つと言える。なぜならば，藤川（2001），居城（2007）が指摘した調達・開発に関する権限や機能のない事業所では，地域内の調達率向上にはつながらない。さらに，常にグローバル化のなかで海外生産への移管の危機にさらされることになる。

　地方自治体にとって住民の福祉の向上，特に雇用の維持・拡大という政策命題は大きな意味を持っている。地域内の産業集積が脆弱であれば，グローバル化の進展に伴い産業空洞化が進展し，倒産や失業の懸念が生じることになる。地方自治体はこれを未然に防ぐために地域内産業集積の自律性を高める政策を行うことが求められていると言える。つまり，北部九州が三大都市圏から地方圏への自動車産業における単なる生産機能の受け皿としての役割を担うばかりではなく，新興の集積拠点として自律化できるような将来像をつくること，およびそれを支援する政策を展開することが地方自治体に求められているのである。

第4節　小　括
―― 自動車産業の誘致を通じた北部九州地域経済振興の成果と限界 ――

　国および福岡県，そして筑豊地域の市町村は，産炭地域振興対策を通じて工業団地の造成等を積極的に行い，雇用の創出に向けて努力を続けてきた。筑豊地域では，旧産炭地域振興事業団が中心となりボタ山を崩し工業団地を数多く造成し，その過程で雇用を創出し，企業誘致の受け皿となった。特に宮田団地は，わが国の工業団地の規模としても最大級であり，自動車組立工場を誘致できる規模であったことから，九州自動車産業の集積促進に向けて産業基盤供給の側面からも評価ができる。しかし，産炭地域振興対策による企業誘致も田川市の事例にみるように製造業の出荷額，従業者数は大きく減少しており，その限界も明らかである。

　また，筑豊地域の自動車産業誘致の成功に見るように，北部九州地域に

は，30年間をかけて日産，トヨタ，ダイハツの完成車メーカーの立地と部品サプライヤーの集積が形成された。これら完成車メーカーは，九州現地法人に対して対アジアを見据えた部品調達を重視した日産，開発機能を付与され子会社の自立的な取組みを尊重するトヨタ・ダイハツの戦略に見られるように自動車生産拠点としての自律性を持たせつつある。しかしながら，その自律性には，当然ながら限界があり，その集積は，完成車メーカーの立地に伴い拡大したものの，1次サプライヤーが握る高機能部品の集積にまでは繋がっていないことが課題である。今後は，集積した自動車産業をどのように育成していくかも課題である。

[注]
1）産炭地域の指定は，産炭法により大きく3つ（①2条地域，②6条地域，③10条地域）に分類される（福岡通商産業局，1982，pp. 2-5）。
　①2条地域は，法第2条に基づき石炭鉱業の不況による「疲弊の著しい」産出地域及びこれに隣接する地域のうち，当該石炭産出地域における鉱工業等の振興と密接な関連を有する地域であって政令で指定された地域である。
　②6条地域は，法第6条に基づき上記2条地域のうちから石炭鉱業の不況により，「特に疲弊の著しい」地域として政令で指定された地域である。6条地域には，地方税の減免，臨時交付金の交付，企業融資条件の優遇などがある。
　③10条地域は，法第10条に基づき上記2条地域のうちから地方公共団体の公共事業に係る経費に対する財政支援を行う地域として政令で指定された地域である。道県起債の利子補給，市町村補助率の引き上げ等がある。
　また産炭法は，1966年，1971年，1981年，1991年に延長され2001年に失効した。
2）日産は，2011年に九州工場を日産自動車九州（株）として分社した（以後，本文中では日産九州と略す）。またトヨタは，福岡県宮田町への工場新設に際しては，トヨタ自動車九州（株）を設立した（以後，本文中ではトヨタ九州と略す）。以後，トヨタ九州は，苅田工場，小倉工場を建設した。ダイハツは，2004年に子会社であるダイハツ車体（株）の工場として中津工場を建設した。2006年に社名をダイハツ九州（株）に変更した（以後，本文中ではダイハツ九州と略す）。以後建設された久留米工場もダイハツ九州の工場である。またその後日産車体（株）（以後，本文中では日産車体と略す）は，2007年に日産車体九州（株）を設立（以後，本文中では日産車体九州と略す），2009年12月に日産九州苅田工場敷地内に工場を稼働させている。
　資料：北部九州自動車産業アジア先進拠点推進会議ホームページ掲載「北部九州自動車産業アジア先進拠点プロジェクト」http://www.pref.fukuoka.lg.jp/uploaded/life/223786_51968516_misc.pdf　2016.8.6閲覧。

日産九州ホームページ掲載「企業情報」http://www.nissankyusyu.co.jp/COMPANY/enkaku_ayumi.html　2016.8.6 閲覧。
トヨタ九州ホームページ掲載「企業沿革」http://www.toyota-kyushu.com/info/history.html　2016.8.6 閲覧。
ダイハツ九州ホームページ掲載「沿革」http://www.daihatsu-kyushu.co.jp/company/history.html　2016.8.6 閲覧。
日産車体九州ホームページ掲載「会社概要」http://www.nissan-shatai-kyushu.co.jp/COMPANY/　2016.8.6 閲覧。

3）福岡県は，北九州地域，福岡地域，筑後地域，筑豊地域の概ね4つの地域から構成されており，県庁ホームページもこれら4地区別に構成市町村と出先機関を紹介している。福岡県庁ホームページ：http://www.pref.fukuoka.lg.jp/desaki/desaki_chiiki.html　2016.8.17 閲覧。
　この筑豊地域の構成市町村は，福岡県内の直方市・飯塚市・田川市・宮若市・嘉麻市・小竹町・鞍手町・桂川町・香春町・添田町・糸田町・川崎町・大任町・赤村・福智町の15市町村である。人口は，『国勢調査』（平成27年）による。面積は，国土地理院『全国都道府県市区町村別面積調』（平成25年）による。一部に境界未定があるため同面積調に記載の参考値を合算している。

4）産炭地域の指定は，産炭法により先に示したように大きく3つ（①2条地域，②6条地域，③10条地域）に分類される。前出の福岡県が県内4つの区分の1つとして示した筑豊地域とこの産炭地域における筑豊地域は，この①から③の関わりもあり同一ではない。同法の施行令で示された筑豊地域関係の2条および6条の指定地域（1962年指定およびその翌年1963年追加指定）は平成の大合併以降の市町村名でみると以下のとおりである（福岡県，2006，p. 3；福岡通商産業局，1972，pp. 11-13；九州経済産業局，2001，pp. 183-193）。
　○2条地域（疲弊の著しい地域）
　　福岡市（旧早良町除く），北九州市，直方市，田川市，行橋市，飯塚市，中間市，宗像市，古賀市，福津市，宮若市，嘉麻市，大野城市，春日市，篠栗町，新宮町，久山町，粕屋町，志免町，須恵町，宇美町，芦屋町，水巻町，遠賀町，岡垣町，鞍手町，小竹町，福智町，糸田町，香春町，大任町，川崎町，添田町，苅田町，赤村
　○6条地域「特に疲弊の著しい地域」として2条地域のうち以下の市町村
　　直方市，田川市，飯塚市，宮若市，嘉麻市，篠栗町，新宮町，久山町，粕屋町，志免町，須恵町，宇美町，芦屋町，水巻町，遠賀町，岡垣町，鞍手町，小竹町，福智町，糸田町，香春町，大任町，川崎町，添田町，苅田町，赤村，福岡市（旧志賀町部分のみ），宗像市（旧玄海町部分のみ）である。
　1982年の産炭地域振興基本計画および同実施計画の改訂に際しては，産炭地域経済生活圏域を設定することとなった。筑豊地域においては，筑豊東・中産炭地域，筑豊西産炭地域経済生活圏が設定された。前者には北九州市，後者には福岡市が都市機能を充実し圏域内の中心都市として位置づけるとされているが，前者のうち東ブロックの中心都市として田川市，中ブロックの中心都市として直方市，後者のうち嘉飯山地区の中心都市として飯塚市が位置づけられ当該ブロックおよび当該

地区の広域的発展を図ることが示されている（福岡通商産業局編，1982，pp. 58-59）。

その後，1994 年に筑豊地域に関する産炭指定地域の見直しが行われ，6 条地域は，福岡県による筑豊地域に加えて「旧志賀町（福岡市），篠栗町」および「旧玄海町（宗像市），中間市，芦屋町，水巻町，遠賀町」となった。

5）福岡通商産業局（通商産業省）は，九州地方を管轄する九州地方商工処理部（内務省：1945 年），九州地方商工局（内務省：1946 年），福岡商工局（商工省：1947 年）を経て通商産業省の九州地方を管轄する出先機関として設立された。後に 1989 年に九州通商産業局（通商産業省），2001 年に九州経済産業局（経済産業省）となった。

詳細は，九州経済産業局のホームページにある九州経済産業局沿革略図を参照。http://www.kyushu.meti.go.jp/aboutmeti/ayumi.pdf　2016.9.17 閲覧。

6）嘉飯山（かはんざん）地区とは，平成大合併前における山田市，嘉穂町，臼井町，稲築町，庄内町，穎田町，飯塚市，桂川町，穂波町，筑穂町（旧 2 市 8 町）であり（青山，2005，p. 100），現在の筑豊地域における飯塚市，嘉麻市，嘉穂郡桂川町の 2 市 1 町である。

7）直鞍（ちょくあん）地区とは，平成大合併前の直方市，宮田町，若宮町，鞍手町，小竹町であり（「角川日本地名大辞典」編纂委員会，1988，p. 878），現在 2 市 2 町（直方市，宮若市，鞍手町，小竹町）の区域全体を指す。

8）日立化成オートモーティブプロダクツ（株）のホームページにおける会社沿革に基づく。http://www.hitachi-chem-automotive.co.jp/corporate/history.html　2016.8.6 閲覧。

9）工業統計表　工業地区編の筑豊地区構成市町村は，福岡県による 4 つの地域区分の構成市町村と同様である。

第7章　結びに ── 結論と今後の課題 ──

　本書は，戦後日本の産業立地政策について特に製造業の地方分散を巡るプレイヤー間の関係性と政策の成果を明らかにすることを課題とした。

　産業立地政策とは「産業（企業）の望ましい立地を目指す政策」である。その望ましさとは，政策にかかわるプレイヤーによって大きく異なりうるものであり，常に「効率性」と「公正性」という2つの異なる論理の対立に揺れ動いてきた。ここでのプレイヤーとは，立地主体である「企業」，企業に対して規制・誘導を行う政府（国・地方自治体），立地によって雇用される「労働者」，立地場所の土地を提供する「土地所有者（農民等）」があげられる。しかし，本書では「土地所有者（農民等）」についてほとんど触れることができなかった。

　企業は，利潤最大化を念頭に「効率性」の観点から立地を決定する。その立地の追求が産業の地域的不均等配置をもたらし，雇用の不均等や地域間所得格差を拡大することがある。政府は，我が国の高度成長期のように経済成長の実現のため，企業の「効率性」を重視する産業立地政策を推進することもある。しかし，立地がもたらす格差が許容範囲を超えた場合，「公正性」の観点から是正する政策を行う。政府がこの「効率性」と「公正性」の対立軸のなかで，補助金・税・インフラ整備等のインセンティブ付与や規制を通じて公共にとって「産業（企業）の望ましい立地」を実現する政策こそが産業立地政策である。

　この「公正性」とは，政府による経済過程への積極的な介入と，これによる雇用創出や所得の再分配を重視するケインズ学派の論理でもある。産業立地政策においても三大都市圏への立地を抑制し，産業（企業）の立地を地方圏に誘導し国土の均衡ある発展を目指す論理である。国においても国土の均衡ある発展を目指す省庁（部局）や地方圏の地方自治体がプレイヤーとなる。また，土地所有者（農民）や労働者も自らの土地利用そして雇用を求め

て国に働きかけることとなる。

　一方，1980年頃より先進諸国の経済政策に大きな影響を与えた新自由主義の台頭は，産業（企業）の立地の望ましさを根本から変えることとなった。1995年7月の通商産業省環境立地局による「新産業立地政策研究会報告書――グローバル経済下での魅力ある産業立地環境の整備へ向けて――」によって政策の転換が示され，これ以降産業立地関連諸法の廃止が行われた。産業立地政策の先行研究は高度経済成長期のそれを対象としたものがほとんどである。これらの多くの見解は，我が国の産業立地政策が福祉政策ではなく成長政策とする立場である。

　しかし，戦後の我が国の産業立地政策の展開を鳥瞰すると，同政策は，政府が目指す「国土の均衡ある発展」という「公正性」と産業（企業）が目指す「効率性」との間で揺れ動いてきた。これを具体的事実に即して解明するために，先行研究の意義と限界を明らかにし，分析のためのフレームワークを提示し，主要な政策を検証するという手続きを取った。

　第2章「産業立地政策に関する先行研究と本研究の視点」では，産業立地政策の意義を論じた先行諸説を比較検討し，次のことを明らかにした。

　まず，産業立地政策の意義に関する先行研究では4人の所説を検討し，立地政策の目的・意義にかかる視点として①外部性，②国土管理・マクロ的視点，③経済的厚生の増大，④地域構造の把握の4点を得た。同時にこれらの先行研究とは別に立地固有の4つの経済的特性として①設備投資によるストック形成，②立地主体の事業活動を通じた素材・労働力・資金の循環（フロー）による経済圏の形成，③地理的近接性による外部効果，④地理的慣性を取り上げた。

　これらを踏まえ産業立地政策は「産業（企業）の望ましい立地を目指す政策」であり，①企業誘致ないし立地誘導，②外部経済効果を目指した集積促進，③外部不経済効果に伴う諸規制（都市計画・緑地規制）の3つから成り立つものとした。

　また，先行研究の多くは，体制批判の論理からのアプローチが主流であり，外在的な批判が多かった。こうした限界を超えて問題解決のための堅固な分析の枠組みとして政策形成・廃止にかかるプレイヤー間の関係性を軸と

した「構造－問題－政策」モデルを提示した。また，同時に我が国の産業立地政策が産業政策としての側面を強く持ちながらも，産業政策と分配政策は一体であると指摘した開発主義システムに関する考察を検討し，産業立地政策が分配面でも寄与してきたという視点にも着目した。そして戦後日本の産業立地政策について①高度成長期（基礎素材型主導期：1950～1970年頃），②高度成長末期－構造調整期（加工組立型主導期：1970年頃～1990年頃），③グローバル化・構造改革期（1990年頃～現在）の3つに分けてその全体を俯瞰した。

第3章「基礎素材型産業の基盤整備と立地政策」では，戦後我が国の本格的産業立地政策が行われた昭和30年代に着目し，経済政策上の論争となった通産省による貿易主義と国土開発行政を担った経済企画庁総合開発局による国内資源開発主義の論争を分析した。その結果，貿易主義に基づいた産業立地政策特に産業基盤整備の推進が国土開発推進のための大きな柱として強力に組み込まれたことを明らかにした。さらに，産業立地に向けた産業基盤整備を巡ってはその後もインフラ所管官庁（建設省・運輸省），地方自治体を所管する自治省，産業を所管する通産省との間の縦割りの弊害が続き，その後の産業立地政策や国土政策に影響を与えたことを検証した。

また，新産業都市および工業整備特別地域は，基礎素材型産業のための基盤整備という点で，当初先導的役割を担ったことを当時の資料を用いて明らかにした。しかし，その後，需要の拡大基調に伴う生産拡大，技術革新の進展から，新産業都市および工業整備特別地域の産業基盤供給を大幅に上回る大規模工業開発の計画が進展した。このことを通産省立地公害局による先行造成工業団地の造成・売却に関する未公表資料等に基づいた分析によって実証した。ただし，大規模工業団地開発計画は石油危機による経済変動を受けて実現しなかった。

第4章「工業再配置促進法の制定とその廃止」では，まず「工業再配置促進法」を巡る先行諸説を比較検討した。そのほとんどは，地方財政論や経済地理学の研究者によるものであり，『日本列島改造論』の公表および同法の制定後間もない時期に時論として公表された。そのため当時の公害問題をはじめとする社会的緊張を背景に政府と大企業に対する責任を問う論調が強

く，工業再配置政策の客観的な評価が行われていたとは言い難かった。

　そこで法律の制定過程におけるプレイヤー間の関係性を考察した。その結果，地方保守層や地方自治体から期待が寄せられていたことが判明した。他方，通産省が工業再配置政策を通じて国土開発行政に関与することに批判的な省庁もあった。また，通産省は，同法に基づき移転促進地域と誘導地域の設定，目標値の設定等を行う「工業再配置計画」策定に着手したものの，財界，労働組合，移転促進地域として想定された地方自治体の反対から調整は難航した。さらに，移転促進地域に立地する製造業事業所を対象とした課税（追い出し税）は，これらのプレイヤーからの根強い反対により実現できなかった。経済合理性に反する課税を含み財界からも強い反対を受けた同政策は，結果として後退した。しかし，批判の強かった大規模工業開発の継続を含むことから成長政策的側面を持ちつつも，全国的視角による地域間の経済的不平等の是正を目的としていることから，福祉的側面を強く持つ政策であると結論づけた。

　次に同法に基づく政策遂行によって，我が国の製造業の地方分散が実現したことを定量的に明らかにした。同法に基づく「新工業再配置計画」（2000年目標）における計画と実績を比較すると「工業再配置計画」上の区分である移転促進地域と誘導地域の出荷額シェアの目標値や誘導地域からの移転目標，誘導地域における新増設の目標は，ほぼ達成された。しかし，地域別（広域ブロック）目標値では，目標通りの対全国シェアを実現できた地域と，できない地域とがあった。三大都市圏を含まない地域では，北東北，南東北，関東内陸，近畿内陸，山陰が目標値を上回る対全国シェアを達成できた。しかし，北海道，山陽，四国，北九州，南九州は，目標値までの対全国シェアを達成できなかった。立地条件の厳しい遠隔地への誘導には限界があったことを示した。

　しかし，グローバル化の進展は，国家を軸とした福祉政策を大きく転換させることとなり，同法も2006年に廃止された。またグローバル化の進展に伴い三大都市圏への立地規制も緩和されたが，その効果は都心部に隣接する堺市や尼崎市等の臨海部において新たな大型事業所の立地がみられたものの，都心部において製造業の衰退は顕著であった。

第5章「テクノポリス法と地方圏工業振興」では，地方圏における先端技術産業の集積を目指したテクノポリス政策について先行研究の検討を踏まえてその意義と限界を明らかにした。まず，テクノポリス構想は，当初1ヵ所を想定して地方圏のモデル的開発をイメージしたものの，地方自治体からの陳情合戦とこれを踏まえた通産省の方針転換から指定地域が大幅に増加した。テクノポリス構想は，通産省が構想したものであり，他の中央省庁とは対立・協調関係が生じた。まず「工業再配置法」により地域開発に大きな役割を担うようになった通産省と①実際の都市建設を担う建設省，国土計画を担う国土庁（対立そして協調），②厳しい財政事情から大蔵省・自治省（対立），③産学連携に疎い文部省（弱い関係性）という3つの対立・協調がみられ，国による支援・協力体制は十分ではなく，一時は立法化すら難しいとみなす向きもあった。

　そして，テクノポリス政策の評価は研究者の間では否定的な評価が多かったが，定性的な分析の結果からすべての地域で成功したとは言えないものの，伊東維年によって国による画一化と指摘されたテクノポリス地域がそれぞれの独自性を活かした研究開発拠点を形成し，産学住の調和のとれたまちづくりが一部（浜松，広島中央，仙台北部，宇都宮）において実現したことを明らかにした。また，定量的な分析からは，東北・九州のテクノポリス地域の多くで当時の先端技術産業の出荷額の伸びが全国を上回り，かつ全業種においても同様の地域が多かったことから，地方圏の先端技術工業の集積の拠点が形成されたと言える。しかし，瀬戸内地域のテクノポリスは，先端技術産業の立地が期待ほど伸びず，この地域の産業構造の転換には限界があったことを指摘した。

　第6章「九州経済の構造変化と産業立地政策」では，筑豊地域における産炭地域振興対策の意義と限界を明らかにした。同地域における産炭地域振興対策は，工業団地の整備と企業誘致を通じて雇用の創出のために1963年に「産炭地域振興実施計画」を策定し，1967年の全面改訂にて自動車産業の誘致を掲げた。そして，1968年より受け皿となった宮田団地の造成を開始，以後熱心な企業誘致活動が結実して1992年にトヨタ九州が操業を開始した。

　北部九州は，完成車メーカーの立地が続き，それに伴う一次部品メーカー

の進出立地や地場企業の2次サプライヤー等としての自動車産業参入を通じて国内の新たな集積拠点となった。さらに九州内に立地する完成車メーカーは，製造拠点としての競争力強化に向けて九州現地法人に開発機能を付与する（トヨタ・ダイハツ）ないし対アジアを見据えたグローバル生産拠点（日産）と位置付けるなどの措置を取った。

　産炭地域振興を契機とした企業誘致により，労働力不足を背景とした労働集約型工業の立地が進み，さらに完成車メーカーの誘致実現によって北部九州の産業構造は大きく転換し，自動車産業は北部九州経済をけん引する産業となった。同対策による工業団地造成と企業誘致のみでは炭鉱離職者の雇用は吸収困難であり，また筑豊地域内においても立地条件の違いから企業誘致の成果にも地域格差が生じた。また，自動車産業では1次サプライヤーが握る高機能部品製造の集積までには至っていない。

　第3章から第5章まで主要な3つの産業立地政策（「新産都市法」・「工特地域法」，「工業再配置法」，「テクノポリス法」）の再評価および第6章では九州における産業立地政策特に筑豊地域における産炭地域対策と自動車産業の誘致について検証を行ってきた。第1章にて産業立地政策は効率性と公正性の論理の対立に揺れ動いてきたと述べた。この論理の対立がこれらの政策にどのように反映されていたかをまとめると以下のようになる。

　まず，「新産都市法」の下での地域指定は，当初，地域格差の是正を念頭に公正性と効率性を兼ね合わせた所に絞り，三大都市圏を外すことで進められた。地方自治体から多くの陳情・誘致運動によって公正性の論理が働いた。つまり誘致が難しい地域まで多くの指定が行われた。しかし，のちに「工業整備特別地域整備促進法」の成立により今度は，逆に効率性を追求した政策展開が図られた。公正性と効率性の揺り戻しが大きい政策と言える。

　「工業再配置法」は，公害や過密・過疎問題を背景に法に基づく「工業再配置計画」では移転促進地域と誘導地域の設定と目標値を定めて工業の再配置を目指した。計画には大規模工業開発計画を含んでおり，効率性の側面を持ちながらも，公正性を追求した政策と言える。「テクノポリス法」は，工業再配置政策の延長上で構想された政策であり，先端技術産業の集積という効率性を追求しつつも，公正性のもとにそれを推進したと言える。

立地政策の主体という観点からみると，通産省自体が「公正性」と「効率性」を巡り，自らがそのスタンスを変えながら他省庁間との間でまず対立し，後に協調したことを明らかにした。つまり，通産省自身が1960年代の新産都市・工特地域の推進にあたっては「効率性」を重視しながら，高度成長末期の「工業再配置法」制定（1972年）に際して「公正性」を重視し，急速なグローバル化に伴い1990年代後半には「効率性」に回帰した。通産省は，産業立地政策の理念法である「工業再配置法」を単独で所管していたが，その同省がその政策スタンスを変貌させることにより，1970年代の産業立地政策が「国土の均衡ある発展」という国土政策の理念に対して協調したのである。

また，北部九州における産業立地政策特に筑豊地域における産炭地域対策を考えた場合，疲弊した産炭地域に対して立地政策によって手当を行うことから，公正性を追求したと言える。しかし，実際の自動車産業の立地は，企業にとっての経済合理性すなわち効率性の範囲内であり，その立地は，九州においても北部九州に限定されたものと言える。

本書は，戦後日本の産業立地政策の転換を，効率性と公正性という2つの理念の対立や妥協という観点から描いた。しかし，戦後日本の産業立地政策のすべてを再検討したわけではなく，国際比較という観点を出すこともできなかった。したがって今後の研究課題としては，大きく3点挙げられる。

第1点目は，テクノポリス政策の廃止以降に国および地方自治体によって取り組まれた産業クラスターおよび知的クラスター政策の検証である。我が国のクラスター政策もテクノポリス政策を契機に全国各地で進んだ産学官連携や研究開発機関の整備を基盤として展開されているといっても過言ではない。本書は，製造業を中心とした産業立地政策を扱っているため，産業立地関連諸法の廃止以降となるクラスター政策についてはあえて言及しなかった。また，クラスター政策は，全国的に展開されつつも国の政策評価を通じた見直しも行われており，これらを含めたクラスター政策の総括が求められている。

第2点目は，地方自治体独自の産業政策の意義と限界についての検証である。産業立地政策もグローバル化に伴う事業所の海外移転の増加により政策

の転換が進められてきた。地方自治体においては，誘致のみならず既存の産業の育成が課題となっており，産業立地政策とともに既存産業振興政策と一体的な取組みが求められてきた。福岡県においても，誘致とともに既存の自動車産業の振興を図る「北部九州自動車150万台先進生産拠点構想」に取り組んできた。さらに国際総合戦略特区制度を活用した「グリーンアジア国際戦略総合特区」にも取り組み，自動車産業の振興を目指している。一方，「企業立地の促進等による地域における産業集積の形成及び活性化に関する法律」（平成19年法律第40号）が制定され，地方自治体による企業誘致とともに産業集積の活性化を国が支援する取組みも始まっている。さらに南九州の地方自治体も，自動車産業の誘致や育成に向けて独自の取組みを行ってきた。これらの成果についての検証はまだ十分に行われておらず，今後の検討課題としたい。

　第3点目は，グローバル化の進展とともにアジア諸国の経済成長も著しく，その背景に開発主義に基づく大規模工業団地開発がある。これはどのような主体間の対立や協調によって進展したのだろうか。また理念の見直しがあったのだろうか。我が国の産業立地政策の展開とどのような共通性を持ち，どのように異なるのかについても今後の研究課題としたい。また同様に産業立地政策に関わる国土政策を巡る理念についても研究課題としたい。

あとがき

　本書は，はしがきにても示したとおり2016年度に九州大学に提出した博士論文『『戦後日本の産業立地政策に関する研究――製造業の地方分散を巡るプレイヤー間の関係性を中心に――』）に一部加筆を行ったものである。第1章・第7章は書き下ろしであり，第2・3・4・5章は既往論文の一部を活用したものの大幅に加筆をしており実質的には書き下ろしである。第6章は2つの論文を整理したものである。これらを整理すると以下のようになる。

第1章　書き下ろし
第2章　根岸裕孝（2014）：国土政策と産業立地政策の転換，（所収：山川充夫編著『日本経済と地域構造』原書房：194-212）．
第3章　根岸裕孝（1997）：戦後日本の産業立地政策の展開――高度経済成長期における政策展開を中心に――，『産業学会研究年報』12：75-86.
第4章　根岸裕孝（2009）：グローバリゼーションの展開と地域政策の転換，『経済地理学年報』55：338-350.
　　　　根岸裕孝（2015）：大都市圏における臨海部立地に関する政策の歴史と課題，『経済地理学年報』61：310-324.
第5章　根岸裕孝（2001）：テクノポリスと半導体産業，（所収：山﨑朗・友景肇『半導体クラスターへのシナリオ』西日本新聞社：173-190）．
　　　　根岸裕孝（1998）：テクノポリス開発機構の今後の事業展開の可能性，『産業立地』37-8：14-21.
第6章　根岸裕孝（2013）：九州経済の構造変化と産業立地政策〜自動車産業の誘致・育成を通じた政策転換〜，『九州経済学会年報』51：189-195.
　　　　根岸裕孝（2014）：九州地域における自動車産業・半導体産業の集積・

　　　　　　　　　　　再編に関する比較分析，『産業学会研究年報』27：
　　　　　　　　　　　81-90.

第7章　書き下ろし

　8年4ヵ月お世話になった㈶日本立地センターを退職し，宮崎大学教育文化学部講師（経済政策）として採用されたのは2001年4月である。宮崎の太陽はまぶしく宮崎学園都市内にある宮崎大学の研究室からは巨人軍のキャンプ地でもある青島を臨むことができ，リゾート地で仕事をしているような感があった。

　宮崎大学に着任して日本立地センター時代には経験できないような様々な場面に遭遇した。小泉構造改革による大幅な公共事業の削減は，公共事業に依存する地方圏の経済社会を大きく揺さぶった。知事の逮捕という官製談合事件の摘発，東国原知事の登場，鳥インフルエンザ，口蹄疫など宮崎県の動向には全国から注目を集めた。

　これに伴ってテレビや新聞等のメディアの取材や出演を通じて地方圏の抱える経済社会問題について自分なりの視点で解説したりする機会が増大した。これをきっかけに産業・観光・行財政改革・都市計画・景観・NPO・コミュニティ・文化など幅広い領域の審議会・委員会の委員のみならず座長や会長の仕事を引き受けた。こうした数多くの政策形成に関与する経験は，プレイヤー間の対立や協調を考える一助となるとともに，本書で取り上げた開発主義システムが地方圏のなかでどのように組み込まれているのか，そしてグローバリゼーションがこのシステム自体をどのように変えようとしているのか，その変化と地方の苦闘を身近に感じさせるものとなった。

　新学部となる地域資源創成学部の構想・設置計画づくりに関わりながらの論文執筆は大変ハードであった。体力的にも精神的にも厳しかったが思い返すと研究者としてとても充実した日々を過ごすことができた。

　筆者の研究室には「新しき計画の成就はただ不撓不屈の一心にあり。さらばひたむきにただ想え，気高く，強く，一筋に」というフレーズを掲げている。これは，JAL再建に尽力した稲盛和夫が同社内で広めたフレーズである。この出典は，昭和の哲人と称される中村天風である。若かりし九州大学院生そして日本立地センター在職時にどのように生きるのか，自信をもって仕事をするとはどういうことなのか常に悩みながら日々を過ごした。なんとか研究者として学術図書を出版

する機会を得られるようになったのも，このフレーズにある言葉を自らに刻みながら，多くの皆さんの応援をいただいたからである。感謝の気持ちでいっぱいである。

　最後に，この宮崎の地にて自分の研究成果をまとめることができたのも妻友紀そして娘舞子のおかげである。ここに記して感謝したい。

著　者

参考文献

Aung, Kyaw (2001): Decentralization of Production and the Formation of Technology Regions: A Case Study of the Koriyama Technopolis. In: *Geographical Review of Japan*, Series B　74(2): 199-211.
Castells, Manuel and Hall Peter (1994): *Technopoles of the World: The Making of 21st Century Industrial Complexes*, London and New York: Routledge.
Fujita, Kuniko (1988): The Technopolis: High Technology and Regional Development in Japan. In: *International Journal of Urban & Regional Research* 12(4): 566-594.
Friedman, Milton & Rose (1980): *Free to Choose: A Personal Statement*, New York: Harcourt Brace Jovanovich. フリードマン，ミルトン・フリードマン，ローズ（西山千明訳）(2012):『選択の自由――自立社会への挑戦』日本経済新聞社．
Glasmeier, K. Amy (1988): The Japanese Technopolis Programme: High-tech Development Strategy or Industrial Policy in Disguise? In: *International Journal of Urban and Regional Research* 12(2): 268-284.
Hirschman, O. Albert (1958): *The Strategy of Economic Development*, New Haven: Yale University Press. ハーシュマン，O・アルバート（麻田四郎訳）(1961):『経済発展の戦略』巖松堂出版．
Ian, Masser (1990): Technology and Regional Development Policy: A Review of Japan's Technopolis Programme. In: *Regional Studies* 24(1): 41-53.
Keynes, John Maynard (1936): *The General Theory of Employment, Interest and Money*, London: Macmillan. ケインズ，ジョン・メイナード（間宮陽介訳）(2012):『雇用，利子および貨幣の一般理論　上・下』岩波書店．
Krugman, Paul (1991): *Geography and Trade*, Leuven, Belgium, Cambridge Massachusetts, Leuven University Press, MIT Press. クルーグマン，ポール（北村行伸，高橋亘，妹尾美起，訳）(1994):『脱「国境」の経済学――産業立地と貿易の新理論――』東洋経済新報社．
List, Friedrich (1841): *Das nationale System der politischen Oekonomie*, 1841, in: W-6 (W とは Friedrich List. Schriften, Reden, Briefe. Hrsg. v. E. v. Beckerath, K. Goeser, F. Lenz, W. Notz, E. Salin, and A. Sommer, 10 Bde., 12 Tle., Berlin 1927-1935, W-6 とはその第 6 巻を示す）．リスト，フリードリッヒ（小林昇訳）(1970):『経済学の国民的大系』岩波書店．
Myrdal, Karl Gunnar (1957): *Economic Theory and Under-developed Regions*, London, G. Duckworth. ミュルダール，G.（小原敬士訳）(1959):『経済理論と低開発地域』東洋経済新報社．

Nurkse, Ragnar (1953): *Problems of Capital Formation in Underdeveloped Countries*, Oxford, B. Blackwell. ヌルクセ, ラグナー (土屋六郎訳) (1955):『後進諸国の資本形成』巌松堂出版.

Okimoto, I. Daniel (1989): *Between MITI and the Market : Japanese Industrial Policy for High Technology*, Stanford Califolrnia : Stanford University Press. 沖本, ダニエル (渡辺敏訳) (1991):『通産省とハイテク産業——日本の競争力を生むメカニズム——』サイマル出版会.

Porter, E. Michael (1990): *The Competitive Advantage of Nations*, New York : Free Press. ポーター, E. マイケル (土岐坤, 小野寺武夫, 中辻万治ほか訳) (1992a・1992b):『国の競争優位 (上)・(下)』ダイヤモンド社.

Porter, E. Michael (1998): *On Competition*, Boston : Harvard Business School Publishing. ポーター, E. マイケル (竹内弘高訳) (1999a・1999b):『競争戦略論 I・II』ダイヤモンド社

Preer, W. Robert (1992): *Emergence of Technopolis : Knowledge-Intensive Technologies and Regional Development*, New York : Preager.

Saxenian, AnnaLee (1994): *Regional Advantage : Culture and Competition in Silicon Valley and Route 128*, Cambrige, Massachusetts, and London, England : Harvard University Press. サクセニアン, アナリー (大前研一訳) (1995):『現代の二都物語——なぜシリコンバレーは復活し, ボストン・ルート128は沈んだか——』講談社.

Scott, J. Allen (1993): *Technopolis : High-technology Industry and Regional Development in Southern California*, Berkley and Los Angles, California : University of California press.

Smith, Adam (1776): *An Inquiry into the Nature and Cause of the Wealth of Nations*, London : Printed for W. Strahan, and T. Cadell, in the Strand, and W. Creech, at Edinburgh. スミス, アダム (山岡洋一訳) (2007):『国富論』日本経済新聞社.

Sternberg, Rolf (1995): Supporting Peripheral Economies or Industrial Policy in Favour of National Growth? An Empirically Based Analysis of Goal Achievement of the Japanes'Technopolis'Program. In : *Environment and Planning C Government and Policy* 13(4) : 425-439.

Tatsuno, Sheridan (1986): *The Technopolis Strategy : Japan, High Technology, and the Control of the Twenty-first Century*, New York : Prentice Hall. タツノ, シェリダン (正田宗一郎訳) (1988):『テクノポリス戦略』ダイナミックセラーズ.

Thurow, C. Lester (1980): *The Zero-sum Society : Distribution and the Possibilities for Economic Change*, New York : Basic Books. サロー, C. レスター (岸本重陳訳) (1981):『ゼロサム社会』TBSブリタニカ.

Yamamoto, Kenji (1987): Regional Disparity and Its Development in Postwar Japan. In : *Journal of International Economic Studies* (The Institute of Comparative Economic Studies, Hosei University), No. 2 : 131-170.

Yamamoto, Kenji (1992): Branch Plants in a Peripheral Region of Japan and Their Contributability to Regional Economic Development. In : *Journal of International*

Economic Studies (The Institute of Comparative Economic Studies, Hosei University), No. 6：48-75.

青山堅太郎編（2005）：『嘉飯山年表』フジキ印刷．
朝日新聞：1994年8月27日朝刊「地方の技術力強化へ　アジアとの競争にらみ　通産省構想」．
朝日新聞：1996年9月20日朝刊「経済の構造改革（キーワード）」．
朝日新聞：1998年9月1日朝刊「破たんした苫東開発　広すぎてつぶせない？〈列島98〉」．
朝日新聞：1999年5月2日朝刊「むつ小川原，新会社へ『存続し再建』を転換　政府方針」．
朝日新聞：2005年6月23日夕刊「経産省，数千万円の裏金管理　大臣官房企画室，研究費を流用」．
安倍晋太郎・今井賢一・宮崎勇（1982）：二十一世紀へつなぐ助走，（所収　『マネジメント別冊　テクノポリス』日本能率協会：6-15）．
安藤豊禄・進藤孝二・平田敬一郎ほか（1972）：日本列島改造をどう推進するか，『経団連月報』20(11)：14-29．
飯島貞一（1991）：産業基盤の整備，（所収　通商産業省通商産業政策史編纂委員会編『通商産業政策　第7巻　第Ⅱ期自立基盤確立期(3)』通商産業調査会：300-330）．
飯島貞一（1993）：産業立地政策，（所収　通商産業省通商産業政策史編纂委員会編『通商産業政策史　第11巻　第Ⅲ期高度成長期(4)』通商産業調査会：3-72）．
池田徳三・飛永善造（1962）：産炭地域振興と地域開発，『通商産業研究』10(7)：72-91．
石井威望・神谷和男・笹生仁・西岡久雄・今井賢一・中井冨夫（1982）：座談会　テクノポリス構想を実現する　テクノポリス建設基本構想調査を終えて，『産業立地』21(7)：4-21．
石井素介（2010）：第二次大戦後の占領下日本政府部門内における「資源」政策研究の軌跡——経済安定本部資源調査会における〈資源保全論〉確立への模索体験，『駿台史学』pp. 1-25．
居城克治（2007）：自動車産業におけるサプライチェーンと地域産業集積に関する一考察——自動車産業における開発・部品調達・組立生産機能のリンケージから——，『福岡大学商学論叢』51：305-332．
居城克治・目代武史（2013）：転換点にさしかかる九州自動車産業の現状と課題，『福岡大学商学論叢』58：17-47．
板倉勝高（1973）：工業再配置計画の落とし穴，『地理』18(6)：54-61．
伊東維年（1998）：『テクノポリス政策の研究』日本評論社．
伊藤喜栄（1989）：戦後の産業立地政策と地域格差の動向，（所収　塩見譲編著『地域活性化と地域経営』学陽書房：24-47）．
岩本　直（2010）：産炭地域振興政策の政策内容及び同政策実施期間中における産炭地域の変容に関する研究——産炭地域振興政策の政策内容に係る指標を用いて各産炭地域

を考察した場合——,『日本地域政策研究』8：25-32．
上杉勝之（1977）：工業再配置計画について，『工業立地』16(8)：4-15．
上野　登（1997a）：筑豊4市の生成過程,『九州共立大学経済学部紀要』68：1-20．
上野　登（1997b）：産炭地域振興事業の推移,『九州共立大学経済学部紀要』68：21-46．
上野　登（1997c）：筑豊4市の産炭地域振興政策への対応——地方財政構成の分析を中心に——,『九州共立大学経済学部紀要』68：47-82．
上原信博編（1992）：『先端技術産業と地域開発』お茶の水書房．
内田俊一（1952）：日本の工業開発,（所収　佐藤弘編『日本地理新大系　第4巻　資源産業Ⅱ』河出書房：250-258）．
梅村　仁（2012）：産業集積の課題と企業立地施策の新たな展開,（所収　法政策研究会編　泉文雄・角松生史監修　『法政策学の試み　第13集　特集：参加と責任』信山社出版：119-135）．
運輸省港湾局編（1974）：『港湾計画資料集』（改訂版）日本港湾協会．
江島由裕・野田遊（1999）：産業政策を考える——テクノポリス政策を題材とした政策フレームワークの考察,『SRIC report』4(3)：42-53．
越後　修（2010）：企業誘致型地域経済振興策の勘所——九州・東北地方における自動車産業育成策の課題——,『開発論集』（北海学園大学）85：143-196．
遠藤　晃（1972）：日本列島改造政策と国民生活,『労働法律旬報』822：11-27．
遠藤　聡（2014）：比較地域制度アプローチによる地域政策論にむけて,『地域経済学研究』27：29-47．
大内秀明（1972）：「日本列島改造論」の幻想——過疎・過密の解消は可能か——,『エコノミスト』50(31)：14-21．
大塩洋一郎（1962）：新産業都市の性格——指定基準のための序論,『新都市』16(11)：13-18．
大薗友和（1983）：『発信！テクノポリス構想——通産省と田中角栄の大野望——』エヌシービー出版．
小川桂子（1994）：新興自動車工業地域における自動車1次部品メーカーの生産展開——九州・山口地域を事例として——,『経済地理学年報』40：105-125．
小邦宏二（1972）：骨抜きになった工業再配置計画——「改造」への厚いカベまざまざ——,『エコノミスト』50(45)：32-34．
小田宏信（1999）：グローバル化時代における日本の産業集積,『経済地理学年報』45：7-28．
尾高煌之助（2013）：『通商産業政策史1——総論——』経済産業調査会．
男澤智治（2011）：日韓における産業連携と港湾機能のあり方に関する研究,『九州国際大学経営経済論集』17(3)：103-128．
科学技術庁編（1992）：『科学技術白書——科学技術の地域展開（平成4年版）』大蔵省印刷局．
柏木孝之（2008）：近年における臨海部産業立地の背景・特徴と今後の展望,『港湾』85(10)：6-9．
加藤和暢（1990）：国土政策の歴史的背景,（所収　矢田俊文編著『地域構造の理論』ミネ

ルヴァ書房：182-204）．
加藤和暢（2000）：戦後日本における国土政策展開の初期条件――「開発主義」対「貿易主義」論争を手がかりとして――，『釧路公立大学地域研究』9：25-41．
加藤和暢（2008）：『国土政策』研究における経済地理学の役割，『社会科学研究　釧路公立大学紀要』20：25-35．
「角川日本地名大辞典」編纂委員会編（1988）：『角川日本地名大辞典　40　福岡県』角川書店．
兼子　仁（1999）：『新地方自治法』岩波書店．
鹿野義夫（1972）：「日本列島改造論」の問題点，『地域開発』99：63-71．
河北新報：1994年4月30日朝刊「中枢都市中心に半日経済圏／通産省研究会が提唱／産業空洞化を防げ　開発研究型で受け皿を整備／仙台や広島，福岡などを想定」．
川上征雄（2008）：『国土計画の変遷――効率と衡平の計画思想――』鹿島出版会．
川越昭・鈴木忠義・台健ほか（1984）：座談会　建設行政とテクノポリス，『建設月報』37（7）：12-25．
川島哲郎（1966a）：イギリスにおける産業立地政策-1-，『経済学雑誌』（大阪市立大学）54-5：1-25．
川島哲郎（1966b）：イギリスの産業立地政策-2-，『経済学雑誌』（大阪市立大学）55-2：49-92．
川島哲郎（1967）：イギリスの産業立地政策の課題と展望，『経済学雑誌』（大阪市立大学）55-6：1-37．
川島哲郎（1969）：高度経済成長期の地域開発政策，（所収　河合一郎・木下悦二・神野璋一郎ほか編『講座日本資本主義発達史論Ⅴ　昭和30年代』日本評論社：309-367）．
川島哲郎（1971）：日本の経済成長と産業立地，『経済評論』20-1：64-78．
川島哲郎（1988）：現代日本の地域政策，（所収　川島哲郎・鴨澤巌編『現代世界の地域政策』大明堂：1-22）．
川島哲郎（1992）：地域開発，（所収　大阪市立大学経済研究所編『経済学辞典』（第3版）岩波書店：858）．
北九州市産業経済局中小企業振興課（2012）：『平成23年度　北九州市内自動車産業実態及び次世代自動車ビジネス参入可能性調査報告書』．
キーティング，マイケル（津田由美子訳）（2003）：ヨーロッパ民主主義国における分権化傾向，（所収　山口二郎・山崎幹根・遠藤乾編『グローバル化時代の地方ガバナンス』岩波書店：123-148）．
城戸宏史（2007）：新興自動車産業地域の集積プロセスの変容――縮小する産業集積に対する一考察――，『産業学会研究年報』22：43-56．
九州経済産業局（2001）：『九州石炭鉱業の歩み』九州経済産業局．
九州経済産業局（2004）：『2003-2004　九州経済　Review & Preview』．
九州経済産業局（2009）：『九州の自動車産業等に関する市場動向調査』．
九州経済調査協会（1965）：『産炭地域における機械市場調査』．
九州経済調査協会（1966）：『産炭地域における機械工業の育成調査』．
九州経済調査協会（2010）：『九州産業読本』（改訂版）西日本新聞社．

九州経済調査協会（2012）：『図説九州経済2013』九州経済調査協会．
九州地域産業活性化センター（2006）：『九州の自動車産業の現状と部品調達構造』．
久米秀俊・根本敏則（2009）：九州における海上輸送を活用した自動車部品調達物流の効率化，『日本物流学会』17：33-40．
経済企画庁編（1960）：『国民所得倍増計画』経済企画庁．
経済企画庁編（1962）：『全国総合開発計画』大蔵省印刷局．
経済企画庁編（1969）：『新全国総合開発計画』大蔵省印刷局．
経済企画庁編（1992）：『生活大国5か年計画：地球社会との共存をめざして』大蔵省印刷局．
経済企画庁編（1993）：『生活者のための経済10の提言——経済審議会生活大国計画推進委員会検討委員会報告』大蔵省印刷局．
経済企画庁編（1995）：『構造改革のための経済社会計画——活力ある経済・安心できるくらし——』大蔵省印刷局．
経済企画庁編（2000）：『経済社会のあるべき姿と経済新生の政策方針』大蔵省印刷局．
経済企画庁・経済審議会（1970）：『新経済社会発展計画』経済企画庁．
経済企画庁総合開発局（1969）：『新産業都市等の現状』（改訂版）大蔵省印刷局．
経済企画庁総合開発局（1973）：『新産業都市・工業整備特別地域の現況』．
経済企画庁総合計画局編（1993）：『最新生活大国キーワード——生活大国5か年計画　地球社会との共存をめざして』経済調査会．
経済産業省（2016）：『工業統計表』．http://www.meti.go.jp/statistics/tyo/kougyo/　2016.10.15閲覧．
経済産業省（2016）：『工場立地動向調査』．http://www.meti.go.jp/statistics/tii/ritti/　2016.10.28閲覧．
経済産業省・日本立地センター（2003）：『新工業再配置計画フォローアップ調査報告書』．
工配法20周年記念事業実行協議会（1993）：『工業再配置政策20年の歩み——国土の均衡ある発展をめざして——』工配法20周年記念事業実行協議会発行（非売品）．
国際協調のための経済構造調整研究会（1986）：『国際協調のための経済構造調整研究会報告書』．http://www.esri.go.jp/jp/prj/sbubble/data_history/5/makuro_kei01_1.pdf　2016.5.22閲覧．
国土交通省国土計画局編（2008）：『国土形成計画（全国計画）——全国総合開発計画に代わる新しい国土計画——』日経印刷．
国土審議会計画部会（1995）：『21世紀の国土のグランドデザイン——新しい全国総合開発計画の基本的考え方』大蔵省印刷局．
国土庁編（1977）：『第三次全国総合開発計画』大蔵省印刷局．
国土庁編（1987）：『第四次全国総合開発計画』大蔵省印刷局．
国土庁計画・調整局監修（1999）：『21世紀の国土のグランドデザイン——地域の自立の促進と美しい国土の創造　新しい全国総合開発計画の解説』時事通信社．
国土庁計画・調整局編（1993）：『第四次全国総合開発計画総合的点検中間報告』大蔵省印刷局．
国土庁計画・調整局編（1998）：『21世紀の国土のグランドデザイン：国土総合開発法第7

条1項に基づく全国総合開発計画——地域の自立の促進と美しい国土の創造』大蔵省印刷局.
国土庁地方振興局編（1992）:『豊かな21世紀中核産業都市を目指して——第5次新産・工特建設整備基本計画』大蔵省印刷局.
後藤道夫（2002）:開発主義国家体制の構造, (所収　渡辺治・二宮厚美・後藤道夫ほか『労働法律旬報別冊ポリティーク第5巻　特集　開発主義国家と「構造改革」』旬報社:10-18).
小長啓一（1993）:工業再配置促進法制定とその背景, (所収　工配法20周年記念事業実行協議会『工業再配置政策の歩み——国土の均衡ある発展を目指して——』工配法20周年記念事業実行協議会発行（非売品）:15-20).
小長啓一（1996）:日本列島改造論とりまとめと田中内閣の軌跡, (所収　総合研究開発機構『戦後国土政策の検証——政策担当者からの証言を中心に——下』総合研究開発機構:171-208).
小林惇・長岡貞男（1993）:地域開発政策をリードするテクノポリス構想の回想——技術集積をめざす新たな流れのなかで——, (所収　工配法20周年記念事業実行協議会『工業再配置政策の歩み——国土の均衡ある発展をめざして——』工配法20周年記念事業実行協議会発行（非売品）:38-40).
小林哲也（2007）:新たなステージに突入した日本の自動車産業——競争環境の変化と能力拡大競争——,『九州経済調査月報』61（2007年12月号）:3-12.
小堀聡（2014）:1950年代における国内資源開発主義の軌跡——安藝皎一と大来佐武郎に着目して——,『大阪大学経済学』64-2:123-145.
笹生仁（1972）:工業再配置構想と地域開発,『経済評論』21(10):19-30.
笹生仁（2000）:第Ⅱ部　産炭地域の振興・再生の方途——政策環境への対応と制度完了に向けた計画課題, (所収　笹生仁『エネルギー・自然・地域社会——戦後エネルギー地域政策の一史的考察——』ERC出版:135-250).
佐瀬正敬（1982）:「テクノポリス」生い立ちの記,『産業立地』21(9):6-11.
佐藤竺（1964）:新産業都市の建設と地域開発-1-,『政治経済論叢』（成蹊大学政治経済学会）13(4):59-79.
佐藤元重（1963）:『日本の工業立地政策』弘文堂.
佐野浩祥（2012）:全国総合開発計画における拠点開発構想に関する研究,『都市計画論文集』47(3):403-408.
猿渡潔枝（2000）:地方中枢・中核都市圏を利用した工場進出——トヨタ自動車九州（株）を事例に——,『経済論究』（九州大学）106:47-60.
産業研究所（1980）:『テクノポリス'90建設構想について——技術と文化に根ざす「まち」づくり——』.
産業研究所（1995）:『今後の産業立地政策に関する調査研究』.
産業タイムズ社（2000）:『半導体産業計画総覧』産業タイムズ社.
産炭地域振興事業団（1972）:『産炭地域振興事業団十年史』産炭地域振興事業団.
自治省（1973）:『昭和47年度　地方公営企業決算の概況』.
自治大臣官房企画室（1966）:『昭和39年度　都道府県別行政投資等実態調査報告』.

自治大臣官房企画室（1967）：『昭和40年度　都道府県別行政投資等実態調査報告』．
自治大臣官房企画室（1968）：『昭和41年度　都道府県別行政投資等実態調査報告』．
自治大臣官房企画室（1969）：『昭和42年度　都道府県別行政投資等実態調査報告』．
自治大臣官房企画室（1970）：『昭和43年度　都道府県別行政投資等実態調査報告』．
自治大臣官房企画室（1971）：『昭和44年度　都道府県別行政投資等実態調査報告』．
自治大臣官房企画室（1972）：『昭和45年度　行政投資実績：都道府県別行政投資実態調査報告書』．
自治大臣官房地域政策課（1973）：『昭和46年度　行政投資実績：都道府県別行政投資実態調査報告』．
自治大臣官房地域政策課（1974）：『昭和47年度　行政投資実績：都道府県別行政投資実態調査報告』．
自治大臣官房地域政策課（1975）：『昭和48年度　行政投資実績：都道府県別行政投資実態調査報告』．
自治大臣官房地域政策課（1976）：『昭和49年度　行政投資実績：都道府県別行政投資実態調査報告』．
自治大臣官房地域政策課（1977）：『昭和50年度　行政投資実績：都道府県別行政投資実態調査報告』．
島　恭彦（1963）：地域開発の現代的意義――投資戦略としての地域開発――，（所収　島恭彦（1983）『島恭彦著作集第4巻』有斐閣：233-250）．
島　恭彦（1972）：「日本列島改造論」の批判と民主的開発政策の展望，『日本の科学者』7(11)：2-8.
島田晴雄，地域経済研究グループ（1999）：『産業創出の地域構想』東洋経済新報社．
自由民主党都市政策調査会（1968）：『『都市政策大綱（中間報告）』自由民主党広報委員会出版局．
下河辺淳（1981）：証言　高度成長期の日本-11-　地域開発の展開-1-　新産都市誕生の前後，『エコノミスト』59(24)：84-91.
下河辺淳（1994）：『戦後国土計画への証言』日本経済評論社．
下玉利昌明（1968）：産炭地域への自動車工業の導入，『工業立地』7(7)：14-20.
城山英明・前田健太郎（2008）：先進国の政治変容と政策革新，（所収　城山英明・大串和雄編『政策革新の理論』〈『政治空間の変容と政策革新』全6巻（1）〉東京大学出版会：9-35）．
新川達郎（2003）：日本における分権改革の成果と課題，（所収　山口二郎・山崎幹根・遠藤乾編『グローバル化時代の地方ガバナンス』岩波書店：149-183）．
末廣　昭（1998）：開発主義とは何か，（所収　東京大学社会科学研究所編『20世紀システム4　開発主義』東京大学出版会：1-46）．
鈴木　茂（1991）：ハイテク産業立地と地域振興，『経済地理学年報』37：10-23.
鈴木　茂（1997a）：浜松テクノポリス――内発型テクノポリスの可能性――，『熊本学園大学経済論集』4(1・2)：23-48.
鈴木　茂（1997b）：富山テクノポリス（1）――内発型テクノポリスの可能性――，『松山大学論集』9(1)：1-23.

鈴木　茂（1997c）：富山テクノポリス（2）——内発型テクノポリスの可能性——，『松山大学論集』9(3)：33-59.
砂子田隆（1963）：新産都市と後進地域の開発，『地方自治』188：49-56.
関　満博・加藤秀雄編（1994）：『テクノポリスと地域産業振興』新評論.
総理府編（1998）：『地方分権推進計画』大蔵省印刷局.
外枦保大介（2011）：中長期的視点からみた産業集積地域の地域イノベーションに関する調査研究，（所収　『文部科学技術政策研究所 discussion Paper74』：1-84）.
外枦保大介（2014）：「進化経済学の動向と地域政策論」，『地域経済学研究』27：29-47.
高木直人（1991）：新増設にわく九州・山口の自動車産業，『九州経済調査月報』45（1991年10月号）：3-13.
高木直人・岡本洋幸・野田宏昭（2005）：第3次新増設ブーム下の九州の自動車産業，『九州経済調査月報』59（2005年10月号）：17-27.
高橋達直（1993）：「テクノポリス」の誕生，（所収　工配法20周年記念事業実行協議会『工業再配置政策20年の歩み——国土の均衡ある発展をめざして——』工配法20周年記念事業実行協議会発行（非売品）：37）.
滝沢周次（1981）：テクノポリス構想の周辺，『都市問題』72(9)：113-116.
竹内正巳（1972）：開発の歴史的評価と田中構想の位置，『経済評論』21(10)：6-18.
武田晴人（2011）：『通商産業政策史5——立地・環境・保安政策——』経済産業調査会.
田中角栄（1973）：『日本列島改造論』日刊工業新聞社.
田中利彦（1996）：『テクノポリスと地域経済』晃光書房.
田村大樹（2000）：『空間的情報流と地域構造』原書房.
地域振興整備公団（1991）：『筑豊産炭地域拠点開発基礎調査報告書』.
地域振興整備公団（1994）：『地域振興整備公団20年史』地域振興整備公団.
千田謙蔵（1972）：二十五万都市構想と革新市長——農村工業化と"横手方式"——，『中央公論』87(11)：130-135.
地方自治政策研究会編（1982）：『昭和五十八年度国の重点政策の動向と地方公共団体の対応』ぎょうせい.
地方分権推進委員会事務局編（1996）：『分権型社会の創造——地方分権推進委員会中間報告——』ぎょうせい.
地方分権推進委員会事務局編（1997a）：『地方分権推進委員会第1次勧告——分権型社会の創造——』ぎょうせい.
地方分権推進委員会事務局編（1997b）：『地方分権推進委員会第2次勧告——分権型社会の創造——』ぎょうせい.
地方分権推進委員会事務局編（1997c）：『地方分権推進委員会第3次・第4次勧告——分権型社会の創造——』ぎょうせい.
地方分権推進委員会編（1998）：『地方分権推進委員会第5次勧告——分権型社会の創造——』地方分権推進委員会.
通産省企業局編（1952）：『企業合理化の諸問題　附　企業合理化促進法の解説』産業科学協会.
通商産業省（1963）：『産炭地域振興実施計画（筑豊地域）』.

通商産業省（1967）：『産炭地域振興計画』．
通商産業省編（1990）：『90年代の通産政策ビジョン』通商産業調査会．
通商産業省編（1993）：『創造的革新の時代──中期産業経済展望研究会報告書──』通産資料調査会．
通商産業省編（1995）：『21世紀への日本経済再建のシナリオ』通商産業調査会．
通商産業省環境立地局（1995）：『新産業立地研究会報告書──グローバル経済下での魅力ある産業立地環境の整備へ向けて──』．
通商産業省環境立地局（1998）：『改正工場立地法解説』日本立地センター．
通商産業省環境立地局立地政策課（1998）：『よみがえれ街の顔──中心市街地の活性化工場立地及び工業用水審議会工場立地調査部会中間報告』通商産業調査会．
通商産業省企業局編（1960）：『我が国工業立地の現状──工業適地と工業用水──』通商産業研究社．
通商産業省企業局企業第一課（1952）：企業合理化促進法と国土開発──産業関連施設の整備について，『国土』（国土計画協会）2(17)：32-33．
通商産業省産業構造審議会産業立地部会（1997）：『中間答申──内外の経済社会環境の変化を踏まえた今後の産業立地政策のあり方──』．
通商産業省・産業構造審議会編（1980）：『80年代の通産政策ビジョン』通商産業調査会．
通商産業省産業合理化審議会総合部会（1951）：我が国の産業合理化方策について，（所収　通商産業省通商企業局『我が国産業の合理化について』：1-5）．
通商産業省産業政策局編（1986）：『21世紀産業社会の基本構想』通商産業調査会．
通商産業省産業政策局編（1993a）：『21世紀型経済システム』通商産業調査会．
通商産業省産業政策局編（1993b）：『21世紀への構造改革』通商産業調査会．
通商産業省産業政策局編（1994）：『21世紀の産業構造』通商産業調査会．
通商産業省産業政策局編（1997）：『日本経済の構造改革』通商産業調査会．
通商産業省産業政策局編（1998）：『創業・革新型コーポレート・システム』通商産業調査会．
通商産業省立地公害局（1974）：『先行造成団地の造成・売却状況』．
通商産業省立地公害局編（1989）：『新工業再配置計画の解説──新たな工業の地域展開をめざして──』通商産業調査会．
通商産業省立地指導課（1964）：『特定工場届』．
通商産業省立地指導課（1965）：『特定工場届』．
通商産業省立地指導課（1966）：『特定工場届』．
通商産業省立地指導課（1967）：『工場立地動向調査』．
通商産業省立地指導課（1968）：『工場立地動向調査』．
通商産業省立地指導課（1969）：『工場立地動向調査』．
通商産業省立地指導課（1970）：『工場立地動向調査』．
通商産業省立地指導課（1971）：『工場立地動向調査』．
通商産業省立地指導課（1972）：『工場立地動向調査』．
塚原啓史（1994）：テクノポリス政策の評価──開発指標からの一考察──，『経済地理学年報』40：220-228．

蔦川正義（1974）：産炭地域問題の変容について——筑豊地域を中心とする若干の考察——，『産業労働研究所報』（九州大学）63：1-18.
土屋　清（1981）：証言高度経済成長期の日本 13　地域開発の展開-3-　太平洋ベルト地帯構想，『エコノミスト』59(27)：94-101.
都留重人（1951）：八千万人と国内資源，『中央公論』66(4)：4-18.
寺田節二（1983）：テクノポリス法のねらうもの——先端産業中心の新版「地域開発」の拠点づくり，『前衛』494：207-225.
電機労連・合化労連・全国金属・東京地評・関西化労協（1973）：工業再配置促進法と労組の対策方針，『労働経済旬報』881：15-25.
土井仙吉（1969）：筑豊炭田の衰退と産炭地域振興，『地理』14(2)：24-30.
戸田弘元（1995）：鉄鋼業．（所収　産業学会編『戦後日本産業史』東洋経済新報社：61-100）．
内閣総理大臣官房広報室（1972）：『日本列島改造論に関する世論調査』．
内閣府（2016）：『企業行動についてのアンケート』．http://www.esri.cao.go.jp/jp/stat/ank/menu_ank.html　2016.10.29 閲覧．
内閣府（2016）：『県民経済計算』．http://www.esri.cao.go.jp/jp/sna/data/data_list/kenmin/files/files_kenmin.html　2016.10.15 閲覧．
内閣府（2016）：『国民経済計算』．http://www.esri.cao.go.jp/jp/sna/menu.html　2016 年 10 月 21 日閲覧．
中西穂高（2005）：産炭地域振興対策の終了過程における地域の視点からの議論——国会審議の分析から——，『経済地理学年報』51：145-161.
中村剛次郎（2000）：内発的発展論の発展を求めて，『政策科学』（立命館大学政策科学会）7(3)：139-161.
中村剛治郎（2004）：『地域政治経済学』有斐閣．
中村剛治郎（2006）：戦後日本の国土政策の総括と展望——国土計画の論理と批判の論理，両者の限界を超えて，『地域経済学研究』16：12-33.
中村智彦（2010）：大阪湾臨海地域における新規企業立地とその影響について，『経済文化研究所年報』（神戸国際大学）19：13-27.
西岡久雄（1969）：『再増補版　経済立地と地域経済——経済立地政策論——』三弥井書店．
西岡久雄（1991）：工業再配置と「地方の時代」，（所収　通商産業省通商産業政策史編纂委員会編『通商産業政策史　第 15 巻　第Ⅳ期多様化時代（4）』通商産業調査会：241-310）．
西岡久雄（1992a）：日本列島改造論議と工業再配置（その 1）——1970 年頃の立地・地域政策（Ⅱ）——，『青山経済論集』43(4)：99-112.
西岡久雄（1992b）：日本列島改造論議と工業再配置（その 3）——1970 年頃の立地・地域政策（Ⅳ）——，『青山経済論集』44(3)：218-239.
日刊工業新聞：1972 年 10 月 23 日「列島改造と企業戦略　動き出した工業再配置　国づくりの中核に　農工の一体化で過疎と過密解消」．
日経産業新聞：2010 年 6 月 18 日「部品調達権限を一部移管　ダイハツ，九州の子会社

日経産業新聞：2012 年 7 月 23 日「サムスン自に SUV 委託　日産，供給力を増強　年 8 万台分」．

日経産業新聞：2012 年 10 月 3 日「トヨタ九州，開発でも地力　初の特別仕様車を販売　地域ニーズ重視シフト」．

日経産業新聞：2012 年 12 月 28 日「福岡でエンジン開発　ダイハツ　中核工場内に　拠点　140 億円投資」．

日経産業新聞：2013 年 6 月 6 日「産業再興　アジアと共創①『東シナ海供給網』台頭　競争の中に新たな商機」．

日経産業新聞：2015 年 12 月 1 日「四大工業地帯は今　第 3 部　メカトロ北九州　下　クルマ集積開発基地への道　トヨタ，設計も担う新棟　日産，日韓の物流効率化」．

日本経済新聞：1971 年 7 月 7 日朝刊「通産政策に新風　田中構想　産業調整費設ける　移転税で工場分散懸案，相当的に取り組む」．

日本経済新聞：1971 年 7 月 19 日朝刊「産業立地政策を転換　通産省　大都市の工場規制　地方移転促進へ事業団　通常国会へ法案出す」．

日本経済新聞：2008 年 4 月 18 日朝刊「福岡に『頭脳』新たな核にダイハツが開発新拠点　生産と分業，企業進出期待」．

日本経済新聞：2010 年 10 月 6 日朝刊「日産九州来秋分社小型車拠点，有力に　地場製造業の活用カギ」．

日本経済新聞：2010 年 12 月 2 日朝刊「日産　九州を主力工場に　小型車も生産　国内 100 万台維持」．

日本経済新聞：2011 年 12 月 15 日朝刊「カーアイランド転機　第一部逆風に望む下　『第 3 のエコカー』拠点に　ダイハツ九州軽車体開発も」．

日本経済新聞：2012 年 1 月 25 日朝刊「カーアイランド転機第 2 部トップが語る上　製造コスト 3 割減計画　部品調達海外から拡大　日産九州社長　児玉幸信氏」．

日本経済新聞：2012 年 1 月 27 日朝刊「カーアイランド転機　第 2 部　トップが語る　エコカー好調　生産上乗せ　九州で採用・育成計画的に　ダイハツ九州会長　魚井和樹氏」．

日本経済新聞：2012 年 4 月 14 日朝刊「レクサス『ES』ハイブリッド　トヨタ，九州で生産」．

日本経済新聞：2012 年 6 月 30 日朝刊「3 極体制トヨタ加速」：地方経済面　中部．

日本経済新聞：2012 年 8 月 28 日朝刊「日産，海外部品 4 割越に　円高対策で調達率上げ」．

日本経済新聞：2012 年 12 月 28 日朝刊「『久留米開発センター』正式発表，ダイハツ，特区活用狙う」．

日本経済新聞：2013 年 1 月 8 日朝刊「2013 突破　日産自動車九州社長　児玉幸信氏　物流網整備海外と連携」．

日本経済新聞：2014 年 5 月 2 日朝刊「どこへ行くカーアイランド下　『九州発』の車作りへ　単なる生産拠点からの脱却」．

日本経済新聞：2016 年 3 月 19 日朝刊「新開発拠点完成，トヨタ九州，設計など集約」．

日本工業立地センター（1970a）:『工業立地原単位調査報告書』日本工業立地センター.
日本工業立地センター（1970b）:産業構造審議会・産業立地部会資料,『工業立地』9(6): p. 14-70.
日本工業立地センター（発行年不明）:『工場立地原単位調査』（第1集:1961年通産省実施）日本工業立地センター.
日本立地センター（1973）:『工業再配置対策詳解——通商産業省立地公害局工業再配置課監修——』日本立地センター.
日本立地センター（1991）:『産業立地30年の歩み』日本立地センター（非売品）.
日本立地センター（1995）:『テクノポリス推進調査研究報告書』.
日本立地センター（1996）:『テクノポリス推進調査研究報告書』.
日本立地センター（1997）:『テクノポリス推進調査研究報告書』.
日本立地センター（1999a）:『テクノポリス推進調査研究報告書』.
日本立地センター（1999b）:『テクノポリス・頭脳立地構想の歩み』日本立地センター.
日本立地センター（2001）:『高度技術産業集積促進地域状況等調査　地域の産業・技術集積等を基盤とする新事業創出可能性調査報告書』.
日本立地センター・テクノポリス建設'90建設構想委員会（1982）:『テクノポリス基本構想調査総合報告書』.
根岸裕孝（1996）:テクノポリスの現状と課題——産業集積形成に向けた地域の戦略を中心に,『熊本学園大学経済論集』2(2): 39-57.
根岸裕孝（1998a）:アメリカのインキュベーター運営における人と組織,『産業立地』37-4: 4-10.
根岸裕孝（1998b）:アメリカのインキュベーター運営における人と組織,『産業立地』37-5: 10-17.
根岸裕孝（1998c）:アメリカのインキュベーター運営における人と組織,『産業立地』37-6: 13-21.
根岸裕孝（1998d）:地域における産業政策の新たな展開と賃貸型工場・研究室整備のあり方,『産業立地』37-8: 14-22.
根岸裕孝（1998e）:テクノポリス開発機構の今後の事業展開の方向性,『産業立地』37-10. 19-28.
根岸裕孝（1999）:我が国自動車産業の発展と国内主要メーカー事業所再編の方向性,『熊本学園大学経済論集』5: 325-374.
根岸裕孝（2009）:グローバリゼーションの進展と地域政策の転換,『経済地理学年報』55: 56-68.
能　登志雄（1969）:日本の産炭地域の変貌,『地理』14(2): 18-23.
長谷川淳一（2004）:1940年代の国土計画に関する一考察（6）——国土総合開発法の制定を中心に——,『経済学雑誌』（大阪市立大学）105(3): 38-63.
長谷川政男（2000）:京浜臨海部の再編構築と工業制限諸制度の見直し,『調査季報』（横浜市政策局政策課編）142: 33-36.
早坂茂三（1996）:政治家田中角栄の国土政策思想とその展開,（所収　総合研究開発機構『戦後国土政策の検証——政策担当者からの証言を中心に——下』総合研究開発機構:

85-134).

平田エマ・小柳久美子（2006）：九州の自動車産業の現況と部品調達構造，『九州経済調査月報』60（2006年11月号）：3-18.

平松守彦・大永勇作・濱岡平一ほか（1993）：座談会　工業再配置促進法20年の歩みと今後の展開，（所収　工配法20周年記念事業実行協議会：『工業再配置政策20年の歩み――国土の均衡ある発展をめざして――』工配法20周年記念事業実行協議会発行（非売品）：23-30).

福岡県（2006）：『福岡県産炭地域の現状』．

福岡県商工部企業立地課（2012）：『福岡県の工業団地（平成23年度版）』．

福岡通商産業局（1972）：『九州産炭地域の現況』．

福岡通商産業局編（1982）：『九州産炭地域の現況』九州商工協会．

藤岡大信（1955）：工鉱業地帯整備について，『産業科学』47：2-13.

藤川昇悟（2001）：地域的集積におけるリンケージと分工場――九州・山口の自動車産業集積を事例として――，『経済地理学年報』42：1-18.

藤川昇悟（2002）：九州の自動車産業の現状と展望――トヨタ自動車九州と日産自動車九州工場の1次サプライヤーを中心に――，『九州経済調査月報』56（2002年1月号）：17-27.

藤川昇悟（2012）：新興集積地における自動車部品の域内調達とグローバル調達」，（所収　伊東維年・柳井雅也編『産業集積の変貌と地域政策』ミネルヴァ書房：41-66).

藤田義文（1983）：高度技術工業集積地域開発促進法（いわゆるテクノポリス法）の概要，『産業立地』22(7)：22-33.

藤原帰一（2008）：ゲートキーパーとリーダーシップ――グローバリゼーションのなかの政策選択のメカニズム――，（所収　城山英明・大串和雄『政策革新の理論』東京大学出版会：119-138).

北部九州自動車150万台先進生産拠点推進会議（2012）：『北部九州自動車150万台先進生産拠点プロジェクト』．

正村公宏（1972）：経済計画に対する革新的対応――日本列島改造論を批判する――，『同盟』170：38-47.

御厨　貴（1995）：国土計画と開発政治――日本列島改造と高度成長の時代，『年報政治学』通号1995：57-76.

みずほ総合研究所（2012）：『日本経済の明日を読む2013』東洋経済新報社．

光岡　毅（1984）：建設省におけるテクノポリス，『建設月報』37(7)：42-45.

三菱総合研究所（1981）：『テクノポリス建設構想基礎調査』．

宮本憲一（1967）：『社会資本論』有斐閣．

宮本憲一（1973）：『地域開発はこれでよいか』岩波書店．

三和良一（2012）：『概説日本経済史――近現代――』（第三版）東京大学出版会．

村上泰亮（1992）：『反古典の政治経済学　下』中央公論新社．

村田喜代治（1962）：『日本の立地政策』東洋経済新報社．

村田喜代治（1973）：工業再配置計画の問題点，『ジュリスト』523：39-43.

村田喜代治編（1969）：『地域開発における新産業都市――松本諏訪地区の研究――』東洋

経済新報社.
文部省（1998）：『教育白書（平成10年版）』大蔵省印刷局.
矢田俊文（1982）：『産業配置と地域構造』大明堂.
矢田俊文（1990）：開発経済論と国土政策，（所収　矢田俊文編著『地域構造の理論』ミネルヴァ書房：193-204）.
矢田俊文（1994）：構造不況産業と地域政策――戦後日本の石炭産業の撤退と産炭地域政策――，『産業学会研究年報』10：1-25.
矢田俊文（1999）：『21世紀の国土構造と国土政策：21世紀の国土のグランドデザイン・考』大明堂.
矢田俊文（2014）：戦後国土計画策定の構図――下河辺証言から読み解く――，『経済地理学年報』60：112-129.
矢田俊文（2017）：『国土政策論（上）産業基盤整備編』原書房.
柳井雅人（1997）：『経済発展と地域構造』大明堂.
柳井雅也（1999）：書評　伊東維年「テクノポリス政策の研究」，『経済地理学年報』45：368-372.
山﨑　朗（1992）：『ネットワーク型配置と分散政策』大明堂.
山崎志郎（1991）：機構改革，（所収　通商産業政策史編纂委員会『通商産業政策史　第15巻　第Ⅳ期　多様化時代（4）』通商産業調査会：510-521）.
山崎澄江（1997）：1980年代における産業立地政策，『通産研究レビュー』9：136-163.
山本　明（1962）：地方行政の観点からみた新産業都市建設に関する諸問題について，『都市問題研究』14(4)：39-51.
吉岡健次（1972）：日本列島改造論の虚像と実像，『月刊自治研』64(4)：1-29.
吉野隆治（1976）：工業再配置計画大綱案について（含　工業再配置計画大綱案），『工業立地』15(2)：4-21.
劉　道学（2006）：戦後日本の旧産炭地域産業構造の転換と地域振興――筑豊・旧宮田町の取組み――，『地域公共政策研究』12：46-70.
臨時行政改革推進審議会（第3次行革審）（1993）：『最終答申（抄）』．http://www.cao.go.jp/bunken-suishin/archive/category04/archive-19931027.html　2016.10.15閲覧.
渡辺　治（2002）：開発主義の国家機構，（所収　渡辺治・二宮厚美・後藤道夫ほか『労働法律旬報別冊ポリティーク第5巻　特集　開発主義国家と「構造改革」』旬報社：18-27）.
渡辺　治・輝峻衆三・進藤兵ほか（2002）：討論1　開発主義とは何か，（所収　渡辺治・二宮厚美・後藤道夫ほか『労働法律旬報別冊ポリティーク第5巻　特集　開発主義国家と「構造改革」』旬報社：43-60）.
渡辺　治・二宮厚美・後藤道夫ほか（2002）：『労働法律旬報別冊ポリティーク第5巻　特集　開発主義国家と「構造改革」』旬報社.

索引

ア行

一全総　7, 50, 52, 60, 65
　→全国総合開発計画も参照。
移転促進地域　76, 77, 78, 81, 89, 105, 108, 109, 212
インキュベーター　153
運輸省　54, 71, 209
大蔵省　82, 139, 141, 143, 171, 211

カ行

カーアイランド　9
開発経済学　16
(国内資源)開発主義　7, 27, 28, 29, 40, 42, 43, 44, 45, 52, 66, 67, 209
——国家　31
——システム　32, 36, 37
——論　28
外部性　15, 19, 208
科学技術基本法　152
科学技術振興政策　144
革新自治体　69, 83, 74
過疎　7, 35, 69, 71, 80, 117, 143, 212
過密　7, 35, 69, 71, 80, 117, 143, 212
技術先端型業種　169, 170
企業合理化促進法　7, 44, 46
基盤的技術　130
——産業　94
旧計画
　→工業再配置(計画, 政策)
『90年代の通産政策ビジョン』　144, 145
拠点開発(構想, 方式)　7, 49, 50, 53
近畿圏の規制都市区域における工場等の制限に関する法律　8, 70, 93, 95,
102, 116
経済企画庁　47, 48, 54
——総合開発局　49, 50, 51, 52, 53
ゲートキーパー　36, 103
建設省　54, 71, 80, 82, 87, 140, 141, 142, 143, 209
公害　7, 15, 19, 35, 39, 47, 66, 69, 71, 73, 80, 83, 117, 140, 212
工場三法　94
工場等制限法
　→近畿圏の規制都市区域における工場等の制限に関する法律
工場立地の調査等に関する法律　93
工場立地法　93, 96
工業再配置(計画, 政策)　7, 8, 53, 71, 74, 75, 77, 78, 79, 80, 87, 89, 90, 104, 105, 110, 117, 136, 143, 210, 212
——税　89
工業再配置・産炭地域振興整備公団　87, 187
工業再配置促進法　3, 5, 7, 8, 69, 70, 71, 74, 80, 81, 82, 87, 89, 90, 93, 96, 103, 116, 117, 118, 138, 143, 171, 210, 212, 213
工業再配置法
　→工業再配置促進法
工業集積度　112, 113, 136, 137, 168, 169
工業整備特別地域整備促進法　3, 51, 102, 116
工業特別整備地域　7, 48, 60, 66, 67, 209
工業用水道補助金　47
工業用水法　47
工鉱業地帯整備協議会　47

工場等制限法
　→首都圏の既成市街地における工業等の制限に関する法律
公正（性）　4, 5, 15, 16, 52, 67, 207, 208, 212, 213
公正的基準　5
公設試験研究機関（公設試）　155, 156
「構造―問題―政策」モデル　23, 209
高速鉄道ネットワーク　36, 69, 118
高度技術工業集積地域開発促進法　3, 6, 8, 102, 142, 144, 150, 152, 212
工特（地域）
　→工業特別整備地域
工特地域法
　→工業整備特別地域整備促進法
工特法
　→工業整備特別地域整備促進法
工配法
　→工業再配置促進法
効率（性）　4, 5, 15, 16, 52, 67, 207, 208, 212, 213
効率的基準　5
国土形成計画法　104
国土政策　5, 6, 22, 44, 51, 66, 82, 87
国土総合開発法　41, 43, 44, 47, 104
国土庁　84, 87, 142, 144, 171, 211
国土の均衡ある発展　5, 208, 213
国民所得倍増計画　7, 34, 48, 49, 65

サ行

産業基盤（形成，整備，投資）　7, 35, 45, 56, 60, 62, 65, 66, 69, 80, 127
産業研究所　133
産業合理化　44
産業合理化審議会　47
産業政策　8, 29, 32, 128
　――体系　128
産業立地政策　15, 16, 19, 21, 39, 70, 96, 128, 207
三全総　8

　→全国総合開発計画も参照。
三大湾　91
産炭地域振興（計画，政策，対策）　6, 60, 180, 181, 182, 203, 212, 213
　――基本計画　184, 211
　――事業団　88, 181, 186, 189, 203
　→地域振興整備公団も参照。
　――実施計画　184, 186, 188, 194
産炭地域振興臨時措置法（産炭法）　9
市場の失敗　15
自治省　54, 55, 56, 139, 140, 141, 143, 171, 209, 211
自動車産業　6, 9, 180, 183, 185, 191, 192, 195, 196, 198, 213
資本自由化　35
重厚長大型　69, 117, 163
集積回路製造業　164, 166, 167
首都圏整備法　47
首都圏の既成市街地における工業等の制限に関する法律（首都圏工業等制限法）　8, 70, 76, 93, 95, 102, 116
所得格差是正　49
所得倍増計画
　→国民所得倍増計画
シリコンアイランド　9
新経済社会発展計画　65
新工業再配置計画（新工配計画）　79, 81, 104, 105, 118, 210
新産業都市　7, 40, 48, 50, 51, 51, 52, 53, 54, 55, 60, 65, 66, 137, 209
　――指定地域　67
新産業都市建設促進法　3, 7, 10, 102, 212
新産（都市）
　→新産業都市
新産（都市）法
　→新産業都市建設促進法
新産業立地政策研究会　4, 70
　――報告書　5
新事業創出促進法　102
新全国総合開発計画（新全総）　7, 35,

65, 66, 69, 80, 84, 85
新25万都市（構想）　71, 78, 79
ストック　25
頭脳立地法
　→地域産業の高度化に寄与する特定事業の集積の促進に関する法律
生活・地域流動研究　152
政策システム（論）　26, 70, 96
政策モデル　25
成長政策　5, 8, 39, 69, 117, 210
先行造成工業団地　39, 56, 60, 209
全国総合開発計画　6, 7, 41, 50, 65, 102
　→一全総，二全総，新全総も参照。
先端技術産業　125, 162
総合開発局
　→経済企画庁

タ行

大規模開発　69
大規模工業開発　35, 66
大規模工業基地　35, 65, 70, 210, 212
大規模工業団地　209
大規模工業用地　66
太平洋ベルト地帯（構想）　34, 49, 50, 51, 67, 105
第四次全国総合開発計画（4次総）　98
ターゲティング政策　31
田中角栄　7, 69, 73, 79, 83, 85, 141
炭鉱離職者臨時措置法　182
地域開発政策　7, 39, 40, 66, 128
地域（間）格差　5, 34, 80, 88, 93, 212
地域間所得格差　4, 15
地域間不均等配置　15
地域共同研究センター　152
地域結集型共同研究事業　152
地域研究開発拠点支援制度　152, 153
地域構造　20
地域産業集積活性化法
　→特定産業集積活性化に関する臨時措置法
地域産業の高度化に寄与する特定事業の集積の促進に関する法律　102, 155
地域振興整備公団　60, 79, 87, 112, 142, 159, 179, 182, 187
　→産炭地域振興事業団も参照。
地域政策　8, 24, 40, 87, 96
知識集約型産業　78
地方拠点都市地域の整備及び産業業務施設の再配置の促進に関する法律（地方拠点法）　98
地方分権（推進）　92
地方分権推進委員会　92, 102
地方分権推進計画　92, 103
地方分権推進法　92
中央省庁　143
中核工業団地　87, 113
中小企業創造活動促進法　151, 152, 153
中枢管理機能システム　53
中枢管理機能都市　53
地理的慣性　21
通産省（通商産業省）　1, 8, 45, 47, 54, 82, 85, 88, 89, 96, 132, 135, 140, 141, 143, 144, 171, 184, 210, 211
——環境立地局　5, 27, 91, 99, 102, 208
——企業局　40, 44, 47
——立地公害局　87, 91, 134, 138, 140
テクノポリス（計画，構想，政策）　8, 9, 36, 125, 126, 127, 129, 130, 131, 132, 133, 135, 140, 141, 142, 143, 144, 156, 159, 162
——開発機構　151, 152, 153, 156, 171
——開発区　158
テクノポリス法
　→高度技術工業集積地域開発促進法
田園都市国家構想　133

特定産業集積活性化に関する臨時措置法
　　94, 96, 152
特定地域総合開発計画　　41, 46
都市政策　　83
『都市政策大綱』　　69, 81, 83, 84, 85,
　　87, 88

ナ行
内発的開発　　81, 126, 127
『21世紀産業社会の基本構想』　　144,
　　145
『21世紀の国土のグランドデザイン』
　　102
『21世紀の産業構造』　　144, 145
25万都市構想　　36, 74, 133
二全総　　7
　　→新全国総合開発計画も参照。
日本型経済システムの転換　　102
『日本列島改造論』　　7, 31, 69, 70, 71,
　　73, 80, 81, 83, 84, 85, 87, 88, 89,
　　90, 133, 209
農村地域工業等導入促進法　　88
農林省（農林水産省）　　54, 88, 142

ハ行
白紙地域　　76, 79, 105, 108, 136
『80年代の通産政策ビジョン』　　144
半導体　　9, 150, 167
非（太平洋）ベルト地帯　　51, 52
福祉政策　　5, 8, 69, 70, 117, 118,
　　210
福祉的側面　　210
プレイヤー　　3, 7, 23, 32, 39, 48,
　　56, 81, 91, 96, 125, 207, 210
フロー　　27
分配政策　　29, 36, 37, 209
ベンチャー企業　　153
貿易主義　　7, 40, 42, 44, 45, 66, 67
　　209
母都市　　157, 158

マ行
民間事業者の能力の活用による特定施設の
　　整備の促進に関する臨時措置法（民活
　　法）　　152, 155
メタ政策　　96, 103, 118
メタ政策システム　　26
文部省（文部科学省）　　6, 140, 143,
　　144, 211

ヤ・ラ行
誘導地域　　76, 81, 89, 105, 109, 136,
　　212
立地　　4, 15, 20, 41
――原単位　　65
――公害局
　　→通産省
立地変動　　26
労働省　　54, 89

〈著者略歴〉
根岸裕孝（ねぎし　ひろたか）
博士（経済学）（九州大学）
1966 年生まれ　栃木県出身
1992 年　九州大学大学院経済学研究科修士課程経済工学専攻修了
同　　年　㈶日本立地センター入所　研究員として産業立地政策・地域産業政策に関する調査研究に従事
2001 年　宮崎大学教育文化学部講師（経済政策）　助教授・准教授を経て
2016 年　同　地域資源創成学部（地域経営論）　准教授
2018 年　同　教授，現在に至る。

主な著書
（単著）
『中小企業と地域づくり――社会経済構造転換のなかで――』鉱脈社，2014 年。
（分担執筆）
『テクノポリス・頭脳立地構想推進の歩み』㈶日本立地センター，1999 年。『半導体クラスターへのシナリオ――シリコンアイランド九州の過去と未来』西日本新聞社，2001 年。『日本の IC 産業』ミネルヴァ書房，2003 年。『現代の金融と地域経済』新評論，2003 年。『地域構造論の軌跡と展望』ミネルヴァ書房，2005 年。『福島　農からの日本再生　内発的地域づくりの展開』農山漁村文化協会，2014 年。『日本経済と地域構造』原書房，2014 年。『グローカル時代の地域研究』日本経済評論社，2017 年，ほか多数。

戦後日本の産業立地政策
開発思想の変遷と政策決定のメカニズム

2018 年 9 月 10 日　初版発行

著　者　根　岸　裕　孝
発行者　五十川　直　行
発行所　一般財団法人　九州大学出版会
〒814-0001　福岡市早良区百道浜 3-8-34
九州大学産学官連携イノベーションプラザ 305
電話　092-833-9150（直通）
URL　https://kup.or.jp/
印刷・製本／大同印刷㈱

Ⓒ根岸裕孝 2018　　　　　　　　ISBN978-4-7985-0241-0